现代工商管理经典教材

Management Psychology

管理心理学

提升管理效能与品质

陆洛 高旭繁 ‖ 等著

经济管理出版社
ECONOMY & MANAGEMENT PUBLISHING HOUSE

北京市版权局著作权合同登记：图字：01－2014－4247

图书在版编目（CIP）数据

管理心理学/陆洛，高旭繁等著．—北京：经济管理出版社，2014.8
ISBN 978－7－5096－3167－6

Ⅰ．①管… Ⅱ．①陆…②高… Ⅲ．①管理心理学 Ⅳ．①C93－05

中国版本图书馆 CIP 数据核字（2014）第 125639 号

组稿编辑：陈　力
责任编辑：杨国强
责任印制：黄章平
责任校对：陈　颖

出版发行：经济管理出版社
　　　　　（北京市海淀区北蜂窝 8 号中雅大厦 A 座 11 层 100038）
网　　址：www.E－mp.com.cn
电　　话：(010) 51915602
印　　刷：北京银祥印刷厂
经　　销：新华书店
开　　本：787mm×1092mm/16
印　　张：22
字　　数：372 千字
版　　次：2015 年 9 月第 1 版　　2015 年 9 月第 1 次印刷
书　　号：ISBN 978－7－5096－3167－6
定　　价：66.00 元

序

　　大学一年级开学第一课，系主任告诉我们新生一句话："有人的地方就有心理学。"回首往事，我深深体会到，"人，需要心理学"。只要你不想脱离这个社会，还愿意与人互动，就要懂得怎么察言观色，怎么揣摩别人的心境。如果你能读懂别人的心，每一个人都会对你敞开心门，这就是心理学美妙的地方。

　　带着心理学的宝藏，我来到管理学院这座新殿堂。每每在教授正规学制的EMBA学生、短期进修的实务工作者、企业或组织内部"充电计划"的中高级主管时，总有身经百战的主管学员告诉我：真正要管好人，先要搞懂"人"，这是他们在职场的亲身体悟。是啊，所谓管理，不就是"管事、管钱、管人"吗？随着职涯阶梯步步高升，事与钱都可以交给专业经理人来管，唯有"管人"无法交给他人。其实，找"对的人"来管事与钱正是"管人"的核心。换言之，管理中最深奥、最有趣、最困难的就是"读人、用人、带人"了。但管理学院却总缺那一门关于"人"的课。鉴于此，我决定从我做起，以我的心理学为基础，试图将科学的心理学与管理学相结合，促成一段"牵手良缘"。"管理心理学"正是这样一门理解"人在职场"的行为样貌和心理奥秘的学问，也应该是"管理"人的起点。更重要的是，本书只谈科学的、严谨的"心理学"，绝不哗众取宠。

　　心理学是一门科学，需要用严谨的方法去创造、检验、修正理论。心理学在每一天的日常生活中都有用，可以用来增进自我了解，搞好人际关系；帮助自己做好生涯选择，在职场上努力工作，在生命中找到一个工作、家庭、心灵成长最佳的平衡点。心理学可以做很多事情，学习心理学不见得要读心理系，心理学是管理教育中很重要的一环，它可以培养一种素养，一种对人的关怀和亲近，一种对人的解读与尊重，为管理的硬道理

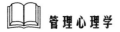

注入软技巧，将管理科学诠释出人性关怀的新伦理。这是心理学对于管理者最重要的附加价值，希望这份价值引领每个人成就光彩充实的职场人生和圆满幸福的生命体验。

时至中国台湾产业迈向自由化、国际化与全球化，不仅竞争日益激烈，"心理风险"也乘隙而生。我们急于赶超西方先进之列，任其价值大行其道。然而，全球性的经济衰退、金融危机、欧债风暴及反资本主义的浪潮，理应唤起我们对西方资本主义经济法则的根本质疑：追求自由、权力，攫取名利、权位，到底为社会塑造出什么样的工作文化与生活概念？当社会已难以"安身"，又何谈"立命"？因此，中国台湾所需响应的问题，不单只是社会经济的失序和衰退，它更象征着社会失序背后，整个人生观、世界观、价值观的改变，社会已然失去了安身立命的价值典范，此对人性的戕害远胜于一切。这不仅冲击了个人心理的稳定感与安全感，也破坏了社会的劳动伦理，人成了追求目标的手段，腐蚀了维系公民意识所需的团结与社群感。因此，要响应此时代的课题，不应只从体制层面的弊病和危机来反省，而更须深究与反省西方资本主义体制背后所预设的种种精神内涵，找回"王道文化"的现代价值，实践"多元一体、和而不同、休戚与共"的自然秩序，省思对立其实是一体两面的统一，既关怀群体福祉，也尊重个人幸福。这对今日经营管理、人际合作、营利创造、各行各业之间的和谐共荣具有振聋发聩的作用。期许企业管理者能以"仁"实施，能经得起环境的诱惑与试炼，不会见利忘义，并持之以恒；希望企业以"人"为本，能主动关怀隐身在大环境各行各业里的小小工作者，让他们能在这纷乱的工作世界中展现更多元、丰富的生命情怀；希望"管理心理学"能帮大家找回"人"的主体性，也成就对"人"的丰厚关怀。

陆洛

2012 年 12 月于中国台湾大学（远眺台北 101）

目 录

6

第1章 管理心理学概论

管心开心讲

管理心理学的应用

学习管理心理学不仅可以帮助你在职场上知己知彼，更能让你成为知人善用的管理者。你不需要累积多年职场经验，就能活用心理学的知识来提升管理效能，进而成为职场上的佼佼者。让我们一起来看看如何活用管理心理学的企业经营管理实例。

在餐饮业创下令人惊叹的成绩，年营业额超过20亿元新台币的王品集团，不同于过去中国台湾餐饮业的小规模经营，采取连锁大规模的经营模式，强调"以客为尊"的服务，为餐饮业带来新风潮。董事长戴胜益从零开始创造了王品集团，其成功的经营模式与员工培训制度最为人津津乐道。他在中国香港海洋公园观看海豚跳火圈的表演时，领悟了驯兽师"实时奖励、立即分享"的管理哲学，并将得来的灵感运用于企业管理。戴胜益认为："每个人都想当自己的老板"，海豚为了得到跳过火圈的美食奖赏，就会展现最高超的跳水技巧，而员工若可以和企业共享利润，就会发挥出最高质量的服务水平。正是实时分享的股利分红制度，让王品集团逐步扩建餐饮王国的全球版图。

心理学家在探究人类行为学习时发现：强化，是行为型塑的关键。具体而言，若一个人的行为获得实时的奖励，则他/她重复此行为的概率就会增加，很快便成为一种行为习惯，自动地延续下去。此时的"奖励"在

1

心理学的专有名词为"强化"（Reinforcement），行为习惯的养成称为"行为型塑"（Behavior Shaping）。有了这些心理学知识，你不必是戴胜益，也不必到海洋公园找灵感，你应该知道：要激励员工，就要在他/她表现好时，给予实时回馈和奖励！不管你怎么设计奖励制度，善用"奖励原则"是不变的心理秘诀。

人是企业最重要的资产，身为管理者，成功的关键之一在于知人善用，若能洞悉人性与善用心理学知识来激励员工、管理企业，则可协助企业在竞争激烈的局势中胜出，创造耀眼的经营绩效。学习管理心理学可以增加对人性的了解，而将心理学的知识运用于激发员工潜力，是经营管理者带领企业更上一层楼不可或缺的利器。

管理心理学是什么？为什么我们要学习管理心理学呢？究竟学习管理心理学对从事企业管理有哪些帮助呢？简单来说，管理心理学是将心理学的知识应用于职场上的管理实务，如企业招募人才、日常经营管理乃至激励员工与绩效管理等，管理者与一般员工都可以善用心理学的知识，以发挥更高的管理效能。

管理心理学也是一门帮助你了解自己与了解他人的应用学科，让你在职场上可以知己知彼。无论是身为员工或管理者，若能具备管理心理学的知识，则有助于你了解自己的工作动机、感受与绩效表现等，更能帮助管理者了解员工，有效地激励员工发挥所长，在工作中获得满足与成长。为了让你你系统的学习知己知彼的秘诀，我们以心理学的研究对象与范畴为架构，分别以三大主题来介绍如何将心理学运用于管理实务中。首先，以心理学的个人分析为基础，从人格与个别差异着手了解职场中每个工作者的个人特色，进而说明工作者的情绪与动机。其次，扩充到人际层次，介绍职场上的人际互动与沟通，并探讨两性差异。最后，进入组织层次，从更宏观的角度来探究组织管理的议题，包含组织文化、工作压力与职场健康。

本书的目的在于帮助读者从个人的微观层次到组织的宏观角度，系统地学习心理学的知识并运用于职场上。内容不仅有相关知识与理论架构的介绍，更穿插真实管理情境的案例或职场趋势与新知作为辅助说明，让你了解如何活用管理心理学的知识。每个章节都搭配了"心灵专栏"，包含知己与知彼篇，用意在于通过整合管理心理学的知识，将知识运用于职场情境中，帮助你培养知人善任的管理能力。

本章从管理心理学的起源与发展历程开始介绍，然后说明管理心理学是如何结合其他相关领域的理论与知识，并将其整合落实运用在企业管理实务上。

 ## 1.1　管理心理学是什么

"管理学 + 心理学 = 管理心理学"，欢迎进入管理心理学这门学科，我们将展开一次多彩多姿的跨学科、跨领域之旅，让我们依次了解管理心理学的起源、管理心理学的目的、管理心理学对人性的假设，以及管理心理学与其他领域的关系。

1.1.1　管理心理学的起源

一般来说，管理心理学的起源可追溯到工业心理学，20 世纪初期，泰勒（Taylor）大力倡导科学管理制度，引发了当时社会大众对"科学管理"的高度重视，他们关注的焦点在于机器设备方面，致力于追求工作效率最大化。由于科学管理重视机械设备的效率胜于一切，因而忽略了工作者的个别感受，将人视为生产设备的一环，这样的管理思想被称为古典管理学派，他们的理论在当时以工业（制造业）为主的社会里产生了巨大的影响。

其后，开始有学者对科学管理产生反思，认为相比于一味关注机械设备与追求生产效率最大化，工作者的感受更能影响工作产出的表现。敏斯特博格（Munsterberg）在 1912 年出版了《心理学与工业效率》（Psychology and Industrial Efficiency），他主张增进工业效率的前提是，工厂要协助员工在心理上适应工作，并通过改善工作条件以提高生产率。因此，在工业与管理的领域中，有关员工心理层面的研究逐渐受到重视，跨学科领域的管理心理学从此萌芽。

在工业心理学的研究中，最具代表性的里程碑为 20 世纪 20 年代末期到 30 年代初期的"霍桑实验"（Hawthorne Studies）。这个实验将工厂生产线的员工分为两组进行调查，观察不同程度的照明条件对员工绩效的影响。其中一组接受较强的照明，另一组维持正常。结果显示照明增强时，工作效率也同时增加。然而更令人惊讶的是，当照明减弱时，员工的工作效率仍然增加了。工程师们通过访谈参与实验的员工发现：员工乐于成为目光关注的焦点，因而造成生产力的增加。换言之，管理阶层的关注（有意改善照明条件）造成了生产线员工的正向响应，进而提升了生产力。这个研究发现了影响工作效率的因素并不仅仅是经济或物质因素，而是人际因素，亦即良好的人际互动更能提高工作效率。由于这样的发现，企业界兴起一股尊重人性的价值，引发后来"人群关系学派"（Human Relations）的兴起。在此基础上，工业心理学开始转向社会群体心理、人际互动关系的研究，进而建立了管理心理学的发展基础。

"科学管理"重视生产效率（照片来源：维基共享资源）

自"霍桑实验"后，企业界开始关注人的需求、动机及如何激励员工等管理议题，在这样的背景下，著名心理学家李维特（Leavitt）正式使用"管理心理学"（Managerial Psychology）一词取代了"工业心理学"（Industrial Psychology），自此管理心理学成为心理科学体系中一门独立的分支领域，此后便蓬勃发展。

第二次世界大战后，资本主义迅速发展，企业的生产规模日益扩张，个人与企业组织的关联更加密切。此时，管理实务与心理学理论及知识的结合更加频繁，李维特认为管理心理学的研究已进一步延伸到更广泛的组织管理议题上，于是发表了一篇名为《组织心理学》（Organization Psychology）的文章，涉及组织中的结构设计、沟通及决策等管理议题，心理学与管理学结合运用的趋势更受到广泛的关注，研究内涵包含个体、群体及组织整体运作间的相互关联，大大地提升了学术界与实务界对管理心理学的重视。

1.1.2　管理心理学的目的

管理心理学的主要研究目的是什么呢？管理心理学家致力于采取科学方法来研究工作者的内心与行为究竟为什么呢？以下是管理心理学的五大研究目的：描述、解释、预测、控制与提升工作生活质量。

1.1.2.1　描述

管理心理学是通过科学的方法，让我们可以更完整地描述员工的心理历程与外在行为。通过科学的观察，将研究过程中所搜集到的事实数据，用文字或口语客观地描述出来；只说明事实的真相，不探究问题发生的原因。例如，管理心理学家如果想要了解工作压力所造成的问题，第一步就是通过科学化的观察，客观地描述工作压力的相关现象，如工作环境中的哪些事件或状况会造成员工的压力感受，或当员工感受到压力后会有什么反应，等等。

1.1.2.2　解释

在观察所得的描述基础之上，接下来的目的是加以解释。解释是对个人的行为做进一步分析，探究产生该行为的可能原因，找寻理由来解释问题。例如，通过科学方法找出造成工作压力可能的原因，或找出会加重或减轻工作压力的相关因素，以说明工作压力是如何发生改变的。具体而言，当主管交付员工很多工作，又未提供充足的人力、设备、时间或专业知识时，员工会觉得备受限制，无法开展，此时"工作限制"便是造成压力感受的真正原因。若能排除这些限制性因素，工作量虽大却可能反而产生激励效果，激发员工的斗志与潜力。

1.1.2.3　预测

在能够清楚描述问题，并且可以解释问题的成因后，心理学家还想要进一步预测问题的发生。预测是根据现有的资料，推估将来某一事件发生的可能性。例如，工作负荷过重，或工作缺乏自主权，这些都是已知可能被个人评估后认为是工作压力的来源，所以如果当员工承担相当重的工作量，又缺乏相关资源时，管理者就应及早预知该员工可能会产生较大的工作压力，进而进行相关的工作调整，或提供员工必要的协助，以避免工作压力过大所造成的负面影响。

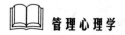

1.1.2.4 控制

管理心理学家希望能通过描述、解释及预测个人的行为，进一步做到改变个人的行为。所谓控制，是指操纵影响某一事项的条件或决定因素，以使该事项能产生预期的变化。例如，我们如何协助工作压力感受高的员工呢？在累积了为数众多的研究后，我们已经发现员工若能学习主动积极的对应策略，针对压力源采取可能的行动方案来解决问题，例如主动沟通，寻求协助，或重新检视工作重要性排序，检视工作流程，强化专业能力等，那么都能有效地降低工作压力。

1.1.2.5 提升工作生活质量

管理心理学的研究范畴涵盖了个人、人际关系及组织层次，所关注的研究主题诸如人格、动机、情绪、人际互动、沟通与说服、工作压力以及职场健康等，这些都是整合了管理学与心理学的知识架构，可实际运用于解决企业组织中的各项疑难杂症。管理心理学的最终目的是累积对工作场所中个人与群体的心理历程与行为的了解，并应用于组织管理的各层面，以提升工作者的工作生活质量。

1.2 管理心理学对人性的假设

了解管理心理学的起源与研究目的后，本节将介绍管理心理学对人性的假设。为什么我们要了解对人性的假设呢？简单来说，管理心理学是一门源自管理实务的学科，最主要的研究对象是员工的态度与行为，所有管理制度的根本都来自于对人性的假设，通过对人的了解，管理者才能规划出合宜的制度以提升管理效能。

管理心理学对人性的假设随着社会、经济的发展而产生不同的观点，以下我们随着管理思潮的演变，介绍对人性假设的主要观点：X 理论与 Y 理论、经济人、社会人、自我实现人及复杂人。

1.2.1 X 理论与 Y 理论

美国工业心理学家麦格雷戈（McGregor）曾说过："每项管理决策与措施都是依据有关人性及行为的假设。"也就是说，管理者的管理策略、管理方式及管理行为等，均受到管理者对人性所持的假定的影响。所谓对人性的假设，就是管理者看待人的方式，以及解读人的动机与行为的基本出发点。

麦格雷戈在 1960 年出版了著名的《管理理论 X 或 Y 的抉择——企业的人性面》（The Human Side of Enterprise），他认为每一个管理决策的背后，都必然有某些关于人性本质与个人行为的假设。管理者依据他们看待员工的方式来思考、规划与执行管理制度。所以，当管理者对人性假设的看法不同时，所展现的管理方式也会随之不同。

麦格雷戈在汇整了诸多学者对人性的看法后，将对人性的假设归纳为"X 理论"与"Y 理论"。以下我们就分别来说明这两种不同的人性假设：

人生百款

不同的文化价值底下，反映出种种不同的生活风貌。

1.2.1.1　X 理论

X 理论对人性基本假设的核心思想为："一般人天生就厌恶工作，所以会尽可能地逃避工作。"在这样对人性的基本信念下，管理者必须通过管理制度来压制人会逃避工作的本性，仅依赖奖励制度是无法促进员工努力工作的，唯有给予惩罚的威胁，才能督促员工有好的工作表现。

管理者若秉持 X 理论来看待员工，他们会认为员工缺乏努力工作的动机，所以管理者会设计各种防弊和惩罚的制度，以避免员工逃避工作职责。例如，秉持 X 理论的管理者会认为员工不喜欢工作，所以管理者会设计请假制度，若员工无故缺席、迟到，就会扣减其薪资，通过这样的惩罚制度来监督员工的出席。在认为员工不喜欢工作的假设下，X 理论发展出一项控制的基本原则："层级原则"，即通过组织的层级与权威来执行监督与控制员工，例如厂长掌控副厂长的工作目标达成状况，副厂长管理各生产线经理的绩效，生产线经理则直接指挥监控各位员工的工作表现，这正是通过组织阶层结构的设计来防止员工逃避工作职责。

1.2.1.2　Y 理论

Y 理论对人性基本假设的核心思想为："一般人并非天生就厌恶工作，在情况许可下，个人不仅能接受职责，而且还会设法去完成工作，以追求工作上的满足。"在这样对人性的基本信念下，管理者认为人是喜欢工作的，而且工作后的成就感可以让员工感到满足，所以管理者会设计各种激励和奖赏制度，以建立良好的雇用关系。

秉持 Y 理论的管理者认为员工会自动自发地达成工作使命，员工渴望使用自己的智力与创造力来解决工作上的挑战，通过达到工作目标来产生自我实现的满足。管理者认为员工会主动地追求工作目标的达成，所以会通过制度来激励员工展现更高绩效的工作行为。例如，管理者会设计高绩效人力资源管理制度，通过薪资、升迁与授权来奖励绩效表现优秀的员工，以激励员工持续投入工作，追求更好的工作表现。依据 Y 理论，管理者应致力于创造一种充满挑战的工作环境，通过激励措施来鼓励员工对组织目标产生承诺，同时也提供员工一个机会，使其在工作中获得满足，以发挥自己的专业能力。

麦格雷戈就管理立场所提出的人性假设并非是完全对立的概念，而是一个连续光谱带的两端，也没有谁优谁劣的绝对之分。管理者究竟应秉持何种人性假设，不仅是个人的价值选择与理念实践，还应视管理情境而定。换言之，X 理论与 Y 理论均有其适用性，应视管理者所处的情境而定。再者，员工具有个别差异，并非所有员工均属天性懒惰，企图逃避工作责任，亦非所有员工都喜好接受挑战，渴望在工作中追求自我满足。因此，管理者必须考虑组织情境与员工的个别差异，妥善运用激励与防弊的管理制度，而非一味地坚持单一措施造成管理制度的僵化。

表 1-1　X 理论与 Y 理论对人性与管理制度的看法

	基本假设	管理制度
X 理论	人是厌恶工作的	强制
	人会逃避责任	监督
	人是被动的	惩罚
	人喜好偷懒	管控
Y 理论	人是喜好工作的	激励
	人会接受责任	奖赏
	人是主动的	升迁
	人会自动自发	授权

1.2.2　经济人、社会人、自我实现人及复杂人

沙因（Schein）在其所著的《组织心理学》（Organization Psychology）中，整合了经济学、社会学及心理学对人性的看法，提出了管理者对人性假设的四种看法：经济人、社会人、自我实现人及复杂人，以下我们将逐一说明。

心灵专栏　—知彼篇

职场新鲜事——你不用来上班

谁说上班一定是"朝九晚五"？顺应职场大环境的变迁，还给员工"工时"的选择权，让他们能更好地兼顾工作与家庭、工作与休闲，照顾员工的心理感受，还给他们尊重与自由，这是越来越多的公司实施"弹性工时"的原因。也就是：让员工享有选择上下班时间的部分自由，如由原本的朝九晚五改为上午十点上班，下午六点下班。弹性工时的原则是每周工作时数不变，在某些限度下，可依员工的自我需求调整上下班的时间。研究证明：弹性工时对绩效的提升确有显著的影响，更重要的是士气的提升，及对公司向心力的增强。不过，下面这个极端弹性工时的案例，你会吓一跳！

北美某家市场占有率极高的连锁 3C 卖场，几年前尝试了一场组织大

变革，一是激励员工，二是开发潜在的人力市场，吸引有"家庭生活负担"的女性，不想被绑在办公室的潮流青年加入，他们试图建立一个"完全绩效导向的工作环境"，不用上班，不开例会，只要达成绩效目标就好！

说得轻松，一开始阻力其实很大，疑虑也很多，有人担心员工偷懒，公司业绩会下滑；有人担心没有面对面的接触，工作团队精神难以为继；也有人担心控制不了自己，结果工作与生活完全没了界限。

不过，主管阶层还是决定一试，也有一个部门自愿当"白老鼠"。没想到，实验的效果出奇的好：员工自愿离职率从16%降到0，业绩则上升35%，员工的投入感也明显增加。当然，"副作用"也是有的，如团队精神衰弱，沟通困难增加等。瑕不掩瑜，这项极端尝试依然是成功的。

"弹性工时"其实是最常用的一种"工作再设计"，其目的就是希望能改善员工的工作态度与生产力，通过不同常规旧习的工作安排与规划来激励士气，提升员工的工作动机。从国内外的研究结果来看，基本上是成功的。当然，不是每家公司都适合用"弹性工时"，更不是每家公司都能做到前述的极端，但其绝对是值得考虑的组织变革选项之一。

1.2.2.1 经济人的假设

经济人的假设来自经济学的劳动交换理论，认为人是自利的，人生的目标在于追求快乐。也就是说，人的所有行为都是在追求自身最大利益，人们工作的动机是为了获得经济上的报酬，因此最能有效激励员工努力工作的工具即是经济性诱惑。所以组织会通过薪资与奖酬来激励员工的绩效表现，例如以计件计酬制来激励生产线的员工有更高的产量。

依据经济人的假设，管理者会善用经济报酬作为诱惑，以控制的手段来引导员工达成工作目标。例如，管理者会通过金钱的奖酬来激励员工，若员工的绩效未能达到标准，则无法获得奖金，唯有达到工作目标，员工才能获得奖赏。

时代交替对企业经营的影响

管理模式的蜕变反映了管理者对人性假设的变化，管理者面对不同情境要能灵活善用合宜的管理措施以满足员工的需求。没有一套适用于全部企业的万能做法，管理者还必须了解不同时代员工的差异，设计出最能激励员工的管理制度，才能留住员工，为企业创造更高的绩效。

在求才与留才的激烈竞争中，日本企业无不投入实际行动来落实"员工是公司最大资产"，希望以各种福利与员工"交心"。许多日本企业不仅设有"社内酒吧"，公司还允许员工请"失恋假"或"血拼假"，抑或是在乡间为员工另辟休闲菜园，着实让其他多数饱受苛刻公司压榨的上班族望之兴叹。

日本上班族向来习惯在下班后到酒吧或居酒屋小酌。如今的企业纷纷在公司内设置酒吧，不但免去员工下班后的舟车劳顿，又能让员工享受免费畅饮。内部同仁的交流频率因为这样的社交空间而大增，还有企业因此产生出许多创新构想与业务改善计划。另外，这样的福利措施也可以当作吸引人才的诱因，提高企业用人的吸引力。除了"社内酒吧"之外，日本企业讨好员工的方法可谓千奇百怪。许多以女性员工为主的企业，设有"失恋假"与"血拼假"制度，以满足不同时代员工差异化的需求，目的不外乎是让新兴时代的员工在工作上获得满足，能更加投入工作。

这些新兴的制度要有效，而非只是引起"一日话题"，还必须根据心理学原理，符合心理科学的研究结果。心理学家长期观察社会变迁所带来的冲击，特别是不同时代在重要价值观上的异同。以社会变迁剧烈的亚洲国家而言，年长的员工重视经济安全感、强调责任义务、尊重阶层伦理、兢兢业业地工作、克勤克俭地持家；反观年轻的员工虽仍保留有华人维护团体利益的传统美德，但也开始强调个人表现、争取个人权益、追求工作之外的兴趣与满足。在这样的社会潮流下，对年轻员工多些尊重，多些授权，多些弹性，多些生活照顾，是有效的管理思维与方法。

1.2.2.2 社会人的假设

社会人的假设则和经济人的假设完全相反，认为个人的满足主要来自于社会性的需求，唯有满足人际互动的需求，才能激励个人。也就是说，员工最主要的工作动机是社会需求，借工作中的人际关系获得社会互动，例如通过与同事的合作来获得认同或与上司的互动来获得支持。

根据社会人的假设，管理者除了要注意工作目标的完成外，还须格外重视员工的社会需求，例如对工作团队的归属感、对组织的认同感等。若管理者无法满足员工对人际互动的需求，员工则会因社会需求无法得到满足而疏离组织，甚至产生离开组织的意图。为满足员工的社会需求，组织

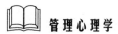

可通过授权和参与管理的方式，让员工将自己定位成团队的一员，让员工的社会需求得以满足。

1.2.2.3　自我实现人的假设

自我实现人是指人会主动积极地利用自己的能力，在工作中充分发挥潜能，也唯有尽最大限度的努力，人才能在工作中实现自己的理想，获得最大的满足。基于上述对人性的假设，管理者认为员工渴望在工作上发挥所长，更会自动自发地把个人目标与组织目标结合起来，在工作中寻求人生的意义与自我的满足。

自我实现人重视的是工作上的挑战与自主，他们追求更多成长与学习的机会来寻求满足。管理者必须致力于营造一个有意义的工作环境，让员工在工作上拥有自主权，在专业能力范围内做决策，这样才能满足员工的自尊与自我实现的需求，从而激发员工对工作的投入。

1.2.2.4　复杂人的假设

无论是经济人、社会人或自我实现人的假设，都将人的需求单一化，然而复杂人的假设则认为人本身是十分复杂的，每个人都有许多不同的需求。人不但是复杂的，且人的需求更可能随着年龄与发展阶段产生相对应的变化，随着人生角色的变化，人在不同阶段会产生不同的需求。此外，每个人的动机也不相同，常常因时、因事、因地而产生变化，也会因为身处不同的组织、不同的管理方式而有极大的变动性。管理者无法使用一套固定的管理制度于所有员工，因此，管理者必须具有敏锐的观察能力，洞察员工的个别需求。

表1-2　经济人、社会人、自我实现人及复杂人对人性与管理制度的看法

	基本假设	管理制度
经济人	追求快乐 重视经济上最大利益	控制与防弊 使用金钱作为奖酬
社会人	追求社会性需求 重视人际关系的满足	强调归属与认同 以团队合作达成目标
自我实现人	追求工作的内在意义 重视自我潜能的发挥	自主与授权 给予挑战性的工作
复杂人	追求多种不同需求 需求会随着情境而变	权变与弹性 使用多元的激励措施

复杂人的假设较贴近现实情境，我们都知道，人是复杂且具有个别差异的，管理者必须针对不同员工的需求，采取弹性的管理措施，而非将员工一视同仁，使用单一不变的方式来管理。例如，并非所有员工的工作动机都在于追求经济性报酬，有人将金钱视为生活的基本保障，认为工作是为了五斗米折腰；有人将金钱视为权力的象征，认为薪资就象征了个人的社会地位；有人工作是为了使命感，通过工作目标来追求自我实现。所以，管理者无法仅使用金钱作为唯一的激励手段，对于不同员工应采取有效的激励方式，才能适才适所地激发员工的潜能。

心灵专栏　—知己篇

心理测验：性别角色心理测验

一、导言

　　心理学家常常使用心理测验来帮助你更了解自己，以下这个测验就是一个让你更深入认识自己的好机会。性别角色并不是指你的性别，而是你的性格特性是偏向哪种特质，是男性化特质多一点呢，还是女性化特质多一点。更详尽的说明请参阅本书第 9 章。接下来就一起展开探索自我性别角色之旅。

二、做法

　　下面 12 个题目都是对个人特质的描述，请你在每一题的量尺上圈选一个最能描述你自己状况的数字：1 表示几乎不是；2 表示常常不是；3 表示有时是但不常是；4 表示偶尔是；5 表示有时是；6 表示常常是；7 表示几乎总是。也就是数字越大，表示这个叙述越符合你的特质。

1. 我是行动像领袖的	1　2　3　4　5　6　7
2. 我是温柔的	1　2　3　4　5　6　7
3. 我是有主见的	1　2　3　4　5　6　7
4. 我是文雅的	1　2　3　4　5　6　7
5. 我是好支配的	1　2　3　4　5　6　7
6. 我是善感的	1　2　3　4　5　6　7
7. 我是有领导才能的	1　2　3　4　5　6　7

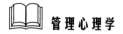

8. 我是富同情心的	1 2 3 4 5 6 7
9. 我是干练的	1 2 3 4 5 6 7
10. 我是亲切的	1 2 3 4 5 6 7
11. 我是稳健的	1 2 3 4 5 6 7
12. 我是温暖的	1 2 3 4 5 6 7

三、计分方法

将上述单数题得分相加，会得到一个"男性化"分数；而将双数题得分相加，会得到一个"女性化"分数。男性化分数和女性化分数各以24分为分隔点，将自己归入下面四组之一。

1. 男性化得分高于24分，且女性化得分高于24分：你是个"双性均衡"的人，在男性化与女性化特质之间，拥有良好的平衡。

2. 男性化得分高于24分，且女性化得分低于24分：你是个"男性化"的人，在日常生活中展现出较果断的态度，偏好担任领导者的角色。

3. 男性化得分低于24分，且女性化得分高于24分：你是个"女性化"的人，相当亲切且富有同情心，常常带给周围的人温暖。

4. 男性化得分低于24分，且女性化得分低于24分：在性别角色上，你是个"未分化"的人，也就是说在性别特质上没有特别偏向男性化或女性化。

		女性化得分	
		高	低
男性化得分	高	双性均衡	男性化
	低	女性化	未分化

综上所述，不同的人性假设会引导出不同的管理做法，管理心理学把人性作为最核心的出发点，所有的管理制度背后都隐含了管理者对人性的看法。在现今多元发展的社会中，管理者应秉持兼容并蓄的心态，认识到员工需求的多元性，人不再仅仅单纯地追求某一目的，更无法满足于单一需求。管理者必须与时俱进，随着社会与经济的发展，弹性地调整对人性的假设，以针对员工的需求而设计出合宜的管理制度。

1.3　管理心理学与其他领域的关系

　　管理心理学的研究以企业组织与员工为主要对象，关注个人在组织与团队中的态度与行为，运用科学的方法来了解员工的心理、态度及行为，以提升管理效能。正如本章第一节所介绍的，管理心理学的发展是顺应经济与产业的需求而产生的，目的在于解决企业管理实务上遭遇的问题与挑战，故管理心理学结合了众多学科领域与知识体系，企图对复杂的人类行为有更深的了解。

　　管理心理学的学科基础包含：

　　（1）心理学：研究个体的心理、态度及行为等议题。

　　（2）管理学：研究组织的结构及文化等议题。

　　（3）社会学：研究个体与个体之间的互动模式及沟通行为等议题。

　　（4）人类学：研究不同文化中人类的心理、态度及行为等议题。

　　（5）政治学：研究不同政治环境中个人与群体的心理、态度与行为等议题。

1.3.1　心理学与管理心理学的关系

　　"霍桑实验"发现除了物质报酬与良好的工作条件外，员工更期望在工作中受到尊重与关怀，引起管理实务界对员工的重视。心理学家李维特正式使用"管理心理学"来强调"以人为中心"的管理，主张企业组织应重视对员工的激励。其后，诸多心理学家相继投入员工心理、态度与行为的研究，并扩张至对工作团队与企业组织的关注。其相关领域包含组织行为与工业心理学等，均是以心理学对个体的研究为基础，将关注的领域置于职场中，希望增进对管理议题的了解。

管心任意学

全球化管理：文化敏感度

　　全球化的浪潮下，不论你是留在中国台湾，或是驻外工作，都可能面对来自不同国籍、不同文化背景的工作伙伴，文化的差异不可小觑。举例来说，日本员工的沟通习惯是无论多大多小的问题，都要先说背景和原因，认为这样才是有礼貌的方式。有时在问问题前，还会先发封 E - mail 询问方不方便问个问题，但是碰上美国员工，则会觉得这样的沟通方式毫无效率，也无法直接针对问题好好讨论。至于"开会"，各国文化的定义也不一样。美国人开会要事先规划议程，而且一定要有结论；台湾人的会议，多半是老板说了算，直接宣布决议；意大利人的会议就像开 party 一样欢乐。

诸多跨国企业开始投入跨文化训练，例如，有些科技公司将不同文化的背景和开会模式制作成"跨文化沟通"的内部训练教材，以降低内部开会的冲突，并避免冒犯客户的文化。至于外派，企业也多半会在员工出发前，安排以多元文化为基础的课程，教导员工如何适应当地文化，与不同文化背景的员工共事，让即将外派的员工，有机会了解当地人的价值观与思考模式。这些做法都是为了提升员工的文化敏感度，协助扩展员工的全球化格局，让来自不同文化的同仁可以互相理解，进而一同工作并达成企业目标。

1.3.2　管理学与管理心理学的关系

管理学对组织活动与结构的关注，也是管理心理学所重视的议题之一。员工身处于企业中，管理者从事的各项活动，包含规划、组织、领导、控制等，均会对员工的态度与行为产生影响。此外，在管理学的范畴中，人力资源管理和管理心理学的关联相当密切，两者皆以员工为核心，探讨相关管理措施与组织运作等规划，希望建构良好的工作环境，激发员工的潜能进而使绩效最大化。

1.3.3　社会学与管理心理学的关系

管理心理学除了对个人层次的关注外，更延伸探究人在群体中的行为，因为员工并不是单独地存在于组织之中。大多数时间，员工通过人际互动与团队合作来达成工作任务，所以群体议题也是管理心理学所重视的一环。社会学长久以来关注个体之间的互动，对人际互动研究累积了相当多的知识与理论，所以管理心理学在人际与团队的议题上以社会学相关研究作为基础，进而运用于工作团队中。例如团队中的沟通与说服、两性差异等，都有助于管理者了解个别员工在群体中的态度与行为。

1.3.4　人类学与管理心理学的关系

随着全球化的发展，工作者开始面临越来越多的企业外派挑战，更有许多跨国企业面临如何管理与激励来自不同文化的员工挑战。人类学长久以来对不同文化下的人类心理与行为有深厚的研究基础，管理心理学也借用了人类学的文化研究为参考，作为管理多元文化背景的员工的基础。全球经济发展已跨越区域的限制，管理者必须培养文化敏感度，以理解不同文化可能产生的差异，例如来自集体主义文化的台湾员工与来自个人主义文化的美国员工，可能拥有截然不同的工作需求与动机，管理者必须敏锐地洞察员工的个别差异，才能规划出适才适所的管理措施。

1.3.5 政治学与管理心理学的关系

政治学是一门研究人类权力关系的科学，在企业组织中，职权的分配也涉及政治学的相关研究。因此管理心理学家以政治学为基础，探究组织政治的运作及其对员工、团队与组织的影响。此外，政治学中对领导者的研究，也与管理心理学对管理者的关注有所关联。企业组织也可视为一个小型政治体的缩影，通过政治学的理论基础可协助管理者更加了解组织内的权力结构。

综合以上论述，管理心理学是一门容纳不同学科的应用学科，其知识基础来源相当多元化，无论是关注个人、群体或组织，只要对组织管理有帮助，管理心理学家无不虚心学习，并将之运用于职场管理实务，这也正是管理心理学的迷人之处。管理心理学兼容并蓄地整合了不同学科的观点，让管理者在职场上能知己知彼，使企业运作更加顺畅。建议你在阅读本书的过程中，跟随主题从个人分析开始，接着是人际分析与组织分析，适时地转换不同视角，以不同学科知识作为基础，来学习不同主题的专业知识，你就能成为一个具有深度与广度的管理者。

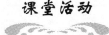 课堂活动

 橱窗我

一、目的

心理学最重要的目的是教人自我探索以及了解他人，知己知彼，才能百战百胜！在本活动中，每个人都如同是橱窗中的商品，请尽情展示自己，并互相发觉彼此的优缺点吧！本活动主要的目的如下：

1. 刺激自我探索与自我开放。

2. 通过分享与回馈，催化团体成员间的互动。

二、说明

1. 人数：不限，2人一组。

2. 时间：约30分钟。

3. 材料：每人一份"橱窗我"表格，一支笔。

三、程序

1. 老师先说明活动目的，鼓励学生通过活动反思人生价值，整理个人重要的生命经验，并开放自己与他人分享，即学习接纳别人。

2. 请每位学生先自行完成"橱窗我"表格的填写，可只记录关键词或自己看得懂的符号。

3. 待全部学生都完成后，请大家自选一位伙伴，就"橱窗我"中所列的项目进行分享与回馈。可轮流进行，一人分享，另一人倾听与回馈，再角色互换。

4. 活动结束后，老师带领讨论分享与回馈的感受。

四、附注

此活动适合在学期初进行，能引导学生学习自我探索，也有助于团体破冰及后续活动的进行。

橱 窗 我	
姓名： 家庭背景： 学校： 专长：	最喜爱的东西： 最常从事的休闲活动： 对自己最满意的特质： 最得意的事：
最讨厌的东西： 最不喜欢做的事： 对自己最不满意的特质： 最难过的事：	人生座右铭： 对人生的期望： 学校里最令人困扰的事： 家庭生活中最困扰的事：
我自认自己最不寻常的是：	

基础题

1. 请列出管理心理学的五大研究目的。

2. 请简述经济人的假设。

3. 请简述社会人的假设。

4. 请简述复杂人的假设。

5. 请列出管理心理学的学科基础。

进阶题

1. 请列出学习管理心理学对未来从事管理工作的帮助。

2. 请简述 X 理论与 Y 理论对人性的假设的内涵，并说明你会采用何种人性假设。

心灵笔记

第2章　心理学的研究方法

心理学是一门科学

许多人一听到你正在学心理学，就会立刻说："你告诉我我正在想什么？我是一个什么样的人？"

心理学是什么？心理学对你来说有什么意义呢？如果你随意挑几个朋友来问一下他们"心理学"是什么，可能会得到一堆五花八门的答案：

"心理学是在研究心理测验的学问。"

"心理学是养老鼠来做实验的科学。"

"心理学是用来治疗心理疾病的知识。"

这些答案都对，也都不对。这些都只是心理学的一部分而非全貌，心理学知识最重要的是帮助个人的生活适应。心理学是研究生理、心理历程与行为的科学，也是将不断累积的科学知识应用于实际问题的专业。"你的感觉如何"、"你为什么这样做"与"你到底怎么想的"，这三个问题概括了心理学家想要努力了解的范围。心理学关注行为，也就是个人所做的各种可被观察的反应或活动；心理学同时也关注伴随行为的心理历程，也就是个人内在的认知、思考与决策等诸多无法被轻易观察到的部分，例如想法与感受；心理学也重视行为背后的生理历程，例如大脑、神经与激素等，并关注生理、心理与行为的交互影响。

很多人以为心理学家和算命师一样，可以预知命运。其实心理学是一门研究人类心理与行为的科学，是通过科学方法累积的知识系统。心理学家依据大量科学研究累积的知识来解释、预测个人的行为，例如通过人格的研究，了解人格的分类，通过观察或量表判断个人是外向还是内向。心理学和算命最大的不同就是：有几分证据说几分话的严谨性。下次，要是朋友再请你猜猜他的个性，你就可以运用心理学所学到的知识与工具做严谨的分析。

本章将介绍心理学常用的科学研究方法与工具，让你了解心理学家是如何有系统地搜集数据、分析数据进而累积心理学的知识与理论。这些心理学的科学方法与工具，也都能加以微调运用于管理情境中，协助你成为一位知人善任的管理者，在职场中发挥心理学的优势。

心理学的源起最早可以追溯到古代希腊哲学家——亚里士多德（Aristotle），他一直在思考生命的本质。亚里士多德通过搜集很多动物与植物的相关资料，希望能了解生命究竟是什么，他也写了一些论述来记录人类的日常活动，包含思考、说话、学习与记忆。亚里士多德用"心灵"（Psyche）表示生命的本质，这个字是希腊文的"心灵"（Mind）。而后来出现的心理学（Psychology）就是亚里士多德所谓的心灵（Psyche），加上希腊文的科学（Logos）整合而成的，也就是指研究心灵的科学。

亚里士多德认为，只有通过观察来研究现象，才能贴近与理解我们所生存的世界。虽然以现代的角度来看，这样的"观察"并不完全符合科学的方法，但是，亚里士多德却开启了现代科学的基本观察法。继亚里士多德后，人类对于知识的追求，开始有了一连串的演进与发展，且发展出更严谨的科学研究方法，也促使心理学家可以使用科学的方法来发展心理学的知识与理论。

德国心理学家冯德（Wilhelm Wundt）（照片来源：维基共享资源，http：//up-load. wikimedia. org/wikipedia/commons/5/56/Wilhelm_ Wundt. jpg? uselang = zh - tw)

　　1879 年，德国心理学家冯德（Wilhelm Wundt）在莱比锡大学设立了举世最早的心理实验室，以科学的方法来研究人类的行为。自此心理学逐渐脱离哲学的领域，成为一门独立的科学。由此可知，心理学可以说是一门既古老又年轻的科学，若追溯其哲学之根可为渊源数千年，但若用科学方法来评判，却又只有100 余年的历史。从隶属于哲学到开始被视为科学，心理学持续发展成"内外兼顾"的学科，亦即兼顾心理历程与外显行为的科学。

　　100 多年来，心理学采用多元的科学方法，探索人类行为与心理历程。在日常生活中，我们常常接触到很多似是而非的常识，可能是口耳相传、道听途说或是他人的经验谈，既不可靠，更可能有害。但是，科学的研究方法却可以提供一套严谨的程序，帮助我们有系统地搜集资料，并进行分析。心理学的知识发展是以科学的研究方法所累积出来的，本章我们会依次介绍在心理学领域中常用的研究方法：观察法、调查法、实验法与个案研究法，并说明如何善用各种研究方法于企业管理实务中，让你灵活结合心理学的科学方法与管理实务。此外，本章也会介绍心理学研究的专业伦理，让你更了解如何在不造成伤害的原则下进行科学研究，以助于管理效率的提升。

　　心理学的研究方法有多种，每一种方法都有其优点，但也有其局限性。所以心理学家会依据研究问题而选择最适当的研究方法。要更了解如何选择研究方法，我们必须先对这几种常用的研究方法有所认识。然而心理学的诸多方法，可能无法完全相同地运用于工作情境中，不过我们仍然

可以稍加调整，保留其科学方法的精神，将之运用于管理实务中，以提高管理效率。

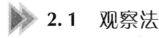 ## 2.1 观察法

日常生活中，我们常用观察法来做初步的资料搜集。然而心理学家所用的观察法和一般人的看法是不一样的，而是更严谨且有系统性的观察法。心理学家采用客观的立场来观察人类的心理或行为。通常会在不干扰被观察者生活的前提下，进行观察工作以搜集资料，目的在于能够客观且真实地了解人类生活中的行为反应与心理感受。

心理学家在进行观察时，原则上不宜让被观察者发现自己被他人观察，否则容易表现出不自然的行为。依据观察者的介入程度，观察法又可分为：参与式观察（Participant Observation）与非参与式观察（Non - participant Observation）。参与式观察是指被观察者知觉到观察者的存在，观察者也可能和被观察者有所互动，这样的好处是研究者身在其中，可以更仔细地观察到所有细节，然而也有其局限性，被观察者可能因为注意到观察者的存在，而有所改变或顾虑，导致所搜集到的数据真实性略减。例如心理学家想要了解工作团队中成员们对领导者的反应，观察者若就加入工作团队中来记录员工的行为，这时候员工们都会注意到团队中有一个人在观察他们。这样的好处是可以近距离地观察团队运作，但员工也可能因为发现自己正在被观察，而有不同的行为反应。例如在"霍桑实验"（Hawthorne Studies）中，生产线的员工发现观察者对他们的工作特别关注，结果无论是实验组或控制组的员工，都因为被观察而工作表现得更好，这正是参与观察可能造成的影响效果。在这样的情况下，我们将无法确认观察的结果是否和员工日常的行为完全相同。例如，如果员工们知道主管正在观察他们的开会讨论情况，那么员工可能因为知道主管在场，而会有不同于日常行为的表现。例如，在意主管评价并追求表现的员工，可能会更加踊跃发表意见，而生性内向且对主管较敬畏的员工可能因主管在场而更加沉默不语，不敢加入讨论或提出建议，从而导致观察结果可能失真，而使观察结果无法类推到真实的情境中。

非参与式的观察则常在观察室与实验室之间的墙壁上，装设单面设视窗（One Way Screen），以避免进行观察时干扰被观察者的活动，或引起被观察者的敏感及心理防卫。例如心理学家观察嫌疑犯被侦讯的过程，通常是在另一个房间通过单面视窗来观察，避免嫌疑犯发现被观察而有不真实的表现。然而，在工作情境中，研究者若要采取非参与式观察，实际执行上可能较为困难。可考虑由主管或其他成员进行观察，避免引起陌生人的敏感性，以不打扰员工执行工作为原则，并确保员工对观察活动并不知情，以避免观察情境失真的可能。

在工作情境中，管理者其实常常使用观察法来了解员工，例如观察员工的工作表现，以进行工作绩效的评估。然而，观察法有其局限性，当一个主管的管理幅度（Span of Management）过大时，即一个主管要督导管理的员工人数太多时，主管很难有足够的时间来观察每个员工的工作表现，此时观察法的正确性就可能产生偏误。因为主管仅能使用有限的时间来观察多位员工，必然会产生诸多的遗漏。所以在管理实务中，主管可采用重点观察法，或针对员工的绩效表现设定关键绩效指标，以有效降低主管的观察信息处理量，提升观察的效率。

观察法是研究工作重要的第一步，可是仅仅靠观察法无法回答有关行为与心理历程的问题，所以在初步观察之后，我们必须再进行调查或实验，以确认观察的发现是否正确。在工作情境中，主管可以通过观察法检视员工的工作表现，进而评估员工的工作绩效，再依据观察的结果给予适当的绩效回馈，协助员工改善工作成果。

管心任意学

善用观察法：制定标准作业流程

当你到餐厅用餐时，若你细心观察服务生的服务流程，是不是发现服务生对每一桌顾客都提供了流程很相似的服务呢？为了确保服务质量，许多企业针对主要服务均制定了标准作业流程，让员工可以有所依循，实行既定的步骤为顾客提供高质量的服务。那么管理者应如何制定最佳的标准作业流程呢？观察法是最基本也最关键的工具，首先通过实地观察，了解服务执行的情境，并确认员工需要哪些设备或资源，才能确实执行服务。

其次，观察服务绩效较好和较差的员工，比较其执行任务的方式，从中制定出一套服务流程。最后，试行这样的服务流程，通过顾客的回馈，加以修正服务流程，以确保服务质量符合顾客的期望。

 ## 2.2　调查法

　　心理学家常用的调查法包括问卷调查法与访问调查法。问卷调查法是使用问卷作为调查工具，由研究人员预先将所要研究的问题编制或修订成问卷，邮寄或直接分送给受调查者，由受调查者来填答问卷，以表达个人的意见或态度。由于调查法具有在短时间内就可以搜集多数人意见的优势，自然受到广泛的欢迎与采用。但是我们也经常可以发现，日常生活中问卷调查法常常出现不一致的结果，例如，企业对员工福利偏好的调查，调查结果常常又被员工抱怨不能代表全体员工的意见。这是因为，若是使用不同的问项或取样方式，很有可能会产生相异的结果。所以在使用问卷调查法时，我们必须特别留意问卷设计的严谨性与取样的合理性。

　　在工作情境中，问卷调查法是一种相当便利且能取得大量资料的方法，广泛地被管理者用于收集各种数据。再加上近年来信息科技的进步，许多企业通过网络问卷或电子邮件作为搜集数据的媒介渠道，即可在短时间内进行大规模的员工问卷调查。例如，近年来许多企业相当重视员工的工作感受，会定期性地通过问卷调查法了解员工的工作满意度，以作为公司管理制度规划及改善的参考。问卷调查法的关键在于，所参与的调查对象是否能代表全体，并须注意样本数量是否足够、样本和全体员工的相似性等，例如公司的男性与女性的比例约各占一半，则所要选取的调查对象也需要注意性别的分布，抽取男性与女性员工各半进行问卷调查。

　　访问调查法则是经过面谈来了解受试者的态度或意见。通常可以对研究问题做较为深入的探讨与剖析。访问调查法的关键在于访问者是否能确实取得受访者的真实信息，所以访问者的沟通能力是一大关键，然而由于心理学家的时间与资源有限，很难在同一时间有大量专业的访问者一起投入一个研究项目。再加上这种研究方法相当耗时、费力，在执行上难度较高。访问结果所获得的资料也不适合做量化的统计分析。不过，由于访问可以取得较深入的信息，能弥补问卷调查的不足，故两者具有相辅相成的互补作用。例如，若企业先采用问卷调查法来调查员工的工作压力，结果发现员工的平均压力感受很高，则可再通过访问调查法来更深入了解员工的工作压力源。人力资源部门可由问卷调查结果得知公司哪些部门的工作压力感受较高，接着针对这些部门的员工，挑选合适的对象进行访问，通过深度地询问员工在工作上的感受，以确认造成工作压力的因素，最后整合问卷调查与访问调查所得到的信息，作为规划降低工作压力方案的参考。

管心任意学

实地调查的魅力：洞察时势，先机在握

受到全球化浪潮的影响，自 20 世纪 90 年代以来，世界各国皆由区域经济逐渐转型为全球经济，已成为 20 世纪不可抵挡的趋势，随着全球经济国际化程度的提高，区域经济集团化的发展，科学技术的进步，企业面临的环境与竞争对手不再局限于单一国家或单一区域，企业为求获利，陆续向海外发展，在国外设置子公司以拓展事业版图并且寻求发展，因此企业对外派人员的需求也与日俱增。外派人员的派任成为许多企业的竞争策略之一，为了进入新市场或发展国际管理能力，对国际企业而言，就算外派人员是相当庞大的投资，国际企业仍需持续增加外派人员。由此可见，不论是企业的营运面或是策略面，企业外派议题的重要性越来越高。

外派人员得知须派驻外地时，对于未来随即产生了不确定性和缺少安全感，而在外派期间，由于身处一个不同的环境可能造成适应问题，如文化的差异性、社会结构、语言等，再加上外派结束后的回任问题，以上种种因素皆可能导致外派任务失败或降低员工的外派意愿。为了让员工有较高的外派意愿与适应外派生活与环境，在外派过程中，组织都会提供一些协助或支持，也就是所谓的"组织外派资源"，例如，加薪、提供住宿、安排导师指导等。由于组织的外派资源事关员工如何看待组织评量他们的

贡献及照顾他们的福利，因此组织的外派资源会强化员工生理及心理上的准备度，降低员工感受到风险的程度，补偿了伴随外派而来的风险，改变员工面对外派的态度，同时表达了对企业员工及其配偶的关心。当员工感受到组织的外派资源是一种支持力量时，员工会以提升绩效来响应组织支持，达到组织的目标及期望。故在外派中，组织的外派资源扮演了极重要的角色，也是组织可掌握程度最高的部分。

为了有效规划、运用与管理外派资源，提供员工最适切的照顾与多元的发展。2011 年，一项针对台湾员工的调查，以对员工的"重要性"和目前企业"有无提供"两个方面，将外派资源分成四组：

1. 强化组。员工普遍认为这些资源很重要，目前企业也有提供，如经济补助、返国交通补助等。

2. 新增组。员工普遍认为这些资源很重要，但企业目前未提供，如提供回任员工相当的职位或升迁、提供家属住宿及教育的帮助、特定补助方案（如孩童出生、上学、长者赡养、旅行）、协助员工及其家庭返国、配置导师协助处理外派相关事件、配置导师辅导外派人员的职业规划与完善的外派人员训练计划等。

3. 维持组。员工普遍认为这些资源并不那么重要，但企业目前有提供，如生涯发展前景的信息、有发展性的派任机会与升迁机会等。

4. 不增组。员工普遍认为这些资源并不重要，且企业目前也未提供，如公平且适当的遴选制度、帮助配偶找工作、提供家属行前训练、提供同乡会等社会网络支持与适当前置期等。

企业可以根据这些员工的意见，将外派资源做最适当的规划，重视"新增组"和"强化组"的资源，以满足员工的需求，也可考虑大幅减少甚至停办员工认为较不重要的资源，以协助员工的外派适应，并可通过定期的问卷调查来了解外派员工的需求与感受，适时调整企业的外派制度与福利，以取得全球化的竞争优势。

 ## 2.3 实验法

实验法是一种相当严谨的科学方法，主要是为了了解自变项（原因变项）与依变项（结果变项）之间的因果关系。心理学家常常利用实验法了解在不同情况下，人类的行为是否有所差异。通常是以实验组和对照组做比较，严谨地控制其他干扰因素，以探讨自变项变动时，依变项变化的情况。例如，心理学家想了解主管支持是否会影响员工的工作满意度，在这个实验中，自变项是主管支持，依变项则是员工的工作满意度。心理学家会将参与实验的工作者随机分为两组：一组为实验组，让这组员工可以感受到主管的支持，例如，主管会关心员工的工作情况，提供必要的协助与工作绩效回馈，指导员工如何达成工作目标；另一组为控制组，这组员工的主管则是不做任何支持行为，员工不会感受到前述任何的主管支持。然后分别测量相同时间内两组员工的工作满意度并进行分析，以了解实验组的员工是否因为感受到主管支持而产生较高的工作满意。

在研究过程中，必须随机将参与实验的员工分派到实验组或控制组，如果两组在性别或年龄上有明显的差异，或在性格等个人特征上有明显不同，都可能使研究结果有所偏差。例如，实验组的员工都是中、高龄的工作者，而控制组都是年轻的员工，这时候所测量的工作满意度改变的结果也可能不完全是感受到主管支持所造成的，而可能是因为年龄差异所产生的差别。当然，还有很多因素都会影响到依变项（例如员工是否对这个企业有承诺感与认同感等），所以实验法的整个过程都必须经过严谨的考量与检核，才能确认依变项的差异是自变项所造成的。

在工作情境中采取实验法的研究称为实地实验（Field Experiment），是指不使用实验室的模拟方式，而是将实验方法应用于真实情境之中，进而观察最贴近真实的现象。例如，你想了解一个新的营销技巧训练是否能有效提升销售业绩，则可采取实地实验来检视营销技巧训练的效果。要采取随机分派法，将业务人员分为两组，实验组的业务人员参与营销技巧训练课程，控制组的业务人员则不参加课程。在课程开始前，首先，记录两组业务人员的业绩表现，以作为比较基线。其次，营销技巧训练课程结束后的一定期间，再分别记录两组业务人员的绩效表现。最后，通过比较训练课程前、后的两组业绩表现，以了解接受营销技巧训练课程的业务人员是否有较高的业绩表现。通过上述说明我们可以知道，在工作情境中，如何有效运用心理学的实验设计，以协助管理者了解各项管理措施的成效，并作为后续改善与规划的参考。

管心任意学

心理学的科学性：所罗门实验设计

随着心理学从哲学领域迈入科学心理学的时代，心理学家开始大量采用科学方法来验证知识与发展相关理论，实验设计即成为心理学研究的主流方法。其中，以所罗门（Solomon）所发展的实验设计最为著名，以下就让我们来看看所罗门实验设计是如何严谨地通过实验来确认自变项与依变项的关联。

所罗门实验设计是将参与实验者随机分为四组，依据实验组、控制组以及有前测、无前测，进行四种不同的实验安排，共包含有前测的实验组、有前测的控制组、无前测的实验组以及无前测的控制组。这样的设计目的在于提高实验结果的效度。实验研究的"效度"，指通过实验设计的安排，有效排除各种可能的干扰因素，清楚、明确地揭露自变项与依变项之间的因果关系。先通过随机分派受试者到实验组或控制组中以进行比较，再通过有无前测的组别来比较，以排除因前测可能造成的影响效果（如练习效果）。接下来就让我们看看在工作情境中要如何运用所罗门实验设计，以比较训练课程是否对员工的工作绩效产生影响：

实验组1：前测→训练课程→后测

控制组1：前测→ → 后测

实验组2： 训练课程→后测

控制组2： 后测

我们可以比较四组的前后测差异，以确认员工的工作绩效改变是来自于训练课程的影响，并排除因前测造成的效果。通过严谨的实验设计，可以协助我们将复杂的真实情境简化，以确认现象之间的关联，有助于管理者在规划管理制度之参考。

心灵专栏　—知己篇

心理测验：你对现在的工作满意吗？

一、导言

　　人为什么工作呢？是为了优厚的薪水、令人羡慕的员工分红，还是为了能一展长才，从工作的挑战中找到成就感；是为了在工作中认识各路英雄奇人，还是想在职场上不断充实自己，学习新知识、新技能；还有，你希望主管尊重你的意见与想法吗？你想对公司的现状与未来发展产生影响力吗？你喜欢公司现在的气氛与感觉吗？如果你有点心猿意马，或已经在骑驴找马，别急，先用下面的 10 道题来全面、客观、冷静地衡量一下你对目前工作的满意度，再决定该不该、要不要跳槽吧！

二、做法

　　请依照你的实际工作情况，圈选出适当的数字。请以过去 3 个月的情形来作答。

三、解答

　　将你上述 10 题的得分相加，你会得到一个介于 10 ~ 60 分间的"工作满意指数"，如果这个分数是：

　　1. 45 分以上，恭喜你，你目前的工作完全满足了你的需求和渴望，别吃着碗内想着碗外啦，这已经是最适合你的位置了，小心捧好这个金饭碗吧！

　　2. 介于 30 ~ 45 分间，你对目前的工作基本上是满意的，不论是工作本身的因素，还是公司的状况，都让你觉得相当开心，也很乐观。这样的好差事，可不要轻言放弃，要跳槽真的要有十足的信心：下一个会比这一个好"很多"！

	满意	颇满意	有些满意	有些不满意	颇不满意	非常不满意
1. 你对公司中的信息流通与员工沟通的渠道满意吗	6	5	4	3	2	1
2. 你对自己的工作待遇满意吗	6	5	4	3	2	1
3. 你对直属主管的领导方式满意吗	6	5	4	3	2	1

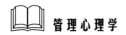

续表

	满意	颇满意	有些满意	有些不满意	颇不满意	非常不满意
4. 你对公司实行变革或推动组织发展的方法满意吗	6	5	4	3	2	1
5. 你对工作的性质满意吗	6	5	4	3	2	1
6. 你对工作提供的自我发展或成长的程度满意吗	6	5	4	3	2	1
7. 你对公司解决冲突和问题的方式满意吗	6	5	4	3	2	1
8. 你对自己的专长在工作上的发挥程度满意吗	6	5	4	3	2	1
9. 你对公司的气氛或心理上的感觉满意吗	6	5	4	3	2	1
10. 你对公司的组织结构满意吗	6	5	4	3	2	1

3. 介于22~29分间，你对目前的工作不太满意！是工作本身的问题，还是公司中"人"的问题呢？不管怎样，这两者都是快乐工作的杀手。有更好的机会和出路，不妨认真考虑琵琶别抱了；暂时没有更好去处的话，也可以留心着，积极一点骑驴找马吧。

4. 22分以下，这个工作已经快叫你抓狂了吧，别犹豫了，即刻行动，准备 Fire 你的老板吧，你绝对值得更好的！

心灵专栏　—知彼篇

EQ① 是什么——忍一时之快！

在中国台湾这个对流行敏感的社会里，一本畅销书可掀起一股狂飙，"EQ"并非首例；而这个充斥讲堂会场，占领书架海报，甚至悄悄游走在大街小巷的流行名词，在这个崇尚"快餐"又好变的社会，竟然能存活这么久，堪称奇迹了。不过，"EQ"实在是个模棱两可、空洞笼统的字眼，而被善于捕捉市场风向的名作家名嘴们炒作、包装，"EQ"便成为了无所不在、无所不能的"万金油"。心理学一夕之间，成为如此"显学"：真不知是忧还是喜？

---

① EQ（Emotional Quotient），情商。

好吧，既然是"民气可用"，我们不妨来追根溯源一番，揭开"EQ"的华丽面纱，看看它究竟是新瓶装陈酒，新瓶装新酒，还是新瓶装旧酒！

其实，开启"EQ"仙境的是一个相当严谨的心理学实验。一位心理学家邀请了一群4岁的孩子来参加研究，他将孩子单独带进一个空空的房间里，明眼的孩子一眼便看到房间中央的矮桌上放着一块诱人的甜点，迫不及待地要跑过去。研究者轻轻将孩子抓住，告诉他（她）："现在就可以吃这一块甜点。不过，我现在必须要去办些事情，如果你等到我回来再吃的话，你就可以吃两块甜点，听懂了吗？"研究者确定孩子听懂后，便离开了房间，到隔壁的观察室里记录孩子的一举一动。

这真是一场心理大战！有的孩子一见研究者离开，便急不可耐地抓起点心，塞进嘴里；有的撑了几分钟，还是不敌诱惑，终于吃掉了甜点，才心满意足；不过，也有的孩子下定决心要等到两块甜点，他们用手蒙住眼睛，把头埋在臂弯里，自己玩游戏或唱歌，甚至睡觉。当研究者回来时，这些坚韧不拔的孩子终于等到了辛苦赚来的酬赏——两块甜点。

至此，这个研究的第一阶段结束了，研究者耐心地等着这些孩子长大。到他们上高中时，研究者再度找到他们，但这次没有"心理虐待"了，这次是访问孩子们的父母和老师。访问的结果相当惊人：那些在4岁时就有毅力坚持等到第二块甜点的孩子们，现在都长成了"模范青少年"，他们心理适应良好，有人缘，受欢迎，敢于探索新事物，但不盲目冒险，自信可靠，又乐于助人。而那些在儿时就轻易向诱惑屈服的青少年，则大多固执易怒，挫折感重，又常觉孤单，人际关系差，怯于挑战，容易被压力击倒。在这些孩子高中毕业时，前者的学业成绩也明显优于后者。

那么，这就是"EQ"吗？看来，延迟满足，拒被诱惑实非易事，但这种能力却使人在生命旅途中获益匪浅。或许那些"小时了了，大未必佳"的夭折天才所缺乏的正是这种自我克制、自我超越的能力吧。去研究所深造，还是先去工作赚钱？花些钱投资自己去学习第二专长，还是"潜龙勿用三年"，打稳基础再求发展？人生难题一箩筐，若能用理性的"心"战胜冲动的"心"，这或许就是高"EQ"的表征吧，你认为呢？

▶▶ 2.4 个案研究法

　　管理心理学的研究以企业组织与员工为主要对象，以提升管理实务的效能与效率为目标，而心理学使用的个案研究法是一种相当好的方法，可以运用于实际的管理情境中，针对单一或多个个案，探索其现象与背景，并厘清现象之间的关联。心理学家研究的个案可以是单一员工、多位员工、团队、部门或企业，具有相似或相异的背景，或正经历相似或相异的事件，通过深入剖析个案所处的情境，进而了解其动态历程。

对心理学的迷思

　　心理学充斥着许多神秘的联想与印象，如读心术、心灵感应等，但心理学家≠算命仙，别再让心理学被误解了。

　　个案研究法源自医学领域对病例的研究，主要方式包含搜集资料与评析资料，并提出建议。资料来源则包含观察性资料与既存的资料，例如公开信息或新闻等。个案研究法的优点是可以对个案做深入的探讨，缺点则是搜集和评析资料的客观性有待商榷，难免失之主观。然而，管理实务本就难以完全客观，且实际的工作情境千变万化，个案研究法正提供了一种研究弹性，更能切合管理实务的需求。

以个案研究法著名的哈佛管理个案教学，即是结合了心理学的科学研究方法与管理实务，所有的哈佛管理个案均以真实企业与事件为背景，管理学者实际观察个案所处的情境，并记录相关的事件发展，最后结合管理理论来分析个案里的各种事件与决策，以探究类似情境中的最佳管理实务。近年来，在企业管理领域，个案教学法已成为热门趋势，各大专院校无不采用个案来训练学生批判性思考，通过呈现最接近真实的管理情境，以讨论的方式解析个案代替传统的课堂讲授，更能引导学生跳脱僵化的线性思考，提前为进入职场成为卓越的管理者做好准备。

心理学的研究方法与工具相当丰富，这些方法并不是相互排斥的，特别是在真实的管理情境中，所要研究的现象是很复杂的，我们可以灵活使用不同的方法，例如，先通过观察法初步了解现象的基本资讯，再使用问卷法大量搜集相关信息，进一步可通过实验设计来确认其关联。通过多种方法的组合使用，就能将复杂多变的管理情境加以简化，顺利地解决管理问题，这正是学习管理心理学的优势，你在职场中可以善用心理学的科学工具与方法，以协助组织与员工提升管理效能与工作效率。

 ## 2.5 心理学研究的专业伦理

心理学研究主要是想了解人类的心理状态与行为，所以心理学家常常要通过对动物或人类进行实验来解答研究问题。由于研究对象是有生命的动物或人类，所以心理学家在进行实验的时候，必须特别注意动物与人的权利。因此，美国心理学会（APA）制定了一套心理学的专业伦理方针，以关怀照顾受试者。以下我们简单介绍与管理实务最相关的原则，包含最小风险、事前同意与隐私权。

2.5.1 最小风险

当心理实验是以人为研究对象时，最重要也最基本的原则是实验者必须将研究的危险降低至最小的可能性，以确保不会对实验对象产生伤害。美国心理学会对最小风险的指导原则为：在大多数研究中所预期的危险不可大于日常生活会碰到的危险。例如，若要以生产线的员工为实验对象时，必须要注意最小风险原则，在过程中以工作安全为最优先考虑，不能因为实验而增加员工工作时的危险，甚而造成工作伤害等。

2.5.2 事前同意

任何心理研究的进行，都必须在实验之前取得研究参与者的正式同意。也就是说，心理学家必须先让研究参与者充分了解整个实验过程与进行方式，由他们自由决定是否参与实验。如果实验必须对受试者事前保密，则必须在实验结束后尽快对受试者解释相关的程序，让他们了解实验必须事前保密的理由。例如，人力资源部门若将员工分为实验组与控制组来探讨训练课程的成效，在实验结束后，人力资源部门应对控制组员工提供简要说明，甚至安排接受相同训练课程，避免员工因未能事前知情且同意参与实验而产生权益损失。

2.5.3 隐私权

任何人的资料都是属于个人私密的资料，心理学家必须善尽保密的工作。如果实验必须收集个人的信息，例如，电话与地址，心理学家必须确保个人信息不会被作为实验之外的目的来使用，以确保受试者的隐私权。任何因为实验所取得的个人资料，未经当事人同意，均不得泄露给他人。在工作情境中，员工的隐私权更要谨慎处理，所有员工资料都应仅作与工作相关的使用，且避免不必要的第三者知情，如员工的薪资与绩效表现，都应采取保密，仅可透露给重要相关人士，如员工的直属主管，以避免侵犯员工隐私权。

简单说，心理学的研究伦理就是受试者在离开实验室时的心理状态，不能比他/她在进入实验室时更糟。下次你可以用这项标准来检视一项心理学研究，不论是实验、调查，还是心理测验。在企业中运用心理学的研究方法与工具时，也要时常自我检视相关的流程，避免让员工权益因此遭受损失，而且要善用这些心理学的工具来提升管理效能，进而协助员工能乐在工作，创造快乐的劳动。

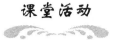

观察力训练

一、目的

心理学最基本的研究工具就是观察法，若能拥有系统性的观察力，不仅有助于了解自己，也有助于担任管理者的角色，通过仔细观察来发现工作中的问题，进而改善工作流程。本活动主要的目的如下：

1. 刺激对环境的敏感度。

2. 通过发觉日常观察的盲点，引起学生对观察力的关注。

二、说明

1. 人数：不限，3 人一组。

2. 时间：约 10 分钟。

3. 材料：一张纸，一支笔。

三、程序

1. 老师先说明活动目的，让学生 3 人一组，每组选出 1 人作为观察标的。选定后，让被观察的学生先到教室外面，此时留下来的组员无法在视线范围内再看见被观察的学生。

2. 请每组留下的两位同学写下被观察的同学的特征，包含发型、衣服的颜色与款式、鞋子的颜色与款式，是否有配戴饰品以及饰品的款式，等等。

3. 待全部学生都完成后，请被观察的学生回到教室，各组轮流进行分享，逐一确认所记录的观察是否正确。

4. 活动结束后，老师带领讨论分享与回馈的感受，并说明观察力的培养是从日常生活的小细节做起，拥有敏感的观察力，将有助于在职场上应对进退。

四、附注

此活动适合在学期初进行，能引导学生留心身旁的事物，也有助于团体协作及后续活动的进行。在活动尾声时，老师可以引导学生思考观察力对管理工作的帮助，身为一位管理者，若能时时留心观察工作场所中员工的行为举止，就能实时给予员工绩效回馈，并提供有效的资源与协助，成为一位称职的管理者。

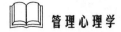

基础题

1. 请列出心理学主要使用的研究方法有哪些。

2. 请列出心理学研究的专业伦理。

3. 请简述心理学的起源。

4. 请简述德国心理学家冯德对心理学发展的影响。

5. 请简述观察法的内涵。

进阶题

1. 请举例管理工作中如何使用心理学的研究方法，来提升工作绩效或管理效率。

2. 请简述霍桑实验对观察法的影响。

心灵笔记

第3章　人格与个别差异

管心开心讲

一样米养百样人

　　《时代》杂志评选 2000 年以来十大经典电影，李安导演的《卧虎藏龙》是唯一入选的华语电影。虽然过了这么多年，剧情细节可能记不全了，但想必读者对于几位主角的性格仍觉得鲜明。像是武当派大师李慕白的温润、红颜知己俞秀莲的压抑、千金小姐玉娇龙的叛逆、山贼半天云罗小虎的狂放、碧眼狐狸的狠毒。通过编剧与镜头，电影勾勒出明确的主角个性，为剧情的进展提供张力基础。

　　让我们将思绪从虚构的电影人物拉到现实世界，生活中是否也有令你印象深刻的人物呢？若说 2012 年的年度新闻，意外蹿红的 NBA 华裔球员林书豪想必榜上有名。林书豪毕业于哈佛大学经济学系，在校时引领校队赢得常春藤联盟分组冠军，是哈佛大学篮球队创立 64 年以来最佳成绩。但掌声与目光并未随着林书豪进入 NBA，历经选秀会落榜，被金州勇士队、被休斯敦火箭队解约乃至于落脚到纽约尼克斯队，林书豪总是在坐冷板凳，上场时间寥寥可数，即使上场也是胜负已定的"垃圾时间"，也曾因球队引入新人，而数度被下放至发展联盟，等同宣告此人对球队来说可有可无。然而，机会总是给准备好的人。

　　2012 年春天，尼克斯当家大将纷纷受伤，教头苦恼无人可用，姑且让林书豪上场。未料，林竟带领球队连赢七场比赛，晋升为"先发球员"。

林书豪对于自己所形成的"林疯狂"（Linsanity）风潮，未有一丝夸耀。受访时他总谦称是队友团队合作的功劳，并坦承自己失误过多的缺点。数度历经职涯低潮，乃至于后来空前的热潮，媒体对林书豪有着高度评价，认为他具有过人的毅力、谦逊、礼貌，尤其是不居功，将功劳归功给整个球队这点，在强调个人表现、诉求英雄主义的美国文化中，反而受到极高的盛赞。因此，我们或许可以这么说：球技让林书豪在球场上有好的表现，但是人格特质让林书豪获得广大球迷的喜爱。

　　每个人都会因为不同的成长背景、经历甚至遗传或学习，而具备不一样的人格特质。人格特质会进而影响到个人判断事情的价值观、态度及因应行为。同时，倘若管理者对于员工的人格特质有一定程度的掌握，不仅可识才无碍，更可适才适所，将员工放在对的位置，发挥所长。因此，我们在此介绍心理学领域中有关人格的理论与研究，帮助大家理解人格与管理心理学之间的关系。

 # 3.1　什么是人格

3.1.1　人格的定义

　　想到鸿海董事长郭台铭，你会怎么形容他？霸主？枭雄？而想到华硕董事长施振荣，你又会怎么形容呢？温润？随和？暂且不论台面上的企业主，想想身旁的朋友，甚至是想想自己，我们总试着用一些形容词来说明每个人的个性。当你说 A 君很乐观，就表示你认为他总是充满希望、用热忱的态度在看待每一件事情（即思想），常常都是开开心心（即情绪）地度过每一天，勇于接受挑战，主动地去解决困难（即行为）。人们有时会表现出一致的思想、情绪与行为。不过，我们也会发现即使在同一个时空背景下，并不是所有人的反应都会一模一样。这些与众不同、稳定不变的反应倾向就是个性，而在心理学中称之为"人格"（Personality）。

　　所谓人格，指的是存在于个体之内的一套有组织、有结构的、持久性心理倾向与特征，此种倾向与特征会与外在环境互动而决定个人的思考、需求、情绪及行为等。人格可定义为每个人独特且一致的行为表现。它包含两

41

种特性：①一个人在不同时间、不同情境下仍表现一样的行为（即一致性）；②每个人在同一个情形下会有不同的表现（即特殊性）。举例来说，小明总有用不完的创意，在居家生活中、朋友聚会中乃至于公司会议等不同场合中，他总是提议、出点子的人。不过，其他同事可不是这样，在公司会议中，大家总是面面相觑，脑中挤不出半点想法，不然就是脑袋放空，没有建树，相对显现出小明与大家与众不同之处。综上，人格是指个人在生活情境中，对一切人、事、物所表现的独特行为倾向。

所谓行为倾向，是指个人在各种生活情境中所表现的性情，例如友善的、焦虑的、诚实的、兴奋的、依赖的、怀疑的、仁慈的、谦卑的、虚心的、蛮横的等。俗语说："江山易改，本性难移"、"一样米养百样人"，这些都是强调性格上的特质。其实一个人可以同时存在多种特质的，其中最能强烈彰显该人特色的特质便称为"基本特质"或"核心特质"，其余则是"次要特质"。而相对于次要特质，每个人的基本特质是较持久稳定的，可以持续数年、数十年，甚至一辈子也不会改变。像是有"经营之神"称号的已故台塑董事长王永庆曾表示："赚一块钱不是真的赚，存一块钱才是真的赚。"勤俭、节约是王永庆一生厉行的信条，也是他为人所歌颂的特质。

3.1.2 人格的形成

你有没有发现，每个小婴儿的个性都不太一样。他们不过刚出生，怎么马上就有自己的个性了呢？有些婴儿很怕生，有的婴儿总是笑盈盈，也有的安静、好动、易哭闹等。其实在成长过程中，包括生理遗传、父母教养方式、家人关系、同事团体、师生关系、学校教育、宗教信仰、生长环境以及文化背景等，诸多因素的交互作用之下，才逐渐塑造出一个人的人格特质。因此，人格特质并没有单一的决定要素。

人格的发展主要奠基于儿童时期，大多数心理学家认为，父母的管教方式对子女人格发展的影响最大。父母对子女施予接纳、民主、关怀的态度，有益子女人格的正常发展。反之，如果父母采取严厉、拒绝、溺爱、冷漠等管教态度，对子女人格发展有不良的影响。此外，学校教育、社会教育及宗教教育，对个人人格的陶冶也具有相当大的影响。大体来说，在常被人批评的环境中长大的小孩，学会攻击；在没有爱的环境中长大的小孩，对人常怀敌意；在常被嘲笑、讽刺中长大的小孩，容易养成害羞与退缩的个性；在被鼓励中长大的孩子，充满自信；在被接纳中长大的孩子，学会爱人；在民主法治中长大的孩子，懂得尊重别人。

至于人格究竟包含哪些内涵？又是如何被型塑而来？如何改变？一个人的人格是与生俱来的，还是后天养成的？人之所以成为现在的样貌是为了理想，还是规避惩罚？怎样的人才会出现人格异常？又如何帮助他们改变？不同的理论学家对于上述议题有不同的见解，下一节为大家介绍主要的人格理论及其对人格的看法。

3.2　人格理论

3.2.1　心理分析学派

　　进入管理心理学的领域，就算你仍对心理学认识不深，但想必早已听过"弗洛伊德"（Sigmund Freud）的鼎鼎大名了吧！心理分析学派由弗洛伊德所提出，他提倡本能动力论，以本能的发泄、本能的压抑来解释人们的行为。弗洛伊德是第一个提出完整人格理论的学者，有人甚至认为他是20 世纪最伟大的心理学家，不过他的心理分析论（Psychoanalytic Theory）也受到极大的争议。虽然如此，他的理论也吸引了许多后续研究者的追随，有人将他的理论落实在临床治疗上，也有人修正他的理论，创立不同观点的新理论。以下便针对心理分析论详加介绍。

弗洛伊德（照片来源：维基共享资源，http：//upload. wikimedia. org/wikipedia/commons/e9/Sigmund_ Freud_ 1926. jpg? uselang = zh - tw)

3.2.1.1 理论内涵

弗洛伊德原是一位神经内科医生，在维也纳行医。如同一般的神经科医师一样，开始时，他也常将病人的病因归咎于紧张、恐惧、焦虑等原因。后来，他致力于探究心理疾病的原因，并发明了一个前所未有的治疗方式，称为"心理分析"，这是一个长时间的语言互动的过程，弗洛伊德借此来探索病人生活事件中更深层的意义。

心理分析论有三个主要的假设：①潜意识是人类行为的主宰；②孩童时期的经验大大地影响了成年时期的性格；③人格的形成有赖个人如何因应他的性冲动。弗洛伊德的人生观将人视为一个能量系统，认为人和其他动物一样为本能所策动，其本质主要为"性"和"攻击"的本能，并且他认为人依据"享乐原则"而行动，寻求各种愿望无束缚的满足。

一样米养百样人

同样的话语，进入不同的耳朵，产生各种截然不同的看法、不同的反应。

3.2.1.2 人格结构

弗洛伊德将人格结构分成三个成分，分别为本我（Id）、自我（Ego）及超我（Superego）（见图3-1）。在他看来，人格就是这三种"我"互动出来的结果。

本我的要求　　现实的要求

自我

超我的限制

图 3-1　本我、自我、超我的相互关系

本我是人格中最原始的成分，主导其运作的是"享乐原则"，意味着及时满足欲望。本我是精神能量汇聚之所，里面蕴藏了许多主宰人类行为的生物性冲动（如吃、睡、排泄、性交等），而本我的运作是遵循弗洛伊德所谓的初级思考历程，通常是原始的、不合法的、不合理的，且不切实际的。在新生婴儿阶段的心理活动都是本我的运作，所有的行为都是为了要立即地满足本能的冲动，例如，饿了就哭，以吸引照顾者前来喂食。

自我在人格中扮演决策的角色，主导其运作的是"现实原则"，意味着延时满足，直到出现适当的时机，以符合现实的状况。自我必须协调本我渴望立即满足的冲动与现实环境的要求，它会考虑现实状况（如社会规范、礼仪、规矩、习俗）后，再决定怎么做。简而言之，自我总在试图驯服本我的欲望，以免于不合乎实际的窘境，因此，弗洛伊德将自我比喻为："一个无助的马师骑在一匹脱缰的野马（本我）上。"长期而言，自我也希望能满足所有的本我冲动，因此，自我的运作是遵循弗洛伊德所谓的次级思考历程，它较初级思考历程合理、实际，且意在解决问题，这样，才能避免被社会排挤（如被老师处罚），而做出较合宜的行为，也才能达到更大的目的，以满足冲动。

超我是人格中道德与理想的成分，关注如何合乎社会标准，以做出对的行为。我们从小就被教导一些是非对错的社会常规，这些规范最后会内化成为我们对自己的期许，表示我们真的接受了这些规范，并且会强迫自己去符合这些规范。一般而言，超我约在 5 岁时从自我中分化出来。有些人的超我还会有很不合理的超高道德标准，导致自己常有莫名的罪恶感。

弗洛伊德认为，这三种我的分布横跨在他所谓的三种意识之间，又可概分为两个对立的意识层次：潜意识（Unconscious）相对于意识（Conscious）

45

及前意识（Preconscious）。意识包含我们随时均可觉识到的现象。前意识则是我们稍加注意，便可以觉识到的现象。潜意识则包含思想、记忆、欲望等我们无法觉识到的现象，但它却是行为主要的决定者，如图 3－2 所示。

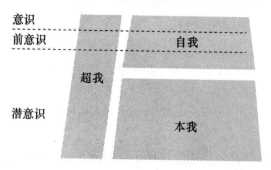

图 3－2　本我、自我、超我与意识层次的对应

在职场上，管理者需论功行赏来激励士气。但即使是公平、公开、公正的奖赏，没有获得奖赏的员工暗地里仍会感到嫉妒、觉得不公平。"难道我的付出，主管都没看见吗？""凭什么他可以拿奖金？他算老几？"这些不平之鸣正是"本我"的抗议。但基于为人处世的道理，我们仍要压抑心中的愤怒，心平气和地向同事恭喜，这是"自我"努力抑制"本我"的冲动，表现出合宜的行为。甚者，有些人在嫉妒过后会出现愧疚的心情，觉得自己怎会有如此不堪的念头，或自责表现太差，对不起主管与组织，这就是"超我"对个体的道德劝说。因此，管理者不仅要将掌声给表现好的员工，对于表现不甚理想的员工，也记得要给予关爱的眼神，不要让他的工作动机被本我的嫉妒侵蚀，也不要被超我的责备给淹没。

3.2.1.3　冲突和防卫机转

在弗洛伊德看来，行为是一连串本我、自我与超我之间内在冲突的后果，因为本我要立即满足冲动，但社会规范却常常不允许。弗洛伊德相信这些冲突主导了人们的日常生活，其中与性及攻击有关的冲突影响最巨。大部分的心理冲突都不那么严重，也都很快就可以解决，但是有些冲突却可能持续好几天、好几个月，甚至好几年，造成内在的心理紧张。弗洛伊德认为那些根植于幼年经验的冲突是造成性格困扰的主要原因，这些冲突，尤其是社会不允许的性格攻击，常常被压抑在个人的潜意识里。虽然我们无法意识到潜意识里的这些冲突与挣扎，但这些冲突会引发焦虑，焦虑会使个人意识到本我好像快要超出可掌握的范围，而隐约有种不祥的预感。焦虑对个人而言是一种压力，我们会竭尽所能地摆脱这个负向的情绪，其中最常使用的就是"防卫机转"。防卫机转是保护个体免于痛苦的负向情绪（如生气、焦虑、罪恶感）的一种潜意识反应。简单来说，就是一些自己骗自己的心理花招，下面就是几种常见的防卫机转。

（1）投射（Projection）。将自己内心不为外界所接受的想法，加在别人身上，认为那是他人的想法。例如，业绩竞赛中想要以贿赂厂商的方式胜出，但却说是厂商暗示需给予好处才跟你签约，以减缓你心中的罪恶感。

（2）否认（Denial）。否认现实或否认冲动。例如，提案在会议上被否决了，却拒绝更改计划书，认为提案仍然可行。

（3）抽离（Isolation）。将事情从记忆中抽离出来，或将情感成分从记忆或冲动的内容中抽离出来。例如，原本事业一帆风顺的你，却因错误决策，被老板在众人面前教训，叫你卷铺盖走人。为避免再度受到这段不堪回忆的打击，你可能会暂时想不起当时的场景。

（4）抵消（Undoing）。以另一种举动神奇地抵消原先行为所带来的焦虑。例如，昨晚喝多了，竟对主管无理咆哮，隔天一早特地买早餐跟咖啡表达对主管的善意。

（5）反向作用（Reaction – formation）。有了不为人所接受的冲动或想法时，承认并表现"相反的状态"来防卫。例如，对办公室的已婚男同事感到爱慕，却批评介入别人感情的小三很可恶。

（6）合理化作用（Rationalization）。对行为重新解释，使它显得合理、易为人所接受。例如，明明是受不了环境落后而拒绝外派，却推说放不下家人因此无法前往。

（7）潜抑（Repression）。将思想、观念或愿望从意识中除去。例如，为了摆脱过去曾背地里伤害你的同事，而真的忘记了他的名字。

（8）升华（Sublimation）。原先用以满足本能的活动为更崇高的、更为社会所接受的目的所取代。例如，极度贫穷的生活让你对金钱很没安全感而拼命赚钱，与此同时，你的工作表现越来越好，而后便以"突破自我极限"的方式投身工作，赚取高额的收入。

（9）退化（Regression）。将行为反应退回到早期较不成熟的发展阶段。例如，工程师们的目光都放在新来的漂亮新人身上，原本万绿丛中一点红的你，熟练的工作却开始有大小疑问，隔三岔五地向工程师求救。

防卫机转是正常行为的一部分，若你发现自己正在使用一些防卫机转，并不用感到惊讶，根据弗洛伊德的说法，每个人都会使用防卫机转，只是程度不同罢了，若是一个人过度依赖防卫机转，才可能造成问题。如果全盘依赖潜意识的防卫机转而忽略生活现实，便可能造成心理疾病。因此，在面临冲突时，应该正视现实，努力去解决问题，才是健康的做法。管理者们也可应用心理分析论的观点，看看你的员工不寻常的行为，是不是心理防卫机转的表现呢？

3.2.2 人本学派

有些心理学者不认同心理分析论的观点，他们认为心理分析论者是以心理或精神异常者为研究对象，其理论无法适用于一般人。他们转而探讨一般正常人的心理历程，强调人的主动性，以不同阶层的自我实现、自我超越来解释人的行为。这就是20世纪60年代崛起的人本心理学，也是心理学所谓的"第三势力"（Third Force），该理论重视个人对外在世界主观的看法，主张一个人怎样思考自己，自己就会成为心目中所想象的那种人。强调"自由意志"与"理性"，认为人的基本动力是"自我实现"。人本论学者最主要的代表人物为马斯洛（Abraham Maslow）。

3.2.2.1 需求阶层

马斯洛认为人类均有追求成长与自我实现（Self – actualization）的本能，个人会朝着自己的目标前进，并克服沿路的障碍。他将人类的动机组织成一个需求层次，根据优先顺位，对需求做有系统的调整，在满足高层的需求之前，必须先满足其下一层的需求。金字塔越底层的是最基本的需求，而金字塔越顶端的需求层次越高。当某个层次的需求满足已足够（并不需完全满足），人才可能进一步追求更上一层次的需求满足。

马斯洛的需求阶层如图3-3所示。

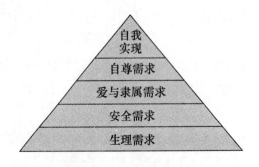

图3-3 马斯洛的需求阶层

（1）生理需求：如饥饿、干渴、睡眠。

（2）安全需求：长时间的生存与稳定。

（3）爱与隶属需求：亲和与被接纳。

（4）自尊需求：成就与获得赏识。

（5）自我实现的需求：潜能的实现。

马斯洛认为人有自我成长的内在动力，也就是说人自动地会不断朝向更好的状况发展，他认为这种一直往上层发展的需求为成长需求，包括对知识、秩序、美学艺术的需求，最终完成自我实现的需求。所谓自我实现，意指极致发挥自我的潜能，这也是马斯洛的动机阶层中最高层次的需求。他认为，如果我们无法将能力发挥到淋漓尽致，或必须压抑真正的兴趣所在，是令人相当挫折沮丧。历史上许多自我实现的伟人，或目前众多成功的企业家，大都有着自我实现的人格特征。

3.2.2.2　自我实现者的特性

需求阶层的最高层是个人想要实现自己能力的最终需求，达到此阶层者可以称之为自我实现者。马斯洛对自我实现相当感兴趣，他试着去找出心理极度健康的人，以研究他们的特质。他曾用心理测验和访问方法，筛选出大学里前 1% 健康的人，他也曾参考名人传记以了解这些适应良好的人的特质。几年的努力后，他终于整理出心理健康的特性。马斯洛称这些心理极度健康的人为自我实现者，因为他们一生几乎都在不断寻求自我成长，他据此整理出这些自我实现者的特性。简而言之，这些人几乎都能与现实达到协调，而且能平静地自处；他们都有开放的心胸且自动自发，对世界万物永远保持新鲜感；在社交上，他们对别人的需求敏感而且能享受交朋友的乐趣，但他们并不需要别人的认可，也不因孤独而感到不舒服；他们在事业上很成功，而且能享受自己的幽默感。马斯洛还注意到他们比别人有较多的"高峰经验"（Peak Experience），一种情绪上的高度满足感。另外，他们也可以在许多两极化的性格表现中找到一个相当好的平衡点，他们可以成熟而童心未泯，理性而情感丰沛，调皮而无伤大雅。

心灵专栏　—知己篇

心理测验：你是 A 型性格吗？

一、导言

你的压力太大吗？生活太紧张吗？需不需要用到书中介绍过的治疗方

式？如果你自己不知道，那么下面这个由心理学家波特纳（Bortner）所发展的"A型性格"测验，应该有助于你更了解自己！

二、做法

下面七个题目每一题都有两个描述，请你在每一题的量尺上圈选一个最能描述你自己状况的数字，数字越小，表示越符合左边的叙述，数字越大，表示越符合右边的叙述。

三、计分方法

将七题的得分相加，再乘以3，就是你的分数。

1. 分数在120分以上。你是个不折不扣的"A型性格"，小心你的升迁，宝贝你的心脏，关心你的家庭生活吧！

2. 分数在106～119分间。你也是"A型性格"的高危险群，请你小心！

3. 分数在100～105分间。你有"A型性格"的倾向，但尚未完全"发病"，急思改变吧！

4. 分数在90～99分间。你是个十足的"B型性格"，恭喜你身、心、工作、家庭都如意。

5. 分数在90分以下。你是个不很典型的"B型性格"，别矫枉过正了，保持一定的动力生活才会有意义！

1. 对约会很随便	1 2 3 4 5 6 7 8	从不迟到
2. 竞争性不强	1 2 3 4 5 6 7 8	竞争性很强
3. 从不赶时间	1 2 3 4 5 6 7 8	总是赶时间
4. 每次只做一件事	1 2 3 4 5 6 7 8	试图一次做几件事
5. 做事慢	1 2 3 4 5 6 7 8	动作快（如吃饭、走路等）
6. 勇于表达情绪	1 2 3 4 5 6 7 8	压抑情绪
7. 兴趣广泛	1 2 3 4 5 6 7 8	除工作之外很少兴趣

3.2.2.3 高峰经验的特性

马斯洛通过80个人的访谈资料及190个大学生的报告，要求他们描述美好的经验，事后有50个人在读过他的著作后，以非正式的信件表达了这些"高峰经验"。其特征如下所示：

（1）在高峰经验中，个体常失去时间感、空间感，如同恋爱中的

50

经验。

（2）高峰经验是好的、被期望的，而非邪恶或厌恶的。高峰经验能让我们透彻真实的本质，存在的本质是自然或良善的，而邪恶、痛苦及恶惧只因我们最初设定了有限及不完整的人性观。

（3）高峰经验是一种以"绝对"的观点来知觉与经验，而非"相对"。如同这些经验本身即为独立于人的一种真实。

（4）在高峰经验前，我们感受到惊讶、敬畏、谦卑及臣服。

（5）在一些神秘、宗教或哲思的高峰经验中，整个世界被视为整体，是单一、丰富及鲜活的本体；而在其他的高峰经验中，如爱或美，我们知觉的虽只是世界的一小部分，但被视为一种全然的经验。

（6）在高峰经验中的人是神圣的，如神一般展现他们对世界与对人的全然、爱的、无罪、怜悯及喜悦的接纳。

（7）高峰经验的知觉是特别的，所有的知觉物都被视为一独特的实例。

（8）高峰经验是完全没有害怕、焦虑、压抑、防卫及控制。

（9）高峰经验是一种内外的动态平行对应或同构型，即当我们知觉世界存在的本质时，我们更接近自己的存在。

有关高峰经验的益处，马斯洛认为高峰经验在临床治疗上确有效果，能改善病人症状。经历高峰经验的人能改变对自己的看法，让人更有活力，更具自发性、创造力及更愿意表达的特质。此外，高峰经验也能改变对别人的看法，个人会试着从不同的观点看待别人。更进一步，高峰经验能改变个人对世界的看法，以更正向的观点看待万物。也由于高峰经验的美妙，让人肯定并试图再去经历这种体验。最后，高峰经验更可帮助个人认识到自我存在的价值，勇于面对苦痛，增强抗压性。

对管理者来说，人本论提供了有别于心理分析学派的观点，不再关注人性的邪恶，反而提醒管理者需了解员工处在哪一个需求阶层，才能投其所好，提高员工的工作动机。举例来说，对于有经济压力的部属，"奖金"能激励他们更努力工作；但对于其他部属可能就不管用了，因为他们不缺钱，只希望能多一些时间跟家人相处。对这群部属来说，当他们达到绩效要求时，让他们放个长假，与家人出国旅游，相信会比奖金有用。同时，根据马斯洛的观点，只要低层次的需求被满足，人便会向上尝试满足高层次的需求。管理者亦可"循序渐进"，一步步地激发员工的自我实现需求。让员工发自内心地投入工作，这股潜能激发的能量，是任何外在酬赏都比不上的！

3.2.3　特质论

有别于心理分析学派与人本学派对人格形成历程的钻研，特质论的学者对于人究竟有多少种特质较感兴趣。特质论认为每个人都有相同的特质，只是该特质的"量"有程度上的差异。此外，个人的核心特质是不易改变的，具有跨时间跨场所的稳定性。最后，内隐的个人特质可通过测量行为指标而得知。因此，特质论学者发展诸多分类架构，用以说明个体的人格特质。不同的特质论者皆致力于发掘人类特质的基本结构，此类研究众多。以下我们介绍最受欢迎、最广为接受的五大人格模式。

五大人格模式

近年来，麦克雷（Robert McCrae）与科斯塔（Paul Costa）综合多数心理学家对人格特质的研究，整理出五个基本的人格特质，即大家后来熟悉的"五大人格模式"（Big-five Model）。这五大特质结构不仅相当稳定，还具有跨国界的普遍性，因此常常成为实务界在人格判断时的客观依据。其各向度的内容分述如下：

（1）开放性（Openness to Experience）。意指个人具有想象力、创造力、机智幽默、弹性、有丰富的想象力、有艺术家的敏感以及不墨守成规。开放性高的人除了喜欢尝试极限运动等"具体"的冒险之外，对于混沌不明的未来，同样展现开放性，倾向探寻新知，挑战新的可能。开放性高的人适合从事营销创意工作，对于海外外派同样具有较高的接受度。

（2）谨慎性（Conscientiousness）。意指勤奋、有规律、计划周详、守时且令人感到可靠的特质。研究发现，谨慎性较高的人可能在各行各业都有较好的表现，尤其，领导效能高的管理者其谨慎性的分数通常很高。谨慎性高的人由于倾向事前规划，以及按部就班进行工作，在过程中往往展现极高的组织能力。

（3）外向性（Extraversion）。意指直率、喜欢社交、生气勃勃、有自信。也有些特质论者将外向归因于正向情感。外向性高的人容易让人觉得健谈、活泼，最常被推举为活动主持人。同理，在职场上他们也很适合从事业务或公关性质的工作，与陌生客户交谈，绝对难不倒他们！

（4）友善性（Agreeableness）。意指较有同情心、乐于助人、值得信任、较合群、谦虚且正直。如果一个人在这个特质上得分很低，可能就是好猜疑的、爱唱反调的，且攻击性较强。友善性高的人是绝佳的团队伙伴，他们处事为人得体合宜，包容异质性，并能宽容对待队友的无心之过。

（5）神经质（Neuroticism）。意指容易焦虑、具有敌意、自我意识较高、容易有不安全感、脆弱易受伤，有些特质理论将神经质称为负向情感。神经质有时会以"情绪稳定性"的概念进行测量，当个人情绪稳定性差便是高神经质，情绪稳定性高则是低神经质倾向。神经质高的人不适合从事与人互动的工作，由于较自我中心，容易将自己的委屈、不满等负向情感放大，而影响日常行为。

心灵专栏　—知彼篇

生涯随缘还是生涯规划？

转眼，炎炎夏日终于成了强弩之末，凤凰花开、骊歌响起的季节已逝，又一批莘莘学子满怀期待地进入校园，很快地，他们也将充满惶恐站在校门与社会之间，每每问我："老师！生涯到底是随缘好，还是规划好？"

10 多年前初来台湾时，层层叠叠的教育体制，纵横交错的升学渠道，令我叹为观止，有位学生以她的生命轨迹做解说，才让我在迷宫中发现了规律。中学毕业后，她立志要成为白衣天使，济世救人，于是考进了高职护校。不过，一段医院实习敲碎了"天使梦"，原来凡尘中的"天使"其实只是"白衣帮佣"而已。失望之际，她寄望于升学，期盼更多的专业养成能带来不同的工作内容，于是，继续攻读二专护理科，重回医院实习时，终于觉悟到，学历并不能改变工作的内容。不过，"天使梦"彻底幻灭的同时，也有意外的收获：她发现自己对统整资源，直接帮助贫病无助者的社会工作一职颇能认同。于是专科毕业后决定改行，投考大学社会工作学系，不幸只能考上夜校，于是白天的护理工作便成了赚钱养自己的"必要经济来源"。五年艰辛，终于拿到了大学文凭。不过，接下来的一年工作经验却不是投身社工，而是在一家医学中心当研究助理。不料，这又是一场破冰之旅：她发现做研究充满了惊奇，又不必承担实务工作沉重的无力感和被制度束缚的窒息感。不敌诱惑的她，又再度回到教育体制，考上了我所任教的研究所攻读硕士学位，是年，历经台湾地区每一层教育体制的她已是 26 岁了。而我呢，17 岁投入大学联考时选定了一生的志向，

25岁时已经得到英国牛津大学的心理学博士学位了。

也许有人会说我很幸运；也许有人会说人生每一个挫折都可以是成长，多走的路就算散步，多开的车就算兜风；也许更有人举证凿凿，大器晚成，不亦乐乎。这些可能都对，只是在这个越来越讲求效率，瞬息万变的时代，机遇似乎越来越偏爱那些准备好的人，蹉跎青春的代价不仅是时间，还有金钱、机会以及更重要的自尊和自信。有梦就去追，生涯不能随缘，人生要有方向，成功的果实才会累积，梦想才会成真。选择其实并不难，只要问自己三个问题：

第一，"我最在意的是什么？"工作有挑战性还是常规性？工作有发展性还是稳定性？或是"钱多事少离家近，位高权重责任轻"吗？工作价值乃至人生价值，是生命的原动力，也是"追梦飞行器"的引擎，越早厘清越好。

第二，"我觉得什么事最好玩？"，是接触人群还是玩弄机械？是制造创意还是关注细节？工作兴趣人各不同，但相同的是，选择兴趣相合职业的人，成功的概率倍增。

第三，"我的能力能做什么？"我擅长理性分析还是感性直觉？我的表达能力强还是操作能力好？成功者共同的秘笈可能就是"扬长避短，优势运作"。

通过上述三个问题的思辨，你应该可以厘清自己的"价值"、"兴趣"和"能力"，接下来，只需要"勇气"了，选择你所爱的，爱你所选择的，生涯应该规划，也可以规划，用以上四大支柱来支撑，每个人头上都可以有一片蓝天。

综上所述，读者对五大人格模式所具备的代表性性格内涵应该有很清楚的认识，不妨对照一下周围的人，看看他们属于何种人格倾向，相信你一定很快就能记住五大人格结构。其实，有更能快速记忆的方式，请你看看每个特质的英文名词，若将每个词的第一个字母组合起来，就可以成为一个易记的英文单词"OCEAN"了：所谓茫茫人海，五大为罗盘。

麦克雷和科斯塔认为，只要用上述的五个基本性格特质就足以描述一个人的性格。虽然有些学者认为要描述所有的性格应该要用到比五个更多的特质，但也有一些学者认为只要三个或四个特质即可。不过，通过许多研究的证实之后，五大性格特质已经被公认为近代心理学中最主要的性格结构。在台湾地区，许多大型的研究（例如"台湾研究院"的"台湾社会变迁基本调查"），也是以这个架构作为台湾居民的人格内涵分类。

 3.3　人格测验与员工甄选

　　管理者都想为组织挑选优秀的人才，然而，"最佳人选"未必是"最适人选"，因为不同的工作性质可能需要不同人格特质的员工来担任。该如何看出应征者的人格特质？即使是心理学家也没有"读心术"，要了解一个人的人格特质，测验是绝佳的辅助工具。

3.3.1　自陈式人格量表

　　大多数的人格测验并非直接要填答者在人格特质向度上评量自己，如评量自己是友善，还是不友善的。而是通过一些陈述句来回答自己同意或符合的程度，例如，"我经常尝试吃新的或外国食物"，或"我真的喜欢大多数我碰到的人"。这类问卷称为人格量表（Personality Inventories）。但这些题目并非是凭空撰写的，人格量表的题目会先根据特质理论来编写，初步编写完的题目在经过大样本施测后，再进行因素分析，以决定哪些题组是彼此相关的，以及这些题组是否真正属于他们原先设计的特质量表，而那些最终保留下来的题目才能成为正式的人格量表。在此，我们向大家介绍三个相当知名的人格量表，分述如下：

3.3.1.1　MMPI

　　MMPI 是明尼苏达多向人格量表（Minnesota Multiphasic Personality Inventory）的简称。起初，MMPI 是精神治疗中的一个纸面测验，包括了态度、情绪反应、身体和心理的症状及经验等共 550 多个陈述句。填答者用"对"、"错"、"不清楚"来回答每个陈述句。有别于前述谈到的理论基础，MMPI 不是以理论来编制题目，而是把数百个题目于许多团体中施测，每个团体在特殊效标上都与常模不同。例如，编制区别"妄想症"和"正常人"的量表题目时，给这两个团体的受试者相同的题目，只有能区分精神病组和控制组（正常人）的题目才予以保留。

　　MMPI 的特殊之处在于，除了欲测量的内容之外，还同时包含了其他重要的量表。这些量表是为了判断填答者是否谨慎且诚实地回答问题，如

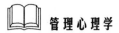

果某个人此类量表分数太高，则表示他的内容量表分数需小心解释或完全弃置不用。表 3－1 是经常在 MMPI 计分的三个效度和 10 个内容量表。

表 3－1　MMPI 量表

量表名称	量表缩写	高分数的解释
说谎	L	否认一般人共同的弱点
罕见	F	人格侧面图无效
修正	K	防卫的、推托的
虑病症	Hs	强调身体的不适
忧郁	D	不快乐、压抑的
歇斯底里	Hy	用否认问题来反映压力
心理病态偏差	Pd	缺乏社会从众，经常有法律问题
男性化—女性化	Mf	男性女性化倾向，女性男性化倾向
偏执狂	Pa	怀疑
精神衰弱	Pt	忧虑、不妥
精神分裂	Sc	退缩、怪诞的思考
狂躁症	Ma	冲动、兴奋的
社会内向—外向	Si	内省的、害差的

MMPI 是以 1939 年开始的研究为基础，于 1943 年首度出版。现在有超过 8000 个 MMPI 相关的研究，翻译成至少 15 种文字，甚至有私人公司提供量表的计算机评分和解释。虽然 MMPI 是广为使用的人格量表，但随着时间消逝，对于 MMPI 的批评声浪越来越多，显然原来量表已过时并应修订。因此，新版 MMPI－2 已于 1989 年出版。

3.3.1.2　A 型人格量表

研究心脏血管疾病的专家指出，"长期处于压力之下，试图于不足的时间中完成过量的工作，且常处于与他人及事务的竞争冲突之中"的人，较易罹患高血压、心肌梗死等心脑血管方面的疾病，并将其称为 A 型冠状倾向行为形态（Type A Coronary－prone Behavior Pattern），简称为"A 型性格"。这种人在工作时相当急躁、缺乏耐心、口出恶言、易被激怒、疑心，却又相当能忍受长期的工作负荷，可能会有过量的药物依赖，如酗酒、服用安眠药，忽视其他足以危害身体健康甚至明显的生理不适情形。

多年来对 A 型性格的研究已发现：这种人的工作压力大，事业野心大，自视甚高，竞争性极强，很难成为工作团队的称职一员，他们也不信任部属，不愿与同事合作，人际关系常处于紧张状态。简言之，A 型性格的人是典型的工作狂，却不见得能成为职场的明星，特别在需要团队合作的场合，他们反倒可能是"团队杀手"，管理者不可不慎。你是不是正在猜想自己是 A 型性格还是 B 型性格呢？可参阅本章节末的"知己篇"一探究竟。

表 3 – 2　A 型性格与 B 型性格的特征比较

A 型性格	B 型性格
1. 不论走路、吃饭、说话都非常快	1. 处世温和、随遇而安
2. 没耐心	2. 放松而无罪恶感
3. 无法面对休闲时间	3. 对时间不太关心
4. 以数字来衡量成功	4. 不自夸
5. 具有企图心与竞争心	5. 比赛不关心输赢，重视乐趣
6. 较怀有敌意	6. 较不怀有敌意
7. 患心脏疾病的概率高	7. 患心脏疾病的概率低

3.3.1.3　内外控

控制感（Locus of Control）的概念最初由心理学家罗特（Rotter）所提出，内控者相信自己能掌控事情的结果，外控者则认为事件或行动结果由自身以外的因素所控制。对外控的人而言，他们会相信不管自己的能力或所作所为如何，个人获得的酬赏都不会改变，因此他们不觉得努力改变环境有何意义。相反的，内控的人则相信自己的行为与结果间必有关联，他们比外控的人更懂得实验室里操弄的因果关系。与外控的人相比，内控的人不易受情绪影响，他们对自己的能力比较有信心，也对环境中的线索比较有警觉心，以便能随机应变。此外，他们比较不容易感到焦虑，自尊心比较强，也比较会对自己的行为负责，而且，通常不易因压力而产生负面的影响，身心方面都比较健康。

在其他行为差异方面，研究显示，内控者很明显比外控者常做有关成功的白日梦，少做有关失败的白日梦。在各种不同的情境中，内控者都可以接收到较多的信息，也能处理较多的信息。他们能参与较多、较重要的个人决策。内控的人通常也比较有人缘，容易吸引那些被他们影响的人。此外，内控的人有较高的自尊，其社交技巧也比较好。根据一项德国的研

究，在 361 位护士中，内控程度高的人比较不容易有情绪困扰，不会有酗酒的问题，而且比较懂得如何适应压力；外控的人则报告出较多与工作有关的压力，其耗竭（Burnout）的分数也较高，这些对内控的人而言，相对地比较不造成困扰。

表 3－3 整理了内控者与外控者的差别。管理者们除了使用正式心理测验，也可利用问问题、聊天等方式来了解员工或应征者的内外控倾向。如此一来，你就会知道当艰难任务下达时，哪些人相信"人定胜天"，哪些人却认为只能"听天由命"了。

表 3－3　内控者与外控者的差别

比较方面	内控	外控
对社会影响的反应	保持控制力、拒绝被操弄	易服从
寻求信息	较努力寻求信息	较不努力寻求信息
归因历程	倾向内归因	倾向外归因
成就动机	较高	较低
健康相关行为	较注意健康	较不注意健康

3.3.2　投射测验

所谓投射测验（Projective Test），是以暧昧不明的刺激情境，让受试者在不受限制的情形下，随心所欲地想象，研究者再从其反应中探究潜藏不露的潜意识需求、动机、心理防卫、心理冲突与人格特质，是心理分析学派常采用的测验形式。需特别说明的是，投射测验需要由专业的人员施行与解释，以下仅向读者介绍几项知名的投射测验形式。

3.3.2.1　罗夏墨渍测验

罗夏墨渍测验（Rorschach Inkblot Test）共有十张图片，每张都是左右对称的（见右图）。20 世纪 20 年代末期，该测验在欧洲广被精神科医师采用。实施墨渍测验会请受试者说出每张图形看起来像什么？或看到这张图形会想到什么？研究者记录其反应内容、作答时间、情绪反应以及对墨渍图反应的部位，逐一进行评分，再依据评分结果，来解释受试者的人格特质。

3.3.2.2　主题统觉测验

主题统觉测验（Thematic Apperception Test, TAT）全部有 30 张图片（见右图），可任意组合成四组。施测时先呈现一张图片，要受试者依图片编造一个故事；对受试者的反应内容不加以限制，但是要其说出：图画中发生何事？结果会怎样？他对图中的情境有何感想？图画主角是谁？当受试者看图说故事时，主试者就开始详细记录其反应内容。主题统觉测验的主要目的是想借图画让受试者讲故事，不知不觉地将潜意识表露出来，再由其故事内容中找出一个主题，从而分析该主题所代表的意义。

3.3.2.3　字词联想与语句完成测验

字词联想测验常以单字或词当作刺激，让受试者自由联想。例如，以刀、木、水、火、父亲、失恋、自杀、母亲、安眠药等作为联想的材料等。语句完成测验（Sentence Completion Test）则是提供受试者不完整的句子，让受试者将不完整的句子填满，成为一个完整的句子。字词联想测验与语句完成测验的目的，在于通过字词的联想以及语句的完成，让受试者将个人隐藏在内心中的问题无意中流露出来。

管心任意学

企业也有人格：组织文化

通过本章的介绍，相信读者已对人格特质有进一步的认识。不论你是支持心理分析学派，或拥护人本学派，还是特质论的信徒，不同理论观点都帮助我们更加了解什么是人格特质。不过，你知道吗？每个企业也有自己的人格。研究称之为"组织文化"（Organizational Culture）。组织文化是组织成员共同抱持的意义体系，使组织有别于其他组织。组织文化可通过故事、仪式、象征等方式形成与维系。但最重要的影响因素则是企业的创办人。创办人可通过雇用及留住那些想法、做法与自己相同的人，或是教导并同化员工的想法与做法，让整个组织慢慢酝酿出一股相似的氛围。尤其创办人常以身作则来鼓励员工认同他们，并进一步将自己的信念、价值

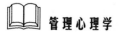

观与假设内化于员工心中。因此，创办人的人格特质往往会嵌入组织文化中。

还记得经营之神王永庆吗？"勤劳朴实，追根究底"是台塑集团每一个公司网页上所列的标语，清楚地揭示了台塑的企业精神，更是台塑人奉为法则的工作态度与处事价值。从一个小例子就能看出这种"台塑文化"的贯彻执行：台塑对新进储备干部实施"在线轮班三个月"的强力训练制度，要求每个新手先在非自己专长的产业在线驻点工作三个月，每个月还要交一份工作报告，充分体会基层的工作环境与公司的产业特性。接下来，还要接受一年与自己工作相关的基层训练，如会计人员，此时就从记账、税务等基本工作做起，称为"蹲马步"，每三个月还要交一份心得报告。"务实"与"勤奋"在这一段新生训练中，从制度向人心深入，建立起台塑人的基本性格，也使"台塑精神"得以传承，发扬光大。

人格测验种类繁多，碍于篇幅，我们仅能向读者介绍前述几项。人格测验是了解人格特质的工具，但不是"唯一"的工具。员工甄选是一项繁复的流程，包含基本书面审查、聘雇测验、面试、推荐查证等步骤。在第一关中，管理者可就履历与自传内容，对应征者有初步的认识。然后，可采用信效度良好的心理测验来进一步了解其人格特质。此外，更需要通过面对面的会谈，才能对应征者有全面的了解。最后，别忘了应征者求好心切，有"伪装"的可能，记得向相关人士查证所言是否属实。相信通过层层步骤，定能为组织挑选到优秀又适合的理想人选。

课堂活动

认识自我

1. 准备 8 张空白卡片，在每张卡片的左上角编上 1~8。
2. 在卡片 1 上写上母亲。

   在卡片 2 上写上父亲。

   在卡片 3 上写上一个你不喜欢的人的名字。

   在卡片 4 上写上一个你认为成功的人的名字。

   在卡片 5 上写一个朋友的名字。

   在卡片 6 上写一个你家庭其他成员中任何一位的名字。

在卡片 7 上写现实自我。

在卡片 8 上写理想自我。

3. 将卡片 7 放在面前，将其余的卡片洗一下，随意抽出两张，与卡片 7 放在一起。

4. 考虑一下你面前卡片上的三个人，找出一些其中两人相似但与第三者相异的重要方面，例如，比较我父亲、现实自我和我的朋友，发现前两者都让人觉得很"温暖"，而我的朋友则不令人感到"温暖"。将这个特征"温暖"记在纸上。

5. 将卡片 7 留在桌上，把另外两张卡片放回原堆，再洗一下，随机再抽出两张。

6. 重复第 4 步。

7. 继续做下去，直到你找到 6 个特征为止。

8. 将这些特征填入下页的表中。

9. 针对特征 1，考虑从 1~8 的每个人，如果他们像特征 1 的第一端（如有"同情心"的），则在他们的名字后的对应格中填上 1；如果他们像特征 1 的另一端（如没有"同情心"的）则填上 0。

10. 对特征 2 至特征 6 重复第 9 步。

思考的问题

1. 思考一下你找到的这些特征，别人会列出一张完全不同的单子。你过去是否意识到这些是你看世界的重要依据呢？

2. 你发现的这些特征彼此是如何联系的呢？将任何一列的 1 和 0 与其他列进行比较，如果 1 和 0 的排列相配（或近似相配），则表示这两个特征的意义有重合。有没有一组特征相配使你感到惊奇呢？有没有一组相反的配对呢？即所有的 1 与 0 的排列正好相反。

3. 比较一下你所列的人物，观察所有的水平行，有没有 1 和 0 的排列相同或相似的人物呢？对这一相似性你感到惊讶吗？

4. 谁与现实自我最像，你猜到了吗？

5. 现实自我与理想自我有多少相似性呢？在哪些特征上，你的理想自我和现实自我间有差距呢？

人物	特征					
	1 例：温暖	2	3	4	5	6
1						
2						
3						
4						
5						
6						
7						
8						

基础题

1. 什么是人格？请说明人格的定义及其特性。

2. 根据心理分析学派的观点，人格结构的成分是什么？各成分的基本运作原则又是什么？

3. 人本论对于人格的看法与心理分析学派有很大的不同。请简述马斯洛的自我实现者论与需求层级的内涵。

4. 特质论认为每个人都有相同的特质，只是程度有所差异。知名的"五大人格特质"汇整了基本的五种人格特质，请列出此五种特质，并予以说明。

5. 什么是内外控？请说明内控者与外控者的不同。

进阶题

1. 每个人或多或少都会使用防卫机转来保护自己。请试想一个情境或编一个故事，随着故事进展，尽可能地说明主角如何使用防卫机转。你会发现"防卫机转"原来如此常见！

2. 请以自己为对象，分析你的五大人格特质。并进一步以自己人格特质上的优势与劣势，说明未来可能从事的行业。

心灵笔记

第4章 感觉与知觉

眼见为凭?!

　　不论是出国洽谈还是国外旅游，常搭飞机的人一定知道机舱空气干燥的程度可是与沙漠有得比！爱美的女生总不忘敷上保湿面膜，以免下了飞机，一张脸干巴巴；过敏的人更惨了，不是像重感冒似的鼻水流不停，就是鼻腔干燥得不行，得全程戴口罩减轻症状。另外，大气压力的改变也常让人出现耳鸣、脚胀的问题，难怪许多人一想到搭飞机就笑不出来。不过，你也总是可以发现有人在飞机上十分"怡然自得"，不仅吃得下、睡得好，一下飞机就活力满满，完全没有前述那些不舒服的症状，这就是每个人"感觉"的差异。虽然人类的基础生理构造是相同的，但即使在相同环境下，每个人的感觉却有很大的不同。

　　从感觉延伸而来的是"知觉"。看到了合购网上一张张令人垂涎欲滴的美食照片，加上网友们一致的推崇，你的手指不听使唤地立即订下了多样网络美食。但收到商品后，却充满了"幻灭"，因为实品与照片真的"差很大"。原来照片被厂商动了手脚，通过构图让食物占满大部分的画面，排除其他可对比的物品，可让人以为食物的分量不小。另外，再通过锐利化、调高对比度，凸显商品的轮廓，并加强色彩饱和度。就这样，你的知觉被照片给骗了。网络美食成了烫手山芋，网拍衣服躲在衣橱里无法穿出门，网购的住宿券更让你的旅游变成一场灾难。

64

感觉与知觉绝不仅是个人或消费者的议题，在管理心理学中同样占有相当的重要性。像是办公室的灯光、空调、噪声，对于员工的注意力、生产力都有影响；而公司的一举一动，在每个员工心中则有不同的解读，进一步影响员工的工作满意度、组织承诺与离职倾向。本章将为读者介绍感觉与知觉的概念内涵，及其在管理心理学中的应用。

 # 4.1　人体的各种感觉

4.1.1　感觉的基本特征

4.1.1.1　绝对阈限

工作烦闷，与同事聊聊八卦，对上班族而言再正常不过了。只是，要小心隔墙有耳！即便你认为已经是很小声的悄悄话了，但"绝对阈限"低的人，你也可以说是"耳朵很利"的人，还是可以听得清清楚楚。

德国心理学者费钦纳（Gustav Fechner）在 1860 年时探讨物理刺激（如上例中的悄悄话）如何转化为心理经验（如上例中同事的听觉）。费钦纳首先提出阈限（Threshold）的概念，亦指物理刺激能量可以被个人察觉的临界点。人类感觉器官的感受器，在接受外在一定程度的刺激时，才会使人产生感觉，即称为绝对阈限（Absolute Threshold）。当刺激低于这个界限时，受试者就没有感觉。费钦纳的研究发现，每个人的绝对阈限都不一样。就像是年长者听力容易退化，即便你的悄悄话讲得挺大声的，他们可能还是听不到的！

人类的各种感觉器官，对刺激的敏感程度并不一致，因此各种感觉的绝对阈限亦不相同。根据专家的研究，人类的重要感觉阈限，如表 4 - 1 所示。

表 4 - 1　人类重要感觉的绝对阈限

感觉种类	绝对阈限
视觉	晴朗夜晚可以看到 48 公里外的烛光
听觉	在静室内可以听到 6 公尺远手表的嘀嗒声
味觉	两加仑水中加一茶匙糖，可以尝出甜味

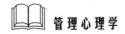

续表

感觉种类	绝对阈限
嗅觉	一滴香水扩散至 3 个房间，可以闻出来
触觉	一片蜜蜂翅膀从 1 厘米外落在脸颊上，可以感觉得出来
温冷觉	皮肤表面两种物品温差摄氏 1 度，即可察觉

4.1.1.2 差异阈限（Difference Threshold）

人类对各种刺激的敏感程度不一，同一个感觉器官对两种刺激之间的差异必须达到某一定的程度，才能辨别两者之间的差异。恰辨差是人类在辨别两种刺激时，可察觉的最小可觉差异（Just Noticeable Difference，简称 JND 或恰辨差）。研究者实验时，让受试者接受两种不同强度的刺激（如轻拍力道 A 与轻拍力道 B），其中一个力保持不变（轻拍力道 A），称为标准刺激，另一个使力微量变化（轻拍力道 B），称为比较刺激。此时，这两个刺激强度的最低差异量即称为差异阈限。

4.1.1.3 感觉编码（Sensory Coding）

每一种感觉形式必须先将其物理能转换成电信号，通过感觉器官内受纳器（Receiver）的特殊细胞进行传导，使这些信号最后能到达脑部。受纳器是一种特殊的神经细胞或神经元，一旦受到刺激，便会将其电信号传向连接神经元，此信号将前进到皮质中的收受区；不同的感觉形式会进入皮质中不同的收受区。因此，当我们经验一个触觉，此经验其实是"发生"在我们的脑部，而非皮肤。你或许也有这种经验：当我们对自己瘙痒时，总是不怕痒，是因为大脑已经知道接下来的行为，预先做好了准备，即使受纳器接收了相同刺激（即以手搔痒），也不会有痒的反应。

4.1.2 人体的各种感觉

4.1.2.1 视觉

在漆黑的房间中，我们看不到任何东西。人类必须借着光才能够产生视觉。光的来源可以分为两类：第一类是由发光体直接发射出来的，例如太阳、电灯、火把等；第二类是由物体反射出来的，例如月亮、汽车、建筑物等。人类所看到的各种物体，绝大部分是反光物体，而各种物体的颜色是由其反射光的波长所决定，因此肉眼可见的物体颜色因波长而相异。譬如，红色感到紫色感的波长为 400～700nm。由光波的长短所产生的颜色感觉，又称为色调。红、绿、灯就是用三种最长波长的红色、黄色与绿色组成的。波长较长的光不容易产生散射的情况，尤其是红色，可穿透雨点、灰尘和雾气，因此，在远距离处即可看到红灯。下次闯红灯时别说你没看见红绿灯！

装扮华丽奇特的街头艺人，为单调的街头注入鲜明的色彩。

光适应（Light Adaptation）表示在刺激不改变的情况下，我们会渐渐适应它。当你从明亮的街上进入黑暗的电影院中时，刚开始在屏幕反映出的微弱光线下，你几乎看不见东西，但几分钟后，你就能看得相当清楚而找到座位，最后你能在此微弱光线下辨认出别人的脸孔，发现原来隔壁坐的正是部门的主管！当你从电影院出来，再度走上街头时，起先会觉得每样东西都亮得刺眼而无法看清楚，但不到一分钟，每样东西看起来又都很正常了，这是因为眼睛对较亮光线的适应相当快速。

此外，颜色对比（Color Contrast）是指不同颜色的物体并排或相继出现时，产生更鲜明的色觉。例如，穿红色衣服站在绿色树木前照相，就会出现万绿丛中一点红的效果。因为互补色并排时，各颜色会产生较大的饱和度，这就是同时对比的效果。以后员工出游照团体照时，尽管大家都穿得一样，也别忘了运用有互补色的小饰品来凸显自己！

4.1.2.2　听觉

听觉的产生来自声音，声音的物理特征为声波；声波来自分子震动，经由空气或其他介质来传导。一般而言，在不同的介质状态中，其声速大小顺序为：固体 > 液体 > 气体。电影中，航天员总是比手画脚的沟通，就是因为月球表面没有固体、液体也没有气体几乎是真空状态，因此除非利用对讲机，否则听不到别人的声音。声波具有振幅、波长或频率以及波纯度或混合度等特征，这些物理特征会影响声音的心理属性，即音强、音调以及音色。

其中，声波振幅（Amplitude）的大小，决定声音强度的高低；振幅愈大，声音愈强。音强的单位称为分贝（decibel，db）。通常每增加 10 分贝，人就会感觉声音加大一倍。太强的声音会对听力造成伤害，声音强度若超过 120 分贝，就会感到很刺耳。而声波的频率（Frequency），以每秒波幅振动的次数为计算单位，或以赫（Hertz，Hz）表示。人类所能听到的声音，介于 20～20000 赫，一般人就听不到过低或过高的声波。老年人对高频率声波的感受力比较低，有些动物的听力比人类敏锐，例如，海豚与蝙蝠能够听到超过 20000 赫的声音，鸽子可以听到 20 赫以下的声音。

4.1.2.3 嗅觉

嗅觉有助于人类生存，侦测腐败食物或逃避毒气都需要嗅觉。嗅觉丧失可能引起食欲不振，甚至危及生存。电影《香水》中的葛奴乙具有与生俱来的优异嗅觉，闻得到也区别得出各种不同的味道，最终调配出迷倒众人的绝世香水。人类的嗅觉系统包括鼻腔中的受纳器、脑部的区域以及互相连接的神经系统。脑嗅球位于前叶下方的脑部区域，与颞叶中的嗅觉皮质相连。有趣的是，脑嗅球与涉及长期记忆的皮质部分有直接连接。这也是为什么，当你闻到某种味道时总会不自觉想到当时的画面，这就是"嗅觉记忆"。

人类对气味相当缺乏敏感性，并非因为嗅觉受纳器的感觉不敏锐，而是嗅觉受纳器较少：人类大约有 1000 万个受纳器，而狗则有 10 亿个。一般身体健康的人似乎能分辨 1 万～4 万种不同气味，且女性优于男性。职业香水师的嗅觉甚至更好，他们或许能分辨 10 万种气味。

管心任意学

嗅觉小故事

嗅觉是无所不能的魔法师，能送我们越过数千，穿过所有往日的时光。果实的芳香使我飘回南方故里，重温孩提时代在桃子园中的欢乐时光。其他的气味，瞬息即逝又难以捕捉，却使我的心房快乐地膨胀或因忆起悲伤而收缩。正当我想到各种气味时，我的鼻子也充满各色香气，唤起了逝去夏日和远方秋收田野的甜蜜回忆。

——海伦凯勒

中国神话故事《白蛇传》中，法海和尚捂住许仙的眼、耳、嘴以"帮助"他抵挡白蛇的迷惑，可惜的是，法海并不知道嗅觉是人类立体记忆的重要部分。研究发现，视觉记忆在三个月后的准确率只剩下不到50%，而嗅觉记忆却能高达75%左右。

4.1.2.4　味觉

味觉系统包含位于舌头、喉咙和软腭上的味觉受器细胞（以下简称味觉细胞），以及部分脑部和互相连接的神经系统。而真正可以和外来味道分子结合，辨别味道的是味觉细胞上的受体。每一个味觉细胞中仅有同一类型的味觉受体，而每个味蕾都含有 50～150 个味觉细胞。所以单一味蕾就可以反映出许多种味道。这下我们确定"丰富你的味蕾"的说法是正确的！

4.1.2.5　皮肤觉

触觉（Tactile Sense）又称为压力觉，皮肤表面触及某物体或承受某物体压力时，就产生触觉。触觉可以分为两种：一种为主动触觉（Active Touch），就是以肢体主动接触物体时，所产生的感觉；另一种为被动触觉（Passive Touch），是由外来物体碰触到皮肤时，所产生的感觉。哈佛及耶鲁研究团队发现，相较于坐在柔软舒适的椅子上，坐在质地坚硬椅子上进行价格谈判时，较不易妥协。另外，研究者也让研究对象拼粗糙或平滑的拼图，然后让受试者阅读描述"两人互动"的同一篇文章。研究发现，相较玩平滑拼图的那组，玩粗糙拼图组的人比较会将互动分类为具有对抗性的。以后客人来店添购新沙发或买新车时，记得要让客人坐得舒服，再谈价钱，会比较容易说服他们！

此外，同属皮肤觉的尚有"温度觉"（Temperature Sense）。温度觉分为温觉与冷觉。人体的温度接受器分两种：热接受器是专司感受高于皮肤温度的神经元，冷接受器则是专司低于皮肤温度的神经元。当外界温度高于皮肤表面温度（大约32℃）时，热接受器立即自动感应，此时冷接受器的感应暂时停止。反之，当外界温度低于皮肤表面温度时，冷接受器就立即自动感应，热接受器则呈休息状态。温度感觉接受器会将温度的信息，通过脊髓传送到大脑，产生温度感觉。

痛觉（Pain Sense）如同其他感觉般，是由刺激所引起的。一切对细胞有害的刺激，如温度过高（45℃以上）或过低、压力过重及腐蚀性化学物质入侵等，皆会引起痛觉，因此痛觉受器又称为伤害性受器（Nociceptor）。痛觉除了是感觉受器的作用，也是心理的作用。人类学家斯伯洛瓦斯基（Zborowski）于1969年研究发现，个人对于疼痛的知觉和反应，可以从文化中学习，而且具有文化特殊性。相较于爱尔兰和美国，意大利人和犹太人在施以同样疼动刺激下，会以夸张的方式表现疼痛，并要求以任何方式迅速解除疼痛。让旁观者疑惑，意大利人和犹太人似乎比较怕痛！

4.1.2.6 体觉

体觉（Body Sense）包含运动觉与平衡觉。运动觉（Kinesthetic Sense）是指来自肌肉的萎缩、伸展、弯曲及拉伸关节间的压缩所产生的感觉。简言之，运动觉是由身体活动所产生的一种感觉。运动觉的感受器包括肌肉的神经纤维末稍、关节、肌腱等。大部分运动的刺激，沿着触觉刺激传导到达大脑中枢，产生运动觉。人借着运动觉，可以随时知道身体各部分相对位置的变动。

同时，你知道为什么有的人很容易晕车、晕船，有的人却完全没事吗？现在就来揭开平衡觉（Equilibratory Sense）的神秘面纱吧！为了维持平衡，有一组器官一直默默地工作着，其中最重要的就属内耳的半规管和前庭了，它们具有平衡觉的感受器。当头部移动但身体保持静态时，前庭有助于知觉身体的方位，而当身体活动或姿势改变时，半规管的毛状细胞与神经纤维相连，可将神经冲动传送到控制平衡的小脑，个体立即感觉到身体是否处于平衡状态。当前庭器官遭到破坏或过于敏感时，就会产生晕眩的状况。

 ## 4.2 知觉的定义与特性

午休外出用餐，回程时却突然倾盆大雨。没带伞的小琪正苦恼怎么办，还好巧遇部门同事阿德，两人挤在一把小伞下走回公司。不料，这一幕被其他同事看到了。几日后，部门就盛传两人在交往，让小琪与阿德感到真是莫名其妙！

4.2.1　知觉的定义

知觉是当觉察到刺激的存在及其重要属性（小琪与阿德共撑一把伞，状似亲密）时，经由脑部的统合作用，将感觉所传来的信息加以选择、组织并做出解释的历程（同事认为两人一定是在交往）。简单来说，感觉是知觉的基础；知觉是感觉的解释。我们势必要看到、听到、吃到、闻到，经过这些感觉，才能对外部刺激进行诠释。知觉在生活中无所不在，了解知觉不仅可帮助我们自己厘清生活中的盲点，增强自我的知觉，也可避免人际知觉落差可能引发的误解。

4.2.2　知觉的特性

4.2.2.1　知觉的相对性

了解相对性之前，先介绍"形象与背景"这组概念。形象（Figure）是指视觉所看见的物体，背景（Background）则是与具体刺激物相关联的其他刺激物，当形象与背景的关系越分明时，越容易使人对形象产生深刻的知觉经验。反之，则较不容易引起注意，设计学上也常利用这个原理（见图 4 – 1），有些物体的形象与背景可以交替互换为可逆图形（Reversible Figure），如图 4 – 2（a）与（b）所示。

看看下图，你会先被哪个标语吸引呢？

小心來車　　　　　　小心來車

图 4 – 1　知觉中的形象与背景

(a) 你是看到了两张人脸，还是看到一个花瓶呢？

(b) 你是看到了黑色的蝙蝠，还是看见白色跳舞的少女呢？

图 4 – 2　可逆图形

71

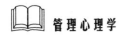

管心任意学

心理学好好玩

《格列佛游记》中的男主角——格列佛，在神秘小岛中遇到了成百上千的"小小人"，但格列佛真的是巨人吗？还是因为旁边的"小小人"们太娇小了呢？

图4-3 知觉对比（图片来源：维基共享资源）

知觉对比（Perceptual Contrast）是指当形象与背景落差极大时，或是两种刺激同时出现时，由于这两种刺激相互影响，因此在知觉上产生明显的差异现象。例如，万绿丛中一点红，会使人觉得绿者愈绿，红者愈红，这就是为什么红花总需绿叶来衬托的缘故；在普遍为女性服务人员的化妆品专柜中，"柜哥"绝对令你印象深刻；过往多以男性为主的职业，如铁路列车长、机师、船长，每每有女性出任时，总是吸引众人的目光。

4.2.2.2 知觉的选择性

个人的感官总是暴露于许多刺激中，但我们会对所接受的信息加以筛选，通常选择一个或少数刺激予以反应，而不是对所有刺激都反应，这种现象称为知觉的选择性。鸡尾酒效应（Cocktail Party Effect）的研究说明了，即使在人声嘈杂的鸡尾酒会中，个人可以排除其他无关的声音，依然听见自己的名字。木雕艺术家艾基契尔（M. C. Escher）于1938年完成一幅著名作品（见图4-4），主题为"白昼与黑夜"（Day and Night）。如从右边先看起，会觉得是一群百鸟归巢的黄昏景象；如从左边先看起，你会觉得好像一群黑鸟飞向青天。由此可知，观察者对同一刺激选取的角度不同，就会产生不同的视知觉。

图 4-4　知觉的选择性（图片取自官网 http://www.mcescher.com/）

4.2.2.3　知觉主观的建构性

小明与父亲一同去高雄，没想到在高速公路上发生车祸，救护车赶紧将两人送到医院。急诊室的王医师看到小明，心一惊：这不正是我儿子吗？王医师、小明以及小明的父亲究竟是什么关系呢？

你想到了吗？他们是一家人，王医师是小明的母亲！

人对各种事物的知觉，不等于接受各部分刺激的总和，心理上会忽略零碎的部分（王医师是位女性），而从整体特征组织成完整性知觉（医师都是男性）对这些刺激加以主观的构建。这也就是完形心理学家所强调的：知觉经验超越各种刺激单独引起知觉的总和。图 4-5 中的两个图形说明了这个现象。这两张图形没有一张是完整的，但是观察者会主观地将它们建构为完整的轮廓。由左图可看到中间有一个白色的圆形，由右图可以看到两个三角形重叠。这正解释了由于人类不喜欢破碎、不完整的故事，而容易捕风捉影的行为了。而诸多的办公室八卦、茶水间风暴，更是将知觉的此等特性发挥得淋漓尽致。

图 4-5　知觉主观的建构性

知觉的主观建构现象，可以由图 4-6 进一步说明。当读者只观察图形每一部分，都可以获得明确的知觉经验，但若将每个图形从整体来看，就无法获得整体的知觉经验，这些图形称为"不合理图形"（Impossible Figure）。这种主观建构的轮廓，常被应用在美工设计、广告及绘画上。

图4-6　这只大象到底有几只脚

别让主管一人做考绩：360度回馈

知觉的影响无所不在，除了前述介绍的甄选面谈之外，绩效评估也需特别留意主管的主观知觉是否涉入过多而影响了绩效评估的可信度。为减少单一主管主观评断的情况，企业界开始将主管、同事、部属、自己与顾客同时纳入评估体系中，称为360度回馈（360-degree feedback），或称多元评估者（Multi-rater），这是近年来相当热门的绩效评估工具。360度回馈之所以造成轰动的原因：

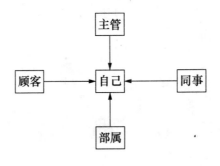

图4-7　360度回馈

1. 360 度回馈包含不同的评估观点，这些观点各自看到了该员工在不同方面的表现，最能完整呈现工作绩效的复杂度。

2. 不同的观点可以相互补充，所以每个评估者都提供了宝贵的信息。

3. 当自我评估与他人评估有所差异时，正好让员工了解自己有哪些是别人眼中需要改善的部分，哪些是别人认为做得相当好的部分，可增进对自我的了解，避免单一角度的盲点。而为了降低此差异，员工便有足够的动机改善缺点、保持优点以提升个人绩效。

4. 部分高级管理者相信 360 度回馈可以让组织内的管理者改善其领导效能，只要每个管理者的绩效都进步，那么整个组织也相应获益。

诚如本章一再强调的：知觉是主观的！尽管 360 度回馈有着上述优点，但研究却发现，不同评估者之间的差异却很大！其中，主管与同事的评估共识较高，相关达 0.79；但主管与自我评估的共识却很低，相关仅有 0.14。由于每个人都是以自己的观点出发，这些主观的偏误是 360 度回馈差异如此之大的主因。组织应了解这些个人知觉偏误的杀伤力，并致力于控制这些效应。组织若要持续推行 360 度回馈，应定期检视此评估系统的效能并予以改善，才能克服个人主观的偏误，享受 360 度回馈所带来的益处。

心灵专栏 ——知己篇

心理测验：创造力以天空为限

即使是平日最为熟悉不过的事物，也能激发我们的创造力。现在我们来练习看看吧！通过下面的测验活动，动动脑！跳离目前所感知的及已知的范围，创造出更丰富多样的可能性。

一、物体的功用

1. 你能想出多少种砖的用途？

2. 你能想出多少种回形针的用途？

3. 你能想出多少种毯子的用途？

4. 你能想出多少种果酱瓶的用途？

二、相似性

接着，再进一步想一想下列每对物体的所有相似之处。

1. 一只苹果和一只梨子。

2. 一台电话机和一台收音机。

3. 一把小提琴和一架钢琴。

4. 一只猫和一只老鼠。

三、图案的意义

想出下面每个图案可能代表的东西。

(a)

(b)

(c)

(d)

回顾前面活动的体验，感官虽能帮助我们快速辨识事物，但实际上，现存的事物里仍有许多新意有待探寻，这时需要发挥创造力，使事物之间

76

通过重新组合产生新的意义，如此才能不断引出新的见解。创造力的表现
有三种特征，即流畅性、变通性和创新性，如图4-8所示。

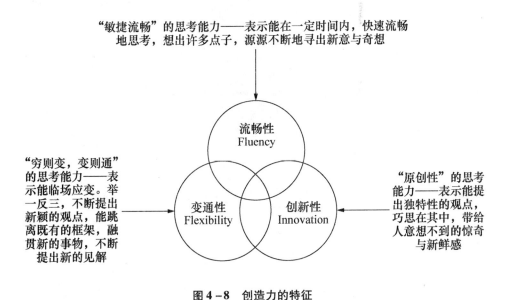

图4-8 创造力的特征

4.2.2.4 知觉的恒常性

当我们观察某一熟悉的刺激时，虽然环境会影响其特征的改变，但我
们在知觉经验上却有维持不变的心理倾向。知觉恒常性（Perceptual Constancy）包含以下几种类型：

（1）大小恒常性（Size Constancy）。就视觉原理来说，距离愈近，影
像愈大；距离愈远，影像愈小。但是，个人对任何物体大小的知觉，并
不受距离的影响。尽管物体距离改变，而仍能对物体维持相同大小知觉
的能力称为大小恒常性。约两个月大的幼儿能够对两公尺远的物体产生
大小恒常性。就如同我们会闪避远方疾驶而来的车，而不会误以为车子
很小。

（2）形状恒常性（Shape Constancy）。物体在网膜上的影像经过一连
串的改变，但我们知觉的形状却未改变，如图4-9所示：一扇门朝我们的
方向开启时，长方形的门变成梯形的影像，而朝向我们的一边似乎比门轴
那一边的宽；然后梯形慢慢变得细长，虽然我们可以辨别这种变化，但在
知觉中则是一扇未改变的门正在开启。这种网膜视像改变但知觉形状恒定
的事实即形状恒常性。

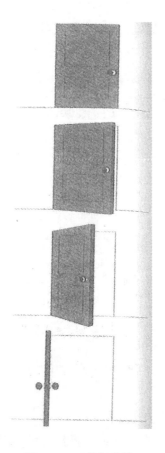

图 4 - 9　形状恒常性

（3）颜色恒常性（Color Constancy）。任何物体的颜色与其所处的环境光波反射有关，原来的颜色也会有所改变。例如，戴上不同颜色的太阳眼镜看四周的物体，原来的颜色都改变了，但我们的大脑仍然保持原来颜色知觉的现象，称为颜色恒常性。

（4）其他恒常性。知觉恒常性除了上述几种之外，还有其他的例子。例如，在药里面加入糖水仍觉得药是苦的，即味觉恒常性；在 KTV 中，把歌曲升、降调后我们仍觉得这是同一首歌，即听觉恒常性。

4. 2. 2. 5　知觉的组织性

完形心理学者魏哲迈（Max Wertheimer）等人对人类知觉的组织曾做过深入的研究，并且对知觉的心理历程提出一些法则来解释，称为组织完形法则（Gestalt Laws of Organization），以下介绍五种知觉组织法则。

（1）接近法则。若同一类物体，在空间上彼此接近时，观察者会将相接近的物体看成同一组。在看图 4 - 10 时，你是否也认为此图是：右边三对线条与左边单一的线条呢？这是因为我们习惯将两条靠近的直线看成一对的缘故。

图 4-10 接近法则

（2）相似法则。当有多种刺激物同时出现时，在知觉上会倾向将具有相同特征的刺激物归属于同一类。以图 4-11 为例，在矩阵中圆形与三角形各自相同；从整个图形来看，圆形组成十字形，三角形组成矩阵。

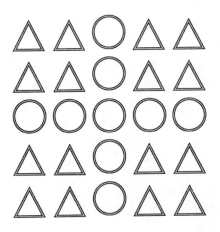

图 4-11 相似法则

（3）封闭法则。个体惯于在接受不完整或残缺零散的刺激时，主动地在知觉上将这些刺激补全，将其视为一个完整的刺激，这种现象称为封闭法则。见图 4-12，你是否也将左图看成是梯形，右图看成菱形，但是，其实这两个图形都不是完整的！

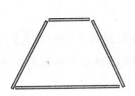
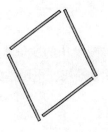

图 4-12 封闭法则

79

（4）简易法则。指个体在接受各种刺激时，知觉上会以简易方式，将其组成完美的形象。以图 4 - 13 为例，观察者容易将（a）图，解读成由（b）、（c）图所组成，而不会看成是（d）、（e）图中图形的组合。

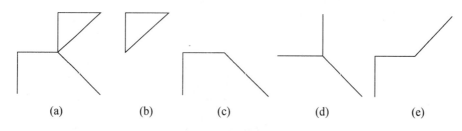

图 4 - 13　简易法则

（5）连续法则。此指当个体连续接受同一刺激，在知觉上会主动将这些刺激串联起来。观察者会倾向将图 4 - 14 看成由 CD 与 AB 两线条所构成，而不是由 AC 和 BD 线段组成。

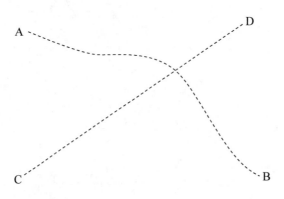

图 4 - 14　连续法则

4.3　错觉与影响知觉的因素

电影《魔戒》中的主角佛罗多、山姆和其他的哈比人们，在现实生活中真的都这么矮小吗？电影是如何运用视错觉呈现出这样的效果呢？

4.3.1　错觉

错觉（Illusion），顾名思义就是错误的知觉，人类对某事物的知觉很可能因为感觉的特性或受到周围事物影响，造成对原事物产生失真、扭曲或错误的知觉经验。各种感觉所构成的知觉经验，都有错觉现象，其中又以视错觉居多。下面介绍几种常见的视错觉。

4.3.1.1 横竖错觉（Horizontal – Verticalillusion）

横与竖两等长直线，当竖线垂直于横线中点时，看起来竖线较长（见图4－15）。根据这个错觉原理，矮个子人穿上直线条衣服或裤子时，看起来会觉得高一点！

图4－15 横竖错觉

4.3.1.2 大小错觉（Ames Room Illusion）

图4－16（a）中前方的女性看起来比后方女性高大许多，这其实是应用了艾米斯室（Ames room，是依据其发明者 Adelbert Ames 来命名），见图4－16（b），改变空间结构，以建立大小错觉。上述电影《魔戒》中的娇小哈比人，就是导演彼得·杰克森将此效果发挥得淋漓尽致后的结果！

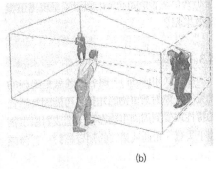

(a)　　　　　　　　　　　　(b)

图4－16 大小错觉

4.3.1.3 缪氏错觉（Muller – Lyer Illusion）

在图4－17中，上下两条等长横线，各自加上不同方向的尾巴之后，上图看起来横线较短，下图看起来横线较长。根据这个原理，我们就不难推测，杂志上的模特儿为什么都要穿着高跟鞋，又都看起来如此迷人修长了。一个人若穿高跟鞋，又站在高处，摄影者蹲低姿势对其拍照，会觉得这个人看起来比本人的正常照片高出许多。

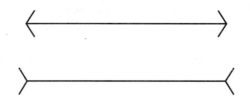

图4-17　缪氏错觉

4.3.1.4　庞氏错觉（Ponzo Illusion）

在图4-18（a）的左图中，两条并行线虽然等长，但是看起来上长下短，这种错觉系受两侧空间大小影响所造成的。右图4-18（b）中也是同样道理，上面的怪物因周围空间小，看起来比较大；下面的怪物因周围空间大，因此看起来比较小。透视图表现法，就是利用这种原理。

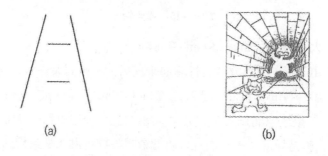

(a)　　　　　　　　　　　　(b)

图4-18　庞氏错觉

4.3.1.5　奥氏错觉（Orbison Illusion）

从图4-19来看，左图同心圆中的正方形看来非正方，右图内小圆形看来非正圆，这就是背景造成的干扰效果。

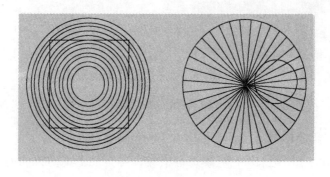

图4-19　奥氏错觉

心灵专栏　—知彼篇

换顶帽子，换个角度

现今职场上，团队的重要性已无人置疑，不管是研发，还是营销，甚至为精进作业流程而成立行政团队，都已是工作生活的常态。不过，一群人在一起久了，难免近朱者赤，变得越来越相像。当然，也因为不合群的人早早离开，剩下的自然是气味相投，情义相挺的兄弟姊妹。平常愉快相处，工作气氛轻松当然是好事，但到讨论项目时也一团和气，一个鼻孔出气，恐怕就不妙了，这意味着这个团体只有一种看问题的角度，换句话说，这个团体会有很多盲点。

为了解决这种过度和谐而折损创造力的情形，国外顾问公司新创了一种"六顶帽子"的团队发展方式，在各大公司的主管训练中颇受欢迎，结训后主管们还会带回公司，继续发挥其精髓。这到底是怎么做到的呢？

企管顾问先将受训者分成六个人一组，先前是否熟识、是否共事过，都没关系。然后，顾问拿出准备好的六顶帽子：红、白、绿、黄、黑、蓝，让大家随意选一顶（如果预算有限，纸做的就好），在接续的活动中每人都要一直带着这顶帽子。如果没人要选绿色，就换个颜色吧。

接下来是关键。顾问请每组找一个目前正困扰组员的问题，最好是工作上的问题，越复杂、越没有标准答案越好。现在顾问会告诉大家每顶帽子的意义了，戴上帽子的人就必须照此规则，在试图解决问题的讨论过程中，始终如一地扮演这个角色：

红色—代表情绪与感受。红帽子的主人要在讨论中尽情地表达情绪，揣摩当事人可能有的各种感受，让其他人了解并认同。

白色—代表事实与数据。白帽子的主人要努力找出与问题相关的各种背景资料、数字数据、事实数据，用逻辑分析建构出以事实和数据为基础的论点。

绿色—代表创新和直觉。绿帽子的主人要天马行空，不受拘束地表达创意，相信自己的直觉，绝不能墨守成规。

黄色—代表乐观与积极。黄帽子的主人要当团队的啦啦队长，随时提供心理能量，鼓励、肯定每一个人的贡献，保持团队的乐观进取精神和高昂士气。

黑色—代表可行性与现实感。黑帽子的人要提醒团队仔细评估每一个提案的可行性，设计出评估的向度，确保团队始终保持现实感。

蓝色—代表思考控制与整体掌控。蓝帽子的主人要担当起团队"领袖"的角色,随时掌控全局,注意每个人的贡献,也确保团队讨论不失焦,不沦为人身攻击或结党营私。

这样的角色分工注定了会引起冲突,如红、白对决,绿、黑之争,这是好的,让每个人听到不同的声音,感受不同的关注。但玩火也要很小心,万一蓝色的领袖失职或无力控制局面时,一旁密切观察的顾问便要及时介入,免得一发不可收拾。这其实就是"把小事搞大",制造冲突来刺激创意,避免团队的集体盲点;但绝不可"把大事搞到不可收拾",冲突在控制范围内才是良性有效的,否则就会适得其反。

4.3.1.6　柏氏错觉(Poggen – dorff Illusion)

由图4 – 20来看,同一条斜线与两条垂直且平行的线交错,并且被这两条线区隔开来,此时被区隔的斜线,看来并非在同一直在线,这种错觉称为柏氏错觉。

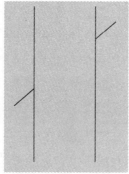

图4 – 20　柏氏错觉

4.3.1.7　左氏错觉(Zollner Illusion)

从图4 – 21来看,数条并行线被许多并行线截断时,看起来会觉得这些并行线并不平行,这种错觉称为左氏错觉。

图4 – 21　左氏错觉

84

4.3.1.8　尼克尔立方体错觉（Necker illusion）

从图 4-22 来看，灰色部分看起来可以是在立方体的前面，但也可以看起来位于立方体的后面，这种错觉称为尼克尔立方体错觉。

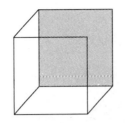

图 4-22　尼克尔立方体错觉

4.3.1.9　黑氏错觉（Hering Illusion）

两条并行线被由同一点射出的直线分割时，这两条并行线看起来就不平行了。图 4-23 中，左图的并行线看起来，中间部分向内弯曲；右图并行线中段看起来向外扩张。这种错觉现象就如一个人，被许多人贬损抹黑，其原本正直的形象就受到扭曲；同理，一个人如被许多人歌功颂德，其真面目就被夸大或神化了。

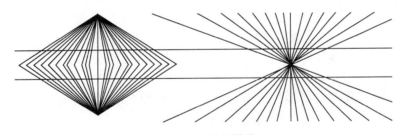

图 4-23　黑氏错觉

4.3.1.10　楼梯错觉（Staircase Illusion）

注视图 4-24 数秒，你就会发现这张图可以看成正放的楼梯，但也可以看成倒着放的楼梯。

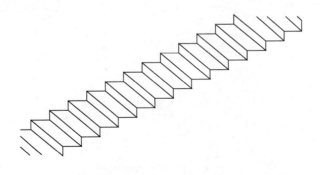

图 4-24　楼梯错觉

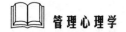

4.3.1.11　圆环错觉（Ring Illusion）

由图 4-25 来看，有时会将圈环 A 部分看成在 B 部分之上，有时则反之。

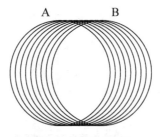

图 4-25　圆环错觉

4.3.1.12　戴氏错觉（Delboeuf Illusion）

由图 4-26 来看，左图内的小圆形，看起来比右图的圆还大。事实上，这两个圆形大小相等。这种错觉现象，是因为左图内的小圆，受到外围较大圆形的影响所致。

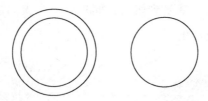

图 4-26　戴氏错觉

4.3.1.13　语文结构错觉（Verbal Context Illusion）

在阅读语文时，上下文的结构有时会使人产生错觉，见图 4-27，正中间的字究竟为 B 或 13，不仅会因上下文而异，也受到文化的影响。你若将此图拿给母语为英语者，相信他说 B 的概率会比 13 高许多！

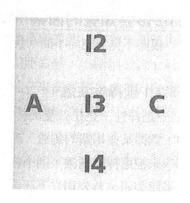

图 4-27　语文结构错觉

神奇的知觉

请看图（a），你是不是也看到这些圆点在动呢？

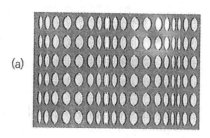

(a)

再看图（b），当我们盯着中间的红色圆形时，也会发现周围的两圈小方块在移动。

(b)

这些图片代表的是"拟似运动"（Apparent Motion），意指刺激物本身并没有移动，但是观察者会清楚地知觉到物体正在移动。从前述的"错觉"到此处的"拟似运动"现象，你还相信眼见为凭吗？其实我们的知觉太不可靠了！容易受到许多因素影响。

4.3.2 影响知觉的因素

视而不见，听而不闻？我真的不是故意的！

4.3.2.1 选择性注意

"选择性"正是知觉的特性之一，个人的知觉，是在无数的刺激中，选择某些相关的刺激，经由心理历程做相当的调整与反应，至于那些未被选择的刺激，则不会产生知觉上的反应。被解雇的员工总是有满腹委屈，为公司立下汗马功劳，主管怎么总是没看见，一旦出了错，便陷入万劫不复的深渊。看见员工出错而没看见员工的付出，这是由主管的选择性注意导致的。

4.3.2.2　学习与经验

人类的行为，有一部分是与生俱来，另外一部分则由学习累积成经验，并因此产生不同的心理反应。企业一旦经过整顿，留下来的"幸存者"虽保住了饭碗，但多半会对公司怀着不信任感。当企业进行员工现状调查作为下年度政策改进基础时，你便可发现不同员工对于"填问卷"反应大相径庭。新进且年轻的员工，认为填填问卷没什么大不了，反正是匿名的，三五分钟马上就填好了。但经历整顿事件的资深员工则相当抗拒，生怕问卷中有可供辨识其身份的题项，一份问卷填了半小时，才不情不愿地交卷。这就是学习与经验对知觉的影响。

4.3.2.3　期望

期望是指个人在内心中，有预定达成目标的意念。个人的期望有时会影响知觉。日本电车西部干线在 2005 年发生意外车祸，造成 107 位乘客死亡，其原因是驾驶员担心会犯下电车误点的错误，太专注于聆听广播中的报道，高速行驶下来不及刹车所导致。当然，期望也可带来正向的影响，领导者通过提供愿景和使命感，不断地鼓舞士气，并表达对部属问题解决能力的信任，如此一来便可强化员工的自我效能，让他们相信自己办得到。这就是通过期望来改变员工对自我的知觉。

感觉的个别差异

从图中的人对同一刺激呈现不同反应，显现出个人独特的偏好和特性，致使对感觉的解释有很大的个别差异。

4.3.2.4　动机

动机是行为的驱动力，会影响知觉。面对同一个刺激情境，不同动机的人所得到的知觉经验不尽相同。企业为避免辛苦培训的新进员工轻易离职，往往会于面试时确认其求职的动机强弱。通过在甄选过程中安排各种体力上、智力上或面试情境的考验。有的应征者能将考验视为"挑战"而非"刁难"，因此能克服难题，表现出强烈的求职动机，因而击败对手从甄选中脱颖而出。

4.3.2.5　需求

需求可以分为生理需求和心理需求两类。"当兵两年，母猪赛貂蝉"就是知觉深受需求影响的例子。而在不同的职业生涯阶段，人们对"成就"的解读也可能不同。职场新手希望能出人头地，薪资或职称是他们用以定义自己的来源，再多的工作任务也不喊苦；而年届退休之龄的职场老手，觉得自己一辈子都为公司卖命，是该把时间留给与家人和自己了，职场上的成就已是过眼烟云，与年轻时的想法有很大的不同。

4.3.2.6　价值观

每一个人都有其独特的价值信念系统，价值观影响着人们对于"什么最重要"的界定。持有不同价值观的人，其知觉亦有所不同。例如，第 3 章曾介绍过，具有高度"开放性人格"的员工，其外派意愿通常会较高。而以价值观来说，认为家人就是该生活在一起、不该分隔两地、家庭的重要性高于工作的这类员工来说，外派等同是剥夺他与家人共同生活的权利，其外派意愿通常较低，即便勉强他们接受外派，其适应结果也不太好。由此可知，不同价值观的人，对同一件事的知觉各有不同，对其行为也会产生不同程度的影响。

4.3.2.7　文化背景

生长在不同文化地区的人，由于生活经验与教育文化的不同，也会造成知觉的差异。早在 1905 年，芮伯（W. H. R. River）研究发现：英国人在缪氏错觉上，大于印度人与新几内亚人；而印度人与新几内亚人在横竖错觉上，则显著地大于英国人。芮伯认为造成这些差异的原因是：印度人与新几内亚人比较常使用近似圆形以及不规则形状的日常生活用品，也就是生活在比较自然的环境；英国人生长在比较人为的环境，所见的物体以直角居多，而缪氏错觉又与线段两端的箭头角度有密切关系。

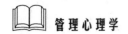

4.4　知觉与甄选面试

4.4.1　甄选面谈的简介

　　企业除了常用人格测验筛选应征者之外（详见第 3 章介绍），面试也是企业常用的甄选方法，有时甚至是唯一方法。因为面谈可以亲自接触应征者，并且以某些问题作为更深入的了解。例如应征者的表情、外表、表达方式、情绪反应等，这些都是人格测验得不到的信息。同时，应征者也可以通过面谈的机会，初步认识企业。

　　面谈有许多不同的形式，依结构性高低可分为结构式面谈、半结构式面谈以及非结构式面谈。结构式面谈（Structured Interview）时，主考官会依照事先设定好的问题程序询问，一般而言，每个应征者都会被问一样的问题。半结构式面谈（Semi－structured Interview）则是事先决定大致的问题方向，但结构性没有结构式面谈那么多，不过每个应征者都得回答必要性的问题。采用半结构式面谈，主考官可从应征者的回答中，再决定要追问的问题。非结构式面谈（Unstructured Interview）对主考官有较大的弹性，不事先设计问题，完全让主考官提问，然后再视应征者的回答调整问题的方向或继续追问。但由于此面谈方法完全取决于主考官的经历与面谈能力，若主考官没有能力问出好问题，导致鉴别力不高，就会成为一场失败的面谈。

4.4.2　甄选面谈的程序

　　一场面谈包含事前规划与准备、营造和谐的气氛、进行面谈、结束面谈以及评估面谈结果等几个步骤。

4.4.2.1　规划与准备

　　主考官应对欲甄选的职务有更具体的了解才能决定谁才是适合担任此职务的人选。另外，主考官也应对应征者有所了解，仔细审核应征者的履历表，将不清楚的地方或优缺点特别标示出来，在面谈时就能进行提问。

4.4.2.2　营造和谐的气氛

　　面谈应安排在不受干扰的地方进行，待应征者抵达后，以和谐的气氛及轻松的开场白欢迎应征者，可降低其紧张的程度。应征者心情平稳，面谈表现才不会受到影响而失常。更重要的是，和谐的气氛会影响应征者的知觉，如果他们对面试有好印象，对企业形象的建立与声誉的维护都有帮助。但是，倘若面试让应征者感到不舒服，则对企业有害的形象传闻便会不胫而走，不可不防。

4.4.2.3 进行面谈

进入询问的阶段时，首先，主考官应避免"是"或"不是"的问题，当我们接收到过少的信息量时，难以对应征者有更深入的认识，对其所形成的知觉也未必正确，因此应尽量以开放式问题为原则。其次，对于应征者的响应不要给予任何暗示性的动作，如点头、微笑，这些突出的线索容易让应征者发现，为迎合主考官喜好可能会改变原先的作答。此外，在口气上也需注意，不要有审问犯人的感觉，以免造成应征者不舒服的感受，这些都是面谈程序受到影响的例子。最后，千万不要相信自己的记忆力！因为知觉是主观且具选择性，对于应征者的回答最好能在结构式表格上做笔记，避免对每个应征者记录下的重点都不一样，无从比较，造成评分的麻烦。

4.4.2.4 结束面谈

主考官应尽量以正面且缓和的方式结束面谈，例如，"非常谢谢你的参加，待最终决定出炉后，我们会尽快通知你"。若时间允许，在结束面谈之前应询问应征者是否有任何问题，并予以回应。就算是无意录取的应征者，对其问题也不应敷衍了事，以免造成负面的观感。

4.4.2.5 评估面谈结果

面谈结束后应迅速整理面谈记录，以免时间过久造成记忆模糊。但对于录取者的选定则不宜过早，应该对所有数据有更全面的了解或与其他甄选人员研议，以避免太早下定论而造成遗珠之憾。为何我们对于面谈结论需如此小心，实在是因为知觉太不可靠了。

4.4.3 影响面谈结果的因素

面谈是由主考官判定，不像测验有客观分数可以计算。诸多主观、未被察觉的因素都会影响面谈结果，以下是常见的影响因素：

4.4.3.1 信息的正、负向特质

每个信息的权重是不一的，负向信息给人的印象比正向信息深、影响也比较大，这也是主考官错误评估的主要关键。原本对应征者的好印象，有可能因为一个负面信息而转坏，足见负向信息的破坏力之强。例如，你

在应征时突然手机铃声大作，尽管原先主考官对你的评价很不错，但忘了关手机这件事，仍足以被记上一笔。

4.4.3.2 信息的时序问题

如果主考官受到面谈初期信息的影响较大，则称为初始效应（Primacy Effect）；反之，若是受到后期信息影响较大，则称为新近效应（Recency Effect）。一般来说，初始效应是对应征者整体性、一般性的印象，新近效应则是对应征者特殊细节的印象较深。因此，综合前项信息的"正负向特质"与本项"时序问题"来看，负向的初始效应影响最大。这也是为什么，正面的第一印象如此重要了。

4.4.3.3 对比效应

"对比"基本上就是知觉的特性之一，主考官对应征者评断会受到前一位应征者的表现而有所影响。如果前一位的表现极为特出，则下一位的表现就会受到比较，显得略微逊色；反之亦然。若主考官的经验丰富，阅人无数，可有效降低对比效应的影响。也可以"多人面谈"，一次让多名应征者进入面谈室，让大家各自竞争，蓄意以对比的面谈方法"汰弱留强"。

4.4.3.4 性别同构型

主考官与应征者的性别是同性还是异性，也会对结果产生影响，不过如何影响则是因人而异，有的主管认为女性员工太敏感、爱比较，难以管理，因此偏爱录用男性员工；但也有主管就喜欢女性员工做事细腻、擅长于客户沟通，而倾向聘用女性员工。有关性别同构型对面谈知觉影响的研究结果尚无一致的结论。

4.4.3.5 对工作的刻板印象

主考官可能会对某个工作内容、规范不熟悉，便以自身的刻板印象来判断谁适合做这份工作，进而产生面谈结果偏误的现象。例如，一般人可能认为房地产业务员要不怕风吹雨打，客人看房得随叫随到，整天赶场拼业绩，应该适合录取男性业务员。但其实有不少的女性业务员凭借着细心与耐心，与客人"搏感情"，其绩效表现不会比男性差，从而荣登"销售天后"宝座。

4.4.3.6 非口语因素的影响

主考官也会受到应征者"非口语因素"的表现所影响，例如，目光、点头、微笑、服装等，进而忽略应征者的真实能力而影响面谈成效。不少刚出校门的新人，对于老师、学长姐谆谆教诲要着"正式服装"出席面试场合感到愤愤不平。呐喊着：难道我们的价值取决于外表的仪容上吗？那些不都是"装"出来的？尽管我们不愿意这么说，但大脑是很偷懒的，面对生活中无数的刺激与信息，大脑实在无法一一消化与回应。面谈一来一往的过程不仅耗时也耗心力，用眼睛扫描、打量应征者一圈，就能快速地形成初步印象。无怪乎前辈们会对仪容耳提面命呀！

　　本章介绍了感觉的基本特征、人体的各种感觉、知觉的基本特性、错觉乃至知觉对甄选面谈的影响。"感觉"以生理反应为基础，"知觉"则是基于感觉的主观心理诠释。相信通过本章的介绍，读者必然了解到我们熟悉的感觉与知觉，竟有如此复杂的心理机制。下次当新闻又在播报哪个艺人的绯闻、公司又在流传哪些八卦时，不妨冷静地想想，信息是如何被拼凑？传播者是否只传递了部分信息？记住，听到的、看到的都可能不是真的，莫让知觉随意地被操控。而管理者也应特别留意，公司重大决策应透明公开，不确定性只会让员工有更多的揣测，扼杀组织气氛。

课堂活动

眼见不能为凭？日常生活中的错觉

　　看看下面这则有趣的漫画，你会发现人常常活在自己想象而非真实的世界里。日常生活中，随时会遇到错觉现象，下面是一些例子：

　　1. 吃到用高级瓷器盛装的食物，就觉得特别好吃。

　　2. 觉得口才好的候选人，一定会为民说话。

　　3. 认为郎才女貌的恋人一定感情很好。

　　4. 看到开奔驰轿车的人士，就会以为是有钱人，但他可能是司机。

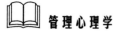

5. 认为诺贝尔奖得主，就会是教育专家，殊不知术业有专攻。

一、活动宗旨

1. 让同学脑力激荡，探索人常有的错觉经验。

2. 通过分享，了解他人认为人常有的错觉经验是什么。

二、说明

1. 人数：不限，4~6人一组。

2. 时间：30~40分钟。

三、程序

1. 请每组发挥想象力，尽可能举出日常生活中错觉的例子。

2. 请各组回到大团体中分享并讨论心得。

3. 教师可以竞赛方式选出下列主题的最优组，给予加分。

(1) 叫我点子王：举出最多例子的一组。

(2) 最佳创意组：例子实在是好的组别。

(3) 人气指数 NO1：举的例子最被认同（是大家公认的错觉之最）的组别。

(4) 赞赞赞：例子最好笑的组别。

(5) 起码同情我：亲身经历的例子，活生生地被误解了。

(6) 爱斯基摩人：例子很冷、很难懂（这组应该要扣分）。

基础题

1. 什么是"差异阈限"（Difference Threshold）？

2. 同一幅景色，每个人的想法可能不尽相同。公司下达一个政策，员工的解读也是千百种，"知觉"就是这么的主观。请列举三个知觉的特性，并简述其意涵。

3. 请说明日常生活中常见的知觉恒常性类型。

4. 请说明影响知觉的因素。

5. 许多主观、未被察觉的因素都会影响员工甄选的面谈结果，请列举三个常见的影响因素。

进阶题

1. 从本章的介绍可知，知觉受到许多因素的影响。倘若公司近期将举办一场甄选面谈，身为承办人的你，应如何提高面谈的可靠度，甄选到适合的人选呢？

2. 踏入电梯，没想到一同搭电梯的正是你最仰慕的企业领袖（请自行设定一个对象）。电梯内只有你们两人，你只有 30 秒的时间。应如何把握机会，让这位大老板对你留下深刻印象呢？

心灵笔记

第5章 学习与记忆

奖励——操纵行为的无影手

3C 产品盛行，智能型手机、平板计算机、电动玩具能快速抓住幼儿的注意力，让他们乖乖不吵不闹，是最新型的"3C 保姆"。不过，父母总担心孩子会"玩物丧志"，纷纷规定使用限制。例如，拿到学期第一名就可以获得平板计算机，或是功课完成后才可以玩电动玩具 1 小时。回想一下，你是否也曾经为了渴望得到的玩偶而努力读书？因为你知道只要付出时间与心力，累积几个 100 分就可以跟妈妈换得心仪的礼物。照这个情况看来，古往今来的父母都擅长使用行为理论的最基本原则来塑造孩子的学习行为呢！

除了父母之外，企业雇主也是使用行为理论的好手。以信义房屋为例，信义房屋是省内房屋中介的老品牌，为了留住好员工、吸引好人才，拥有丰厚的奖金制度。其薪资结构＝底薪＋个人奖金＋团体奖金。个人奖金是员工个人绩效的奖励，当月成交的越多，则个人奖金也越高。同时，基于"分工合作"的概念，倘若分店的整体绩效越高，则每个分店同人均可获得团体奖金。因此，员工冲刺个人绩效的同时，其实也对分店绩效有卓越贡献，有助于分店团队凝聚力的形成。但为了避免有人总是搭顺风车，不积极跑客户、冲业绩，仍保留个人奖金，让员工个人的付出得到应有的报酬。除了前述"按月给付"的奖金之外，每年底更会依据分店的营

97

运状况、员工的年资、绩效等多重指标，发放年终奖金。2011 年，平均每个员工的年终奖金达 6 个月，真是羡煞许多上班族！

从小，我们知道努力读书就可以得到奖品；长大了，我们也知道努力工作就可以得到奖金。有些"学习"是个体有意识、有目的地学习；有些则是不自觉中受到了他人操控所致。听起来有点可怕！但别怕，本章就为各位介绍学习与记忆的基本原理，以及其于管理心理学中的应用。以后就不怕别人蓄意的操控了！

行为主义认为科学心理学家应该研究可观察的行为，凡事均必须是可客观测量的，并强调可观察到的刺激与反应的连接，而不考虑内部的历程。因此，行为主义对于科学心理学的建立有很大的影响。行为主义源起于 1913 年，华生（John B. Waston）发表了一篇相当具有影响力的文章，之后行为主义就成为心理学的最大流派。华生认为，心理学家应该摒弃对心智和心理历程的关注，而直接关注外显行为，因为内在的心理历程是隐秘的、看不见的，根本无法进行研究。华生之后，心理学领域的研究便吹起一股完全抗拒探究心理历程的风潮，行为主义学者将原初关心内在心灵的研究转到对外在行为的研究。20 年后，史金纳也为心理学带来同样的影响。他毕生努力将自己的主要概念推广到各项实务及理论的领域。本章将从行为主义出发，介绍古典制约、操作制约与观察学习，然后说明认知学习，以及学习与员工训练的应用。

▶▶ 5.1 古典制约

帕伐洛夫的古典制约

5.1.1.1 古典制约的原理

当你听到幽雅悦耳的音乐时，你是否不自主地跟着哼唱，或是想要翩然起舞呢？当你闻到妈妈在厨房里大显身手，做出拿手好菜所传来阵阵饭菜香，你是否也会听到自己的肚子传来咕噜噜声音，当场觉得饥肠辘辘呢？如果你曾有过上述的行为，表示你可能已从过去的经验学习到一些古典制约反应。古典制约（Classical Conditioning）是一种将中性刺激与引发反应的刺激连接的学习历程，是由帕伐洛夫（Ivan Pavlov）依其实验现象所提出的一种学习典范。

帕伐洛夫是一位相当杰出的生理学家，他因对消化系统的研究而赢得诺贝尔奖，他毕生致力于科学，且对研究要求完美。1906 年，当帕伐洛夫在研究狗的消化系统时，他发现可以训练狗在听到铃响时分泌唾液，这有什么重要意义呢？刚开始狗仅有在食物（刺激，S）出现时才会分泌唾液（反应，R）。就狗而言，铃响只是一个中性刺激，也就是说，最初铃响并不会引发唾液分泌（怎么想也知道不会）。但是，帕伐洛夫在这过程中动了个手脚，他让铃响跟一个真正会引发唾液分泌的刺激（狗食）同时出现。通过这样的程序，几次以后，铃声也可以引发狗儿的唾液分泌了。在此，帕伐洛夫示范的就是我们如何获得"习得的反射"。他因而创出古典制约的理论，认为古典制约是一种学习，一个中性的刺激通过与另一个可引发反应的刺激连接后，也可引发相同的反应。如图5－1 所示。

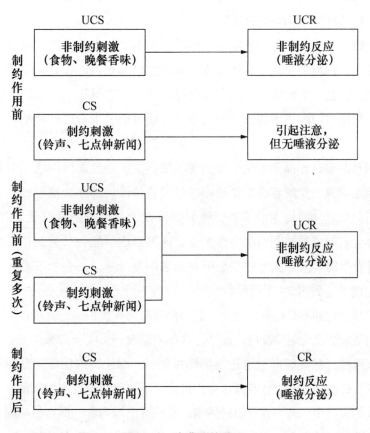

图 5－1　古典制约原理

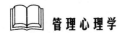

（1）未制约刺激（Unconditioned Stimulus，UCS），意指原本便可引起反应的刺激，像是食物或晚餐的香味。

（2）未制约反应（Unconditioned Response，UCR），由前述未制约刺激所引起的单纯反应，也就是看到食物或闻到晚餐香味会使人分泌唾液。

（3）制约刺激（Conditioned Stimulus，CS），单独出现无法引起反应的刺激，需与未制约刺激一起出现，才能引起制约反应。如帕伐洛夫研究中伴随狗食一起出现的"铃铛"，或晚餐时段常响起的"七点钟新闻音乐"。

（4）制约反应（Conditioned Response，CR），与"未制约反应"一样，只是不再需要未制约刺激的出现，只要制约刺激便可引起反应，便称为制约反应。如听到铃声或七点钟新闻音乐所引发的唾液分泌反应。

以制约过程来说，可分为制约作用前、制约作用中与制约作用后三个阶段。在制约作用前阶段，单独出现的制约反应只能引起注意，但无法引发非制约反应。而重复让非制约刺激与制约刺激一同出现，便是制约作用的形成阶段。当制约刺激单独出现也可引发原本的非制约反应（分泌唾液），此时，"非制约反应"已转化为"制约反应"了，制约作用也已形成。

5.1.1.2　日常生活中的古典制约

在第3章中，曾介绍心理分析学派、人本学派以及特质论对人格的看法。其实，行为主义对于人格养成也有其独特的观点。在日常生活中，古典制约能让我们学到情绪反应，如焦虑、害怕、恐惧等。其实，情绪只是众多习得反应中的一小部分，但是情绪反应可能引发适应的问题，因此格外重要。举个例子来说，有一个人在服装设计产业工作，首席设计师（主设）对他的设计作品经常给予负面的回馈，主设的负面评价就是引起他焦虑的原始刺激，伴随着这个刺激同时出现的是设计部办公室里的灯光与噪声。久而久之，即使主设不在，他只要待在设计部办公室就会觉得焦虑，此时办公室就成为被制约的中性刺激，这种焦虑可能会严重到让可怜的助理设计师平时尽量不去想这个会引发焦虑的办公室。另一个古典制约引发焦虑的例子，如图5-2所示。

但是，也并不是所有的创伤经验都会被制约成害怕，还有很多因素会影响我们是否学习到制约反应。此外，这种"刺激—反应"的联结也不一定会长时间维持，有些情形也可让制约作用削弱，即让制约反应逐渐减弱或消失，只要让被制约的中性刺激单独出现，而不出现引发反应的刺激。例如帕伐洛夫的实验中，若一直只出现铃响，而没有出现狗食，那么铃响渐渐就不会让狗分泌唾液了。要多久才能削弱制约反应则取决于许多因素，其中一个

阶段一：创伤事件引发反应

刺激1：被野狗追 ——————————→ 创伤反应，如痛苦、恐惧等
与刺激1相关的其他线索，如黑夜、小巷道、独行

阶段二：创伤事件有关的刺激引发焦虑反应（被制约的反应/刺激类化）

——————————→ 焦虑反应
与刺激1相关的其他线索，如黑夜、小巷道、独行

图 5 - 2　被制约的焦虑反应的形成过程

重要的因素是原先两种刺激的联结有多强，越强的联结就需要越久的时间才能削弱之。换句话说，破除一个根深蒂固的旧习惯，需要时间和毅力。

5.2 操作制约

　　史金纳（Burrhus F. Skinner）1904 年出生于宾州的纯朴农村，身为小镇律师之子。童年的经验及来自卡通的灵感让他日后发明了史金纳箱（Skinner box）。他受到华生及桑代克（Edward Thorndike）的影响，比任何心理学理论家都重视在良好控制下取得的数据（即严谨的实验条件）。他发现了"奖励"对行为的影响，他比一般的实验心理学家更重视个体。他主张所有的行为规则都应来自实验情境中的观察，更重视自发性行为而不是反射性反应；也主张要了解及预测复杂的行为之前应先了解简单的行为。他重视个体及简单的反应，并认为从这样的基础上找到的行为规则才能进一步的推广。

　　史金纳所发展出的行为规则及技术得到相当广泛的应用，包括航天科技、心理药物、教育历程、社会制度的发展及心理治疗。如同弗洛伊德一样试图描绘出行为的规则性，但史金纳更努力去发掘其中的原理及原则，找出决定行为的原理，提升人类在生命中的自主性，他坚称人类行为全然是我们可以了解的客观世界的产物。

5.2.1 主要理论内容

史金纳所关心的是行为的改变、学习与修正,其基本概念是强化的原理,并进一步提出与古典制约不同的理论,即"操作制约"(或称工具性制约,Operant Conditioning)。所谓的"操作"(Operant)指的是在环境中所产生要操作及改变的反应,而其所联结的对象是制约反应而不是古典制约中的制约刺激。如果我们要控制儿童要糖的行为,我们可以在他出现行为时:①给糖,正增强其要糖的行为;②不给,不增强该行为;③处罚,减少该行为。如图 5-3 所示。

他更用鼎鼎有名的"史金纳箱"成功地训练鸽子表现出我们要的行为,来说明操作制约及"行为塑成"的过程。当强化物"食物"不再出现时其所训练出的行为也会渐渐消失。强化物的呈现可能是定时、不定时、定比率与不定比率,各有其不同的效果。

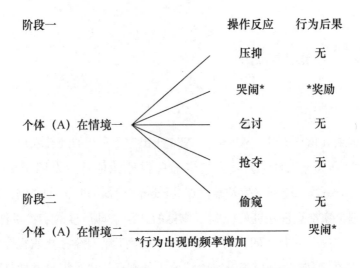

图 5-3 操作制约的原理

史金纳强调的概念并不是所谓的内在过程,而是对刺激与反应关系的描述。他相信动物、人类及社会行为间的行为原则没有太大的不同,人只是更复杂罢了;如用在儿童身上,糖果可以增强其安静行为,也可以进一步用次级强化物(如笑容)来取代糖果。成人社会地位或员工工作升迁的情况也是类似的增强效果。

5.2.2　操作制约学习的增强原理

5.2.2.1　正增强作用（Positive Reinforcement）

史金纳由动物操作制约学习的历程中发现：个体表现某一行为之后，如果能立即获得酬赏物，该行为将被强化，个体再度表现该行为的概率会大大增加。这个酬赏物又称为正增强物。正增强物的种类很多，譬如食物、金钱、称赞、优待、权利等。由于正增强物的出现，使个体原来的行为表现得到强化，这种现象称为正增强作用。老板都希望员工准时上班，不要无故请假。当员工该月份每天都准时打卡时，便颁发"全勤奖金"，这就是正增强的应用。

5.2.2.2　负增强作用（Negative Reinforcement）

个体表现某行为之后，若立即终止其所厌恶的刺激，则该行为也会得到强化，个体以后再度表现该行为的概率将随之增加。此厌恶刺激称为负增强物，常被用来当作负增强物的刺激有电击、处罚、责骂、劳作、嘲笑及罚款等。由于负增强物的消失，使个体原来的行为表现得到强化，这种现象称为负增强作用。田径场上常可看见选手脚绑铅块，负重练跑。当铅块卸下时，选手便能跑得更快，这是负增强的应用。而在职场上，担心这个月业绩如果又没达到目标，主管又要在众人面前对你破口大骂，因此努力销售，业绩总算低空飞过。为了避免被主管谩骂而卖力冲刺业绩的情况，也是负增强的应用。不论是正增强或是负增强，目的都是使原先的行为增加。如果老板想让员工多出现某些特定行为，可善用正增强与负增强。此两作用与下述的处罚及削弱非常不同，处罚与削弱的目的是会让行为减少。

5.2.2.3　处罚（Punishment）

史金纳做老鼠操作制约学习实验时，当老鼠用前脚踩踏板时，就给予电击，后来老鼠会减少踩踏板的行为。处罚就是对个体呈现其厌恶的刺激，以减少其行为。同样以员工出缺席为例，假若员工总是姗姗来迟或经常无故旷职，必然给公司生产力造成莫大的损失。为了"减少员工迟到的行为"，只要迟到 10 分钟，就扣薪 1000 元，迟到 20 分钟，就扣薪 2000元，依次类推。眼见迟到的代价如此沉重，为了避免被处罚，员工便会开始减少迟到的行为。

5.2.2.4　削弱（Extinction）

个体经由操作制约，成功地学得某一行为之后，假如表现该行为不再获得增强物，则该行为的次数将逐渐减少，甚至完全消失。利用这种原理来改变不受欢迎的行为，称为削弱原理。因此，若一个人通过制约学习学到不适当的行为，就可以采用削弱原理来减少他的行为。例如，一个小孩每次吵闹之后就有"糖"吃，他就会经常吵闹，因为"糖"强化了他吵闹的行为。要削弱小孩吵闹的行为，就要不给他"糖"吃。同样的，章首文章我们看到了信义房屋，除了个人奖金之外，还设计了团体奖金。实务上常可看到公司设置个人绩效奖金，原是想"正增强"员工努力工作，然而却常演变成员工之间的恶性竞争，或只看重与个人绩效相关的事宜，对于其他事情皆不予理会。为了减少这种情况，公司可考虑将"个人奖金"全数改为"团体奖金"或如信义房屋将两者并立，只有达成团队目标，每月成员才能分享团队奖励，促使成员以团队目标为优先，原先的恶性竞争行为便可逐渐减少。

正增强、负增强、处罚、削弱这四个操作制约的概念，初学者容易混淆不清。读者可参阅表5-1，只要记住"刺激物出现频率"与"行为出现频率"两个向度，就能清楚区分这四种操作制约的概念了。

表5-1 操作制约概念的区分

		行为出现频率	
		增加	减少
刺激物出现频率	正向（增加）	正增强 增加喜爱的刺激以增加行为频率 如：个人业绩达成→ 个人业绩奖金	惩罚 增加厌恶的刺激以减少行为频率 如：迟到早退→扣薪
	负向（减少）	负增强 减少厌恶的刺激以增加行为频率 如：业绩达成→ 停止裁员	削弱 减少喜爱的刺激以减少行为频率 如：员工恶性竞争→减少 个人绩效奖金

5.2.3 强化作用的安排

以增强物来强化个体行为的方式，可以分为连续强化（Continuous Reinforcement）与部分强化（Partial Reinforcement，或称间歇强化 Discrete Reinforcement）。当个体每做一个行为，就给予正增强物，这样就能产生连续强化作用。在培养个体表现新的行为之前，宜采取连续增强方式来强化个体的反应。不过，当个体新的行为达到稳定程度时，宜改采用部分或间歇增强方式。个人在日常生活中的学习，与部分或间歇增强有密切关系。部分与间歇增强作用又可分为以下四种强化时制（Schedules of Reinforcement）。

5.2.3.1　固定比率方式（Fixed Ratio）

当个体固定做出几次的反应之后，就给予正增强，这种强化作用称为固定比率方式。如便利商店的集点活动，必须累积某些固定点数后，才能换取赠品。或是家庭代工，每完成几件作品，就可以领薪一次。前述的绩效奖金也是固定比率的应用，员工达到特定绩效标准，便可领取绩效奖金。如生产人员只要每天生产几个产品以上，或不良品比率低于某个百分比以下，就可获得绩效奖金。

5.2.3.2　不固定比率方式（Variable Ratio）

有时候，偶尔的酬赏也可以产生强化作用。换句话说，个体不一定要做出几次的反应，才可以获得正强化物，这种强化作用称为不固定比率方式。如帮老师的忙，可能老师会在数次后给予公开称赞作为奖励。又如喝饮料开瓶惊喜，消费者不是每次购买都中奖，但"可能中奖"的心理作用便足以促使消费者继续购买。另外，公司可能聘用"按件计酬"人员进行礼品包装，每包装一个礼品可获得固定工资，此为前述"固定比率"的计酬方式。但员工为了赚取更多薪资，只顾着冲礼品的"量"，却未顾及包装的质量。为了减少这种情形，雇主可采用不固定比率的方式，随意抽查包装的礼品，倘若包装不合规定，并予以处罚。这样就可避免瑕疵品的产生。

5.2.3.3　固定时距方式（Fixed Interval）

每当个体对某刺激做出行为反应，在固定时间之后，才能获得正强化物，这种强化作用称为固定时距方式。这种强化方式会使个体表现出相当固定化的行为，通常在获得正强化物之后，行为反应逐渐降低，一直等到下一次强化物即将来临之前，再度做出行为反应。如上班族领固定薪水，每个月发薪日的第二天会很开心地认真上班，之后就越来越不认真!

5.2.3.4　不固定时距方式（Variable Interval）

当个体对某刺激做反应，在不固定时间内获得增强物，这种强化作用称为不固定时距方式。例如，在某次酬赏物出现之后，可能18秒钟，也可能4秒钟，再给个体增强物，每一次给予增强物的时间都不固定。就像玩

刮刮乐一样，有时刮一次就中，有时刮五次才中。或是老板不定时的加码，奖励员工的辛劳。原定一年一度的员工旅游，临时增加一次国内旅游，将大大强化组织士气。

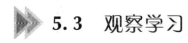 5.3 观察学习

5.3.1 观察学习的意涵

你一定有过类似的经验，同学调皮捣蛋被老师处罚，在"杀鸡儆猴"之后，你知道该行为不可取，绝不要再惹老师生气。人类有些行为不需本身亲自经历古典制约与操作制约学习，而是可以通过观察他人行为就能学会的。美国社会心理学家班度拉（Albert Bandura）主张观察学习是社会学习的基础。观察学习是指由观察进而模仿楷模者的行为。因此，观察学习又称为替代性学习。

班度拉曾进行一个实验，用以说明观察学习发生的情形。实验之前，先将幼儿园学生分为三组，每一组男女各半。实验时，各组学生分别观看成人对橡皮人拳打脚踢的影片，第一组学生看到这些成人得到糖果、饮料，并且获得别人的称赞；第二组学生看到这些成人被人责骂、批评；第三组学生看到这些成人的攻击行为，结果没有受到任何奖励或处罚。然后，将每一个小孩单独留置在有许多玩具的房间，房间内也有一个充气的橡皮人。结果发现：第一组儿童模仿攻击者的行为，显著地多于第二组与第三组。这些儿童没有经历前述的古典制约或操作制约，而是通过观看影片，产生了观察学习。

5.3.2 影响观察学习的因素

5.3.2.1 动机

观察者对其所观察的事物是否会产生学习行为，主要看观察者想不想模仿。因此，观察学习成功与否，观察者的动机扮演着重要的角色。例如，对于只想放假的员工，看到其他同事获得再高的绩效奖金，恐怕也无法引发他观察学习。因为他不想要钱，只想放假休息。

5.3.2.2　注意

观察者如想学习模范人物的行为，也需要注意去看或听该人物所说的或所做的，才能加以学习模仿。因此，是否集中注意力观察，也是影响观察学习的因素之一。对于一个忙碌于工作与家庭的职业妇女来说，新手妈妈的角色让她每天睡眠不足，尽管办公室中有表现杰出的同事，她也无心留意这位同事的所作所为。

5.3.2.3　记忆力

观察者想成功模仿楷模人物的行为，还需要能记得该人物所说的、所做的一切行为。有时，当前观察到的行为并不是立即表现出来，必须等到适当时机，才能做出学习到的行为。倘若记忆力不佳，遗忘了观察内容，则观察学习的效果便有限。组织进行员工训练时，讲师、专家或资深员工的示范，应让员工有立即练习的机会，以免时日一久，员工就忘光了。

5.3.2.4　动作能力

一个人在观看他人行为之后，虽然想模仿，可是如果受到生理或其他能力的限制，就无法模仿成功。例如，你可以模仿篮球名将的投篮姿势，但不是人人都有办法想灌篮就能灌得到的。又如，你观察到同事 A 总是获得主管的赞赏，原来是他帮主管处理了不少国外客户的联系。你虽也想依循此方式帮主管分忧，但得先提升自己的英文能力，此方法才能奏效。

心灵专栏　—知己篇

心理测验：记忆力测验

一、导言

你有过明明记得要做什么事，下一秒钟却突然忘了，或是对刚刚做过的事情，事后却怎么都想不起来的经验吗？现在我们就来做个小测验，检视一下自己的记忆力吧！

二、做法

请你根据下列的叙述，圈选符合你状况的选项。选项内数字的意涵：

1 分表示"最近六个月都没有出现这种情形"；2 分表示"最近六个月偶尔会出现一两次"；3 分表示"差不多一个月一次"；4 分表示"每天都如此"；5 分表示"每天都发生不只一次"。

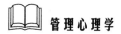

三、计分方式

请将各题所圈选的分数加总，即是你此次测验的得分。

四、分数解释

7~14分表示记忆力较好；15~25分表示记忆力正常；大于26分表示记忆力略差。

1. 你是否常常记不得曾经去过的地方	1 2 3 4 5
2. 你是否常常忘记某些事情到底做了没有 （如出门前有没有锁门、关掉煤气或关灯）	1 2 3 4 5
3. 你是否常常忘记你把东西（如钥匙、皮夹）放在哪里	1 2 3 4 5
4. 你是否常常忘记别人告诉你的事情，或必须等到别人提醒，才想起来	1 2 3 4 5
5. 你是否常常记不得某个名词或某个人的名字，尽管你觉得那个名词、名字好像呼之欲出	1 2 3 4 5
6. 在谈话过程中，你是否常常忘记刚刚在讲什么	1 2 3 4 5

 ## 5.4 认知学习

以心智活动为基础的学习称为认知学习（Cognitive Learning）。认知学习理论认为学习主要包含复杂的信息处理过程（Information Processing），它不同于行为理论，不强调重复、酬赏与特定反应间的关联性，重视动机及产生期望反应的心理历程。认知学习理论所探讨的心理历程正是行为主义所忽略的"黑盒子"。

5.4.1 信息处理历程

图5-4是个体信息处理与记忆储存的历程，由左向右看是不同阶段的认知历程，信息可能经过重重关卡获得储存以供日后撷取，但更容易被遗忘或遗失，无法进入下一个认知阶段。

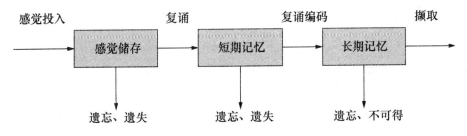

图 5 - 4　信息处理与记忆储存历程

当个体接受外在信息（刺激），在信息被更进一步阶段性处理之前，可暂存于"储存空间"当中。储存空间包括感觉储存（Sensory Store）、短期记忆（Short - term Memory）及长期记忆（Long - term Memory）。

5.4.1.1　感觉储存

所有信息（刺激）都是通过感官来接收的，每个由各感官接收的片段信息进入大脑，汇整为一完整的影像。感觉投入的影像，只会在感觉储存中持续一两秒，若没有加以处理，则会立刻消失。因此要让信息（信息）进入到员工的感觉储存并不难，但要形成持久的印象，却不容易。

5.4.1.2　短期记忆

当信息进入到短期记忆，通过不断地复诵，信息便可能被保留一小段时间。假如信息没有被复诵和转换，信息可能在 30 秒以内就会消失，显示了短期记忆的短暂性。当短期记忆容量无法处理过多的信息时，会容易产生信息过度负荷（Information Overloaded）的情形。针对短期记忆的特性，雇主在教育训练时应避免一次提供过多的信息，造成员工信息负荷量过多，尽量在训练文中只呈现组织的重要信息。另外，在训练教材上可利用有特色且容易记忆的标题命名，有助于员工编码。

5.4.1.3　长期记忆

指记忆中能够长期被保存的信息，虽然到达长期记忆的信息，也有可能在几分钟内就忘记，但通常都可保存几天、几星期，甚至几年。像是公司的核心信念、标准作业流程等。

5.4.2　复诵（rehearsal）与编码（encoding）

通过不断地复诵，可让信息进入短期记忆，也可以让短期记忆移转到长期记忆当中，若没有重复地复诵，很有可能在尚未进入长期记忆前，就已经遗忘了。让信息进入长期记忆，可能还需将存于短期记忆中的信息进

行编码，通过编码的方式，将外在刺激通过心理运作转换为另一种形式，以便利日后储存与提取。例如，台湾地区达美乐比萨的服务电话"28825252"，便取自"饿，爸爸饿，我饿我饿"的谐音；晶宴会馆则力求为新人呈现令人"惊艳"的婚礼。

5.4.3 撷取（Retrieval）

撷取是指我们从长期记忆中取出信息的过程。有时候，我们会对很熟的信息遗忘，这便是撷取系统的失灵。因此，在训练中必须加入与组织信息相关的要素，以此提升员工对组织文化或训练内容的记忆程度。

一般而言，影响记忆撷取的因素有两方面：生理因素与情境因素。

心灵专栏 ——知彼篇

追求效率新法——站着开会

进入"第四波"革命的后工业时代，"一寸光阴一寸金"的老话又有了新的意义提高效率，否则就会被淘汰。追求效率也成了许多企业再造的重要议题。最近，英美国家的某些大企业，开始倡导一种全新的创意来提升工作效率——站着开会！听起来有些奇怪吧？实则却有理论和实验支持的！

在组织心理学的研究中，早就发现一位成功的主管，大约要花44%的时间进行人际沟通，而在组织环境中，最常用的沟通形式便是开会，大大小小的会议，内部与公开的会议。我们以企业之名与社会大众互动，推销企业的产品与理念，发现大众的需求与意见，化解真实或潜在的危机；我们也以团队合作之名，说服同事接受新的提案与企划，群策群力寻找新方向与方法，以追求企业或部门的成功。总之，职场中很多的决策，多在会议中决定，那么，节省开会时间又不影响决策质量，便是企业追求效率的一大福音了。

最新的一项研究，直接比较了传统坐着开会和新潮站着开会的差异，发现传统坐着开会平均约需20分钟，比新潮站着开会多出34%的时间，但两种会议所做出的决策品质却毫无差异！当然，坐着开会比较舒服，但站着开会显然更有效率！值得一试吧。

5.4.3.1　生理因素

受限于员工的生理条件，记忆撷取的难易程度也会有所不同。如高龄员工对于当下情境的回忆较困难（如忘记自己起身是要去拿什么东西），但对于年轻时的回忆却历久弥新。

5.4.3.2　情境因素

如员工对该信息有投入较高的注意力，则可提高此信息日后被提取的容易程度。好记的名称、图像、造型等也提供了特定的信息属性线索，有助于员工记忆的撷取。此外，信息传递所处的环境也会影响撷取，如在发薪日后强调公司的新奖金制度，可加深员工对该信息的印象。由于才刚领完薪水，员工可能正叨念着对薪水的不满意，若在此时观看到相关的信息，便有助于员工对该信息的编码以及后续撷取。

5.5　员工训练

通过前述的基本介绍，相信读者已对学习与记忆的基本原则有良好的掌握。在本章最后的篇幅中，我们将介绍学习与记忆在管理心理学中"员工训练"的应用。

一般员工以训练时间点可区分为到职前训练与到职后训练。职前训练（Before－the－job）是指在员工正式上任之前先施予必须的训练，如新进人员训练或调任到新职务的现职员工训练都属于职前训练。到职后的训练依受训地点又可进一步分为场内训练（On－the－job）与场外训练（Off－the－job），前者是在工作场所上直接进行训练，现学现卖，训练内容与工作的关联性较高；后者则是离开工作场所接受训练（如研讨会），再将学习内容应用于工作上。场内训练与场外训练各有多种不同的训练方法，我们将于后面的内容为各位进一步介绍。

5.5.1　训练的目的

训练的目的在于提高组织整体竞争力，更具体的说则是"组织绩效"，因此训练可视为一种投资。虽然投资的目的不外乎获利，但除此之外，我们可进一步从员工个人层次与组织层次来了解训练目的。从"员工个人层

次"来说，训练加强了员工本身的专业技能，进而协助员工解决了工作上的问题，而第二专长的训练与发展不仅对员工有益，也提高了组织人力部署的弹性；从"组织层次"来说，训练与发展就像是短暂的充电，不仅可提高员工的生产力，也可在组织中营造出一股学习向上的氛围，一方面凝聚了员工士气，另一方面强化了组织危机应变的能力。

看电视里拳击比赛……　　　学习在外打架、闹事……

看电视，有小朋友扶老公公过马路……学习在日常生活中，扶老婆婆过马路……

观察学习不限于亲身经历，看惯了，听熟了，也能产生学习的效果。

5.5.2　训练的方法

　　训练可视为一种学习，学习的方法很多，训练的方法也相对多元。以下依据前文介绍过的"场内训练法"与"场外训练法"两个大类别，依次介绍各种不同的训练方法。

5.5.2.1　场内训练法（On – the – job Training）

　　场内训练法又称工作中训练、在职训练（不同于在职进修），意指受训者在上班时间一边接受训练一边工作，通过实际执行工作内容来达到学习的成效，而指导者通常是组织内较资深的人员或主管。一般员工几乎都曾接受过场内训练法，例如，电视广告中由老业务员带着新业务员拜访客

112

户的情景便是一例。场内训练法有多种方式，以下介绍玄关训练、工作轮调以及师徒式训练。

（1）玄关训练（Vestibule Training）。此方法常见于生产作业类型的工作。"玄关"只是一个指称，意指距离实际生产线不远的训练处，而非真的指公司入口处的玄关。玄关训练的好处是受训者可在距离生产线不远的地方从事练习，但不会影响到实际的作业，但该方法却往往受限于场地大小，毕竟工作区域就应该从事生产，因此训练处往往场地太小，一次只能有少数人同时受训。

（2）工作轮调（Job Rotation）。工作轮调也是训练的一种，即将员工调派至不同的环境，以学习不同单位的作业内容。通过工作轮调可使员工具备多重技能，组织的人事调任或调整方面也更具有弹性，员工之间随时都可相互支持。此方法不仅可让员工获得各种经验与挑战，同时增加了员工的就业能力。虽然有上述的优点，但员工学习的"意愿"是工作轮调成功与否的关键。若员工的学习意愿不强，或对该工作没有认同感，则训练的成效便会受限。再者，工作轮调的本意在于培养"通才"，较适合用于需接触到不同部门的主管阶层的训练。详情可参阅第 13 章的"知彼篇"专栏。

（3）师徒式训练（Mentor/Apprenticeship）。由有经验的员工或主管担任"师傅"，新进人员担任学徒/助理的角色，通过长时间的相处，让新进人员获得工作上的指引与经验的学习。师徒式训练的核心是师徒双方（可能会同时有多个学徒），若师傅无心传授所学，或学徒敷衍了事不认真学习，则训练的成效便会大打折扣。

5.5.2.2 场外训练法（Off – the – job Training）

场外训练法又称工作外训练，意指离开工作岗位或在工作结束时进行训练。由于场地选择多，场外训练的方法也相当多，以下为常见的几种训练：

（1）讲授法（Lecture）。直接通过语言传授训练内容便是讲授法，就像是在学校上课一样，将有相同训练需求的员工集合起来一起聆听，可于短时间内传授大量知识或信息予受训者。但当受训者的异质性偏高时，则课程内容会较为一般性，对部分受训者来说缺乏吸引力。此外，讲授为一种单向沟通，应掌握以下原则才能避免课程过于单调无聊：讲授内容应调理分明、避免照本宣科、适时增加与听众的互动、留意身体语言（眼光接触、手势摆放、站姿、语调起伏等）、结论简洁明了。

（2）研讨会（Conference）。外界所举办的各种学术研讨会或实务研讨会，均是吸收新知识的好机会。同一场研讨会中可能会有多位讲者分享研究成果或心得，较上述的讲授法多为单一讲师丰富许多。另外，研讨会也允许听众与主讲人讨论甚至是辩论不同看法，此双向的沟通提供了立即的回馈，增加了参与感，比起单向沟通的讲授法更能带给受训者深刻的印象。不过，研讨会常设的"主持人"，除了身负掌控时间之责，也影响着该场次的讨论风格。若主持人能鼓励台下听众多多发问，增加与主讲人的交流，则"研究讨论"的目的才算达成。反之，若无法带起讨论的氛围，则将与讲授法极为相似。

（3）模拟（Simulation）。通过真实情况的模拟，可以促进受训者的认知技能与决策能力。另外，模拟也是节省成本的好方法，例如，飞行员的训练，不可能直接让飞行员上机操作，一定要先通过模拟机学习各种飞行技巧，如此一来不仅可以节省机械或油耗成本，也相对提高飞行员受训的安全。但是，模拟训练的关键在于模拟情境（器材）必须逼真，否则容易使受训员觉得只是参与游戏，进而降低训练成效。

（4）角色扮演（Role Playing）。通过扮演某个角色，让受训者有机会以他人的角度出发，理解该角色的行为的动机为何。由于角色扮演可促进受训者的同理心，当面临人际冲突时，有助于了解对方的感受，因此对于增进人际互动技能或销售技能有很不错的成效。此外，角色扮演的趣味性较高，受训者主动参与意愿也较高。但须注意，若受训者仅流于"表演"，而忽略角色扮演的意义，则此种"表面的"扮演，对于日后增进与他人互动的技能并没有实质的帮助。

（5）敏感度训练（Sensitivity Training）。该种训练又称做 T 团体（Training Group）或人际关系实验室训练。针对特定主题，以团体活动的方式增进受训者内省或察觉自身情感与想法的能力，进而了解情感与实际行为可能存在的差异，并学习如何促进情感与行为的一致性。一般而言，团体成员为 10～12 人，带领者会事先规划整个团体活动，包括主题与相关活动细节。训练的主题相当多元广泛，如沟通、信任、愤怒表达等，对于人际关系技巧的发展很有帮助。但缺点是整套活动耗时颇长，每个人的理解与认知差异与生俱来便不尽相同，因此导致训练成效不一；团体情境刺激强，训练时成员的敏感度可能会随之提升，一旦回到日常情境之后，敏感度的训练效果能否持续就不一定了。

（6）电子（化）学习（E - learning）。电子学习是由电子媒体技术，

114

取代"实体讲师"的角色，进行示范或知识的传递，例如，影片、投影片、录音档案、计算机等都是常见的电子设备。另外，通过网络科技传送训练内容，让受训者在任何地方，只要连上互联网便可学习的方式则为"电子化学习"，或在线学习、虚拟教室、远距学习。两种训练方式的共同点是可以个别化教学，也可以集体教学；可以明确训练时间，也可以放宽弹性由受训者自选学习时间，安排课程进度。不过，电子化学习可通过程序撰写，增加"互动"的功能，较传统的电子设备（如看影片、听录音）生动，受训者的参与感也较高。相对地，由于使用计算机与网络是近 10 年才普及的设备与技能，缺乏计算机熟悉性或家中网络连接速度较慢的受训者，对于电子化学习的接受度较低。

（7）编序教育（Programmed Instruction）。在上述电子（化）学习中，若训练内容较多，可先行编制一套学习工具，让受训者在学习某主题的知识或技能时，可以按部就班跟着事先编制好的教材内容进行学习，此便是"编序教育"。编序教育涵括应有的训练内容且结构清楚，受训者需按次序完成各阶段的课程，并通过该阶段的考验才会进入下一阶段课程。受训者可依自己的学习速度进行，学习速度快的受训者不必等候速度慢的同伴。另外，由于是自行学习，当受训者犯错时，因为只有自己知道，所以可避免尴尬的情形。编序教育特别适用于结构式或背诵式的教材，不仅节省了受训者的学习时间，也省下了讲师重复讲述的时间。

5.5.3　训练成效评估

完成了训练课程，别忘了进行训练成效评估。训练成效评估可以让管理者知道训练课程到底有没有效，花了那么多时间与人力筹办的训练计划是否有达到预期的目的。这些评估都是下一次训练方案的重要参考数据，对于节省组织成本与员工时间有莫大的帮助。根据学者克柏屈（Kirkpatrick）的分析，学习的评估指标可分为四个层面。

5.5.3.1　反应（Reaction）

反应指训练结束后，受训者对于训练方案的整体评价或满意程度。常会采用"问卷调查"的方式，这是相当便捷又快速的评估方法。但须注意的是，满意的课程未必就是有效的训练。以讲授法为例，若讲师妙语如珠，逗得台下学员哈哈大笑，学员对于该课程的反应普遍会不错，但是否真正吸收该知识或技能就不得而知。虽然，主观满意程度不能忠实反应训练的成效，但有趣的课程总是比枯燥无聊的课程吸引人。因此，"反应"

应视为最低层次的训练评估指标，单单只收集学员反应而作为训练成效评估是不够的。

5.5.3.2 学习（Learning）

学习是指评估学员在训练中所学习到的知识、技能或能力，常会在课程结束后采用"测试法"加以评估，或请学员在课堂中示范演练。如银行中各项业务的标准流程，可请学员实际演练一次，或采用纸笔测验学员的学习成效。为了有比较的基准，可在训练课程之前与之后皆让受训者接受测验，管理者便可比较训练前后的具体差异。

5.5.3.3 行为（Behavior）

行为指当学员回到工作岗位上，其行为改变的程度与绩效表现的好坏。如同我们在训练方法中谈到的，训练情境有助于受训者表现出预期的行为，但此种技能或知识若无法转移到实际工作环境上，那么便是无效的训练。由于训练情境与实际工作环境存有差异，因此训练迁移（Transfer of Training）的问题是无法避免的。因此，行为层次的评估应于训练结束后一段时间再进行，让受训者有足够的时间将训练课程中所学习到的内容实际应用在工作情境中。行为改变的评估常与绩效考核相结合，因为行为改变的最终目的是要提升绩效，通过绩效表现可显现行为改变的程度。

5.5.3.4 结果（Result）

结果指训练方案对于组织的最终价值，是一种成本与利益的比较。换句话说，员工生产力的提升、成本的降低、质量的改善、效率的提升、离职率的下降等与组织利润相关的结果变量都可以是训练成效评估的项目。不过，影响绩效表现或组织盈余的因素相当多，训练只是其中之一，进行"结果"层面的训练成效评估时，需一并考虑当时的内、外部因素。

本章向各位介绍了学习与记忆的心理历程，及其与员工训练的应用。我们说明了诸多基本概念与原则，实因为"学习机制"相当复杂。不论是古典制约、操作制约、观察学习或是认知学习，这些都是形塑员工行为的渠道之一。A方法对甲员工可能管用，但对乙员工却未必可行。管理者对于学习与记忆等概念了解越多，便越能采取适合的方法训练员工。随着全球化浪潮，外派已成了企业普遍的做法。不过，倘若员工外派适应不良，将徒增诸多成本。你知道吗，通过事前训练可以改善员工的外派适应！快去文末专栏瞧瞧吧！

管心任意学

外派行前必修课：文化敏感度训练

　　近年，有部电影《世界是平的》（Outsourced）在各大影展颇受好评，电影的主角是美国人托德，他为了保住饭碗，不得不接受公司的外派任务，前往印度训练外包的客服人员，即如何用美国人的方式进行电话应答与客户服务。然而文化的迥异却让他吃足了苦头，直到他下定决心，放开心胸，真正走进印度社会，学习印度人的思考与生活方式，他的外派任务才露出一线成功的曙光。在经济全球化的氛围下，托德的际遇印证了佛里曼的预言："中国跟印度的小孩正等着抢我们的饭碗。"不过，托德的转机也启发了企业管理者：文化是可以"学习"的，先帮外派人员做好"行前准备"吧，不要让他们误入丛林，孤军奋战。

　　事实上，西方企业早在 20 世纪 80 年代便开始大肆扩张事业版图，觊觎的当然是未开发的东方辽阔市场和丰沛原物料，不过也自然会碰触到东、西方文化差异的冲击。时过境迁，船坚炮利已不能赢得江山，西方企业开发了多套"文化敏感度训练"，以帮它们的先遣部队准备好"精神粮草"，适应"异文化"的正面冲击。以西方跨国公司为例，常见的文化敏感度训练通常包含以下三大模块：

　　一、跨文化训练

　　全球经理人所面对的客户以及并肩作战的工作团队成员，经常并不只是熟悉的本地人。不了解文化的差异，轻者管理绩效不彰，重则造成企业损失。工作场所中经常有些不成文的"游戏规则"，是引导行为发生的重要因素。全球经理人应具有了解不同文化中游戏规则差异的开放心态，不能过分地"自我"。跨文化的训练可以帮助经理人了解游戏规则差异的所在。

　　增加跨文化管理能力的训练有很多，可用"文化要素量表"作为检测工具，也可以通过讲座、角色扮演等训练方法作为辅助，目的是增加文化敏感度以及应付文化差异的能力。

　　"文化要素量表"主要依据 Hofstede 的大规模跨国研究所发现的重要文化方面，再纳入工作场所中不同文化背景的工作者间常见的行为游戏规则差异向度，共有六大方面，我们很容易以此来分析不同文化的游戏规则

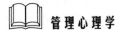

和行为表现的差异，进而知己知彼，求同存异。

*职场的文化六大要素

个人认同	个人主义OR团体倾向
权力差异	重视阶级OR强调平等
对待改变的态度	观念开放OR保守传统
沟通方式	直接明确OR婉转迂回
礼仪	重视礼节OR不拘小节
情感表达	热形开放OR拘谨内敛

*文化要素量表

个人认同	个人				团体
权力差异	大				小
对待改变的态度	欢迎				避免
沟通方式	直接				间接
礼仪	重视				不拘
情感表达	开放				拘谨

二、团队合作训练

打造团队是企业战力的关键，而团队能否成形的关键则是"团队工作的氛围"（The Atmosphere of The Workforce）。如何打造团队力？训练专家莫斯（Dexter Morse）提出 FACTS 五大方面。

F 是指弹性（Flexibility），即尽量去除工作环境中的繁文缛节，允许团队工作的弹性；A 是欣赏（Appreciation），是指组织"欣赏"并授权员工自行负责；C 是清楚（Clarity），意思是组织对员工的期待，经过充分沟通，每个组织成员都一清二楚；T 指的是团队承诺（Team Commitment），团队成员必须相信他们是为同一目标而奋斗；S 指的是标准（Standard），当团队的表现提升时，企业要有配套的奖励。

对应 FACTS 的原则，训练重点在于授权、沟通、团队角色分工与共同面对挑战。在全球化环境下，团队合作的新挑战是虚拟团队等新兴工作形态的兴起，跨国团队中的文化差异更常为团队合作加分或减分。团队训练可通过分析成员的行为模式（如前节跨文化训练中所发现的游戏规则差异）来协助成员打破地理界限，分享企业价值。许多知名企业（如微软）都会定期举办跨区域的团队训练，以凝聚向心力。

以美国人为例:

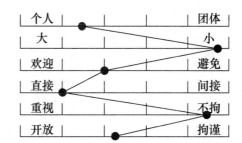

以日本人为例:

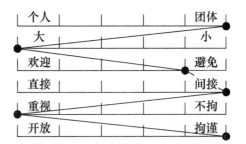

以中国台湾人为例:

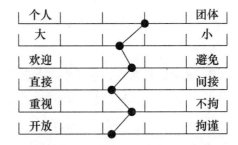

三、领导力训练

全球经理人与本地经理人必备的核心管理技能差异可能并不大,但却会因为管理范畴的差异,而面临不同的管理议题,如跨文化管理的挑战。能不能在高度竞争的全球化环境下有效管理,能不能在相对陌生的环境中找到最适方案,能不能保持持续学习的动能,都是全球经理人成功的焦点。因此,对全球经理人的训练,更应重视问题的判断力,处理问题的弹性,以及与不同文化的团队成员沟通的技巧。

举例来说,为了强化弹性管理的能力,企业教育训练部门应先了解主管处理压力的习惯性行为模式,为什么会感到焦虑?对什么事情在意?习惯的反应为何?后果通常又为何?再找出增加弹性的"处方",或教导主

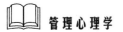

管用更具建设性的压力应对行为。

企业中的教育训练部门也可以协助经理人找出自己的领导风格，并针对情境，提出最合适的解决方案，以锻炼"情境领导"的能力。值得注意的是，领导训练通常是为打造未来的企业领袖而设计的，管理技巧只是其中的一环，训练的内容常要视职位与职务而有所调整。

以上只是企业外派人员的行前必修课，但实战状况千变万化，很难精准预测，全面掌控，因此关键还是外派人员的"心态"——要做个快乐的国际人，就要打开心胸，去了解、包容、接受异文化。

 **课堂活动**

偶像是我们学习的楷模

根据调查，看电视是一般人最常从事的休闲活动之一，电视的功能可以是打发时间，也可以是吸收新知识或学习新鲜事物。其中，又以儿童及青少年最常从电视中学到一些偶像的所作所为。偶像作为学习的楷模有优点也有缺点，你觉得你从偶像身上学到哪些优点与缺点呢？

一、目的

1. 思考楷模在观察学习中的角色与作用。

2. 反思各式各样的偶像在我们生活各个层面的影响。

二、说明

1. 人数：每组 4~6 人。

2. 时间：约 40 分钟。

3. 材料：纸、笔、定时器。

三、程序

1. 每组先针对"偶像是我们学习的楷模"进行支持与反对立场的讨论。（注："偶像"采广泛认定，包括英雄人物、流行文化名人、社会成功人士等）

2. 每组有 20 分钟的时间整合组内意见，充分讨论支持与反对论题的各项论述，最后达成团队共识，共同采支持或反对立场。

3. 全班分成两大组，分别为正、反方。正方为支持论题者，反方则为反对论题者。双方进行辩论。

4. 正式辩论流程：

（1）正方陈述 5 分钟，反方提问 1 分钟，正方响应 1 分钟。

（2）反方陈述 5 分钟，正方提问 1 分钟，反方响应 1 分钟。

5. 辩论结束后，请老师讲评，老师也可征求志愿者上台分享个人感想。

基础题

1. 请说明古典制约的基本内涵。

2. 操作制约有正增强、负增强、处罚、削弱等基本的增强原则。你能区分正增强与负增强的不同吗？请分别举例说明。

3. 你发现大老板三天两头就在公司巡视，看哪个员工偷上网或逃班。大老板是使用哪种强化时制来形塑员工的行为呢？

4. 请说明完整的信息处理历程。

5. 训练课程花费很大，管理者应如何评估训练成效？

进阶题

1. 请试着以"观察学习"的观点，设计一堂提高员工人际互动能力的教育训练课程，并请说明课程的要点。

2. 请想想看你目前的（最近一个）工作，公司曾提供哪些教育训练课程来形塑你的行为？这些课程背后的理论基础为何？

第6章　发展与成熟

管心开心讲

人生潇洒走一回

电影《一路玩到挂》讲述的是两个原本素不相识，但因癌症而同房的两个老人，擅自出院，携手完成"人生清单"的故事。卡特（摩根费里曼饰演）是一位汽车修理厂的工人，在他读大一时，哲学课老师让他们列出一份人生清单，写下在过世前想完成的所有事情。尽管卡特十分聪明，博学多闻，但当时黑人的身份让他无法担任白领职务。加上女友意外怀孕，紧接着结婚生子，伴随而来的各种角色责任，一晃眼，他做了46年的工人，当初的人生清单早已不知去向。爱德华（杰克·尼克逊饰演）是一位亿万富翁，他的钱财数之不尽，从年轻开始，人生就是忙着赚钱，拓展企业版图。但他的婚姻却不像事业那么顺遂，历经多次离婚、亲子关系不佳，让他空有财富却无法享受家庭的温暖。

卡特在病床上重新写下人生清单。原本就脾气古怪，不按牌理出牌的爱德华提议，何不去实现这些清单！就这样，两个癌末的老人，背着家人、不顾医生劝阻，开始了这趟《一路玩到挂》的环游世界之旅。在死亡面前，卡特与爱德华变得更勇敢，他们努力实现人生列表上的项目，像刺青、高空弹跳、看金字塔、在万里长城上骑机车、拜访印度泰姬陵……

你是否也曾想过人生清单呢？是否有些在生命结束前，一定得吃过、

122

看过、玩过、体验过的愿望？的确，生命是条单行道，一旦经过就不可能重来。但以发展的观点来看，它却不是条笔直不曲的道路，而是有许多迂回和转弯。在人生不同时期，都有各自发展的主题。你还记得自己何时学会走路？第一个学写的字是什么？小学的第一天如何度过？何时学会唱歌？随着年纪增长，你可能还会经历恋爱、结婚、生子、工作、养儿育女等人生的重大过程。心理学家对人类从出生那一刻起（甚至从怀孕开始）所发生的一切，感到相当好奇，此关心人类从出生到死去，从感觉、动作到认知的全面发展的研究领域，即发展与成熟。

▶▶ 6.1　婴儿与儿童的身心发展

6.1.1　婴儿的各项能力发展

20 世纪 80 年代心理学家詹姆士（William James）描述婴儿所知觉的世界是"全然的迷惘"，你赞成这样的看法吗？也许下面的介绍会推翻你对婴儿的刻板印象。

6.1.1.1　视觉

由于婴儿出生时视觉系统尚未完全发展，新生儿的视力非常不敏锐，只能看见较近的东西，改变焦距的能力也有限。但在 2 岁左右，幼儿的视力就几乎与成人相当了。尽管视力未臻成熟，新生儿仍然花很多时间四处张望，他们对曲线形态的偏好胜过直线形态，因此对脸孔特别感兴趣。但到 2 个月时，他们会将注意力集中于脸孔内部——眼睛、鼻子和嘴巴。此时，父母可能会欣喜地发现孩子开始做视线的接触了。

6.1.1.2　听觉

新生儿会以呼吸的频率、眨眼、肌肉变化等改变来表示对声音的反应，他们会把头转向声音来源。4 个月的婴儿能在黑暗中辨别声音来源及正确方向，6 个月时，则对声音的反应明显增加，表现出兴趣，并能更精确指出声音的位置，而这种能力会持续发展至 2 岁。新生儿对声音有明显的偏好，低沉的声音有镇静的效果，而高音会引起紧张的反应。

123

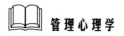

6.1.1.3 味觉

刚出生不久的婴儿就能区分味道的差异，他们对甜味液体的喜爱远胜于咸、苦、酸或无味的东西。新生儿对甜水的典型反应是一种放松、类似浅笑的表情，有时还会舔唇；当他们尝到酸味时，会有缩唇皱鼻的面部表情；而对苦的反应则是张开嘴巴，嘴角下撇，并伸出舌头显出厌恶的表情。

6.1.1.4 嗅觉

嗅觉是婴儿最高度发展的感官之一。出生约 1 个月的新生儿就能辨别母亲的味道，若让婴儿选择分别装在奶瓶中的牛奶和母乳，他们会选择后者。一般而言，这种区别气味的天生能力具有明显的适应价值：它可帮助婴儿避开有害物质，因而增加存活的机会。

6.1.1.5 学习与记忆

研究显示，婴儿在子宫中就已经开始学习并记得某些事情。新生儿能从其他声音中区分出人类声音，他们也较喜欢女性说话的声音。研究者对出生数天的婴儿做测试，让他们吸吮连接有录音装置的奶嘴，以听到说话声或音乐声，发现他们较不会为听到非语言的声音或音乐声而吸吮奶嘴。他们也较偏爱心跳声和女性声音，远胜过男性声音；喜欢母亲的声音，胜过其他女性的声音。

管心任意学

真实世界中的泰山

还记得迪士尼动画中的"泰山"吗？类似的故事的确存在于真实生活中，只是，与他相遇的并不是一位来自大都市的美丽公主，而是一位专业的医生。1800 年初的黎明时刻，法国南部 Saint–Sernin 村附近的树林外，出现了一个惊人的"生物体"。他有着人类的形体，能够直立行走。但，除此之外，他没有一点像人类，他赤裸的身躯上只罩着一件破旧的衬衫。他不会说话，只能发出古怪、无意义的嚎叫声。他虽然非常矮，但从他乱蓬蓬的黑发下的一张圆脸来看，应该是一个 11 岁或 12 岁的男孩。后来人们称他为"Aveyron 的野男孩"—Victor。

Victor 的出现在欧洲引起了许多人的兴趣。对科学家来说，对这个孩子最有兴趣的是：研究者可以用他来研究人类的发展。例如，Victor 是否能够学会说话？能否与他人沟通交流？能否产生文明社会中所谓的"良心"或"道德"？

日后，在年轻医生伊塔尔（Jean‐Marc Itard）的教导下，Victor 变得富有感情，并且学会了对某些语言指示做出反应。但，医生发现教导的成果是有限的。例如，Victor 因错过了学习说话的关键期（Critical Period），从来没能学会说话。不过，Victor 身上发生的变化还是很明显：他能适应社会生活，并能阅读和书写少量文字。这是历史上人们第一次认识到，深入细致的训练可以产生重要的影响效果。

6.1.2　儿童期的身心发展

6.1.2.1　认知发展

随着年纪增长，儿童开始学习推理、数字和语言等技巧，这是认知能力的发展。著名的发展心理学家皮亚杰（Jean Piaget）是瑞士的教育心理学家，他的认知发展理论（Cognitive Development Theory）是近代认知心理学中最重要的理论之一，他将儿童的认知发展分为以下四个阶段：

（1）感觉动作期（Sensorimotor Period）：0~2 岁。出生 3 个月的婴儿，知觉还停留在"看不见的，就是不存在"的发展阶段。如果父母突然用毛巾盖住玩具，他们会认为玩具已经消失不存在了。等到当婴儿成长到 4~8 个月时，便具有物体恒存概念（Object Permanence Concept），即使在被毛巾盖住的情况下，婴儿知道玩具仍然存在，于是会主动移开毛巾；3 个月以下的儿童则以为该玩具不存在了，所以不会主动去拿开毛巾。

（2）前运思期（Preoperational Period）：2~7 岁。此阶段的幼儿尚未发展出体积保留概念（Concept of Conservation），且尚未具备逻辑推理的思考能力。皮亚杰认为前运思期的儿童，具有三种特征：①自我中心主义（Egocentrism）：指幼儿看待任何事物都只从自己的角度去看；②不可逆转（Irreversibility）：指幼儿没有还原的概念；③专心注意（Centered），指幼儿会将注意力放在单一目标上，具有聚精会神的态度。

（3）具体运思期（Concrete Operational Period）：7~11 岁。指儿童能够凭心象来思考，主要进展在于思考较不依赖知觉。数学运算与通用符号（如 + − × ÷、>、< 和 =）是此时期的进步基础，其特征在于其可逆性，也就是相反的变化可以抵消原来的效果。此时期的儿童自我中心主义逐渐减弱，也逐渐发展出解决问题的能力。

125

（4）形式运思期（Formal Operational Period）：11 岁以后，儿童成长至 11～12 岁的年纪时，就达到成人的思考形式，有能力思考一个问题背后所有可能的解释，并且有系统地、有条理地小心求证，试图找出真正的原理。

前述每个阶段所属的年龄都只是平均数，随着每位儿童的生长环境不同而有些微差异，但各阶段的顺序是固定不变的。举例而言，儿童无法直接"跨越"感觉动作期而达前运思期，就如同毛毛虫没经过破蛹而出的过程，就无法蜕变成蝴蝶一样。

6.1.2.2　早期社会行为

儿童在社会化的过程中，"父母"扮演极为重要的角色。假如父母对小孩有充分的爱心、耐心，同时有适当的教养方式，则儿童长大以后人际关系较佳，善于面对各种困境与挑战，处世圆融，事业容易成功。

包姆林（Diana Baumrind）将父母管教子女的态度，分为以下三个类型：

（1）权威专制型。此类型的父母倾向用绝对的标准来衡量孩子的行为、重视父母权威、强调子女绝对服从，容易培养小孩产生害怕、困惑、情绪不稳定、无目标等特征。

（2）权威开明型。此类型父母会制定合理的行为标准，并以坚定的立场去贯彻始终，鼓励孩子展现独立的表现，虽尊重子女但仍会在必要时展现权威。容易养成孩子友善、合作、压力适应的能力及高目标导向等特征。

（3）容忍型。此类型的父母对子女的控制最少，接纳子女所有行为，很少使用惩罚或对子女提出要求，容易养成小孩具高支配性、低目标导向等特征。

本章末的心理测验可以帮你发现自己是怎样被教养长大的，也请你一并思考你父母的教养方式对你的人格与心态的影响。除了父母的教养方式之外，"社会环境"对儿童的早期社会行为也有很大的影响。电影、电视或报纸的内容与情节，会成为儿童模仿与学习的对象。研究已证实，媒体暴力与青少年犯罪的关系极其密切。近年来，我国社会充满暴力、犯罪，实在与大众传播媒体所报道的内容有密切的关联。

6.1.2.3　情绪发展

依附（Attachment）是指幼儿与另一个人（通常是母亲或主要照顾者）之间因身体的接触而产生情感联结，形成一种持续的社会与情绪关系。儿童成长过程中先依附母亲，再逐渐扩展到他人。当母亲必须外出工作或长期离开小孩时，就会使儿童产生分离焦虑（Separation Anxiety）和不安的情绪，长大以后容易对人产生冷漠、疏远、拒绝或攻击行为。心理学家鲍比（John Bowlby）提出了一套依附理论认为：幼儿若在早期无法与他人形成安全依附，将影响其成年后发展亲密人际关系的能力。幼儿的依附类型可分为以下三类：

（1）安全依附。此类型的婴儿尽管处在陌生的环境中，只要母亲在场，就会主动玩玩具、探索新环境，并在看见陌生人时有主动积极的反应。但在母亲离开时孩子会减少游戏活动，并表现出苦恼甚至哭泣的行为，直到母亲返回时，婴儿的情绪会立刻恢复平静、主动欢迎母亲，并寻求身体的接触与母亲的安慰，之后自己继续玩玩具。60%～65%的孩子属于此类。

（2）不安全依附：焦虑与逃避。以上一个情况来说，此类孩子在母亲回来后明显表现出逃避与母亲互动，有些几乎完全忽视母亲的存在；有些则表现出复杂的态度，有时想跟母亲互动，有时却又逃避。幼儿的游戏活动不受到母亲是否在场影响，当母亲在房间内时，逃避型幼儿很少注意她，当她离开时，他们通常也不会显得不安，而且很容易让陌生人安抚，如同受母亲安抚一般。大约20%的孩子属于此类。

（3）不安全依附：抗拒。孩子在陌生环境下显得焦虑，缠着母亲不放，不肯好好玩游戏，随时会哭闹发脾气。例如，他们可能哭着要母亲抱，然后又生气地挣扎着要下来，有些行为非常被动，当她返回时，哭着要她抱但却不愿爬向她，而当她趋近时却又显出抗拒的态度来。大约10%的孩子属于此类。

有些婴儿似乎都不属于这三类，最近许多研究提出了第四类，称为"无组织的（Disorganized）依附"，此类婴儿通常表现出矛盾的行为。例如，有些可能会趋近母亲却小心地不看她；或者趋近她却又显出令人困惑的逃避；或在首度安定下来后，突然号啕大哭；有些似乎很迷惑，面无表情或显得沮丧。10%～15%的孩子被归于此类，其中被虐待的孩子或父母正接受精神治疗的孩子比率相当高。

早期依附模式显然与未来几年孩子如何处理新的经验有关。研究显示那些曾在12个月大时被归类为安全依附的幼童，对解决问题既热心又坚持，遭遇到困难时，很少生气或发怒，而是寻求一旁成人的帮助。反之，曾在早期被评为不安全依附的孩子，则表现得被动、退缩、追求完成目标

的动力薄弱，很少寻求协助，忽视或拒绝成人的指导，很快便放弃尝试解决问题。

管心任意学

托管的影响

根据台湾地区儿童局（2011）资料显示，5 岁以下接受托管的儿童人数达 250076 人，这些幼童正遭遇与母亲分离及面对多重照顾者的经验。这情况对儿童会有负面的影响吗？

大部分的研究显示，托管对儿童并不一定有害，甚至可能有益！影响这些经验成功与否的因素可能包含了儿童本身的发展阶段、儿童本身及母亲的人格特质。

例如，2 岁以前的儿童需要较多的关爱和抚慰，甚至与同辈之间的互动。因此，若托管中心有固定的照顾者，能与儿童维持一致性的关系，提供安全感和安慰，则是有益的。而 3 岁以上的幼童，已发展出与同辈之间互动的能力。大型托儿所提供的教育课程活动，能培养儿童社交能力、自信、果断及较广阔的外在世界知识。另外，研究也显示，儿童与父母间的依附关系并不会因托管而减弱，家庭经验的质量，才是决定父母与儿童间联系的主要因素。

6.2 青少年期与成年期的身心发展

6.2.1 青少年期的身心发展

青少年期（Adolescence）是介于儿童期和成年期间的一段过渡时期。其年龄范围并未明确划分，但大致指从 12 岁到生理趋近成熟的 20 岁。在此期间，年轻人的性发展逐渐成熟，同时，认知发展也不同于儿童期，更重要的是，青少年时会建立自我认同感。

6.2.1.1 认知发展

根据皮亚杰的认知发展理论，青少年具有抽象思考能力，其认知发展已进入形式运算阶段。此时期的思考特征包含下列五项：

（1）可能性思考。认识到自己经历过的事物，只是可能存在事物的一部分。例如，你"知道会"让小美感到高兴的原因可能有演讲比赛第一名、被喜欢的人告白、中了大乐透等，但她却未必都"亲身经历过"。

（2）假设性思考。此指青少年有能力经由对上述可能性思考的"可能"提出相关的假设，并加以检验。如上例，青少年会通过逐一检验小美是否参加演讲比赛、有没有心仪对象、中大乐透了等找出小美感到高兴的可能原因。

（3）前瞻性思考。此指有做计划（Planning）的能力，以下以小明的计划为例说明。二年级的小明希望存下每个月的零用钱，以在隔壁班小美过生日时买礼物给她，但看到好朋友们在放学后买零食、一起去漫画店租漫画书看时，也很想一起跟进，到底该如何减低这些欲望，达到顺利存钱的目标呢？

（4）思考性思考。此种思考是指青少年会以"自己思考的结果"为思考对象，简单来说，他们已经具备同时考虑自己的想法和其他的可能想法，进而产生自我反省与自我思考检验的能力。

（5）超越成规性思考。指青少年倾向于寻求普世规则与价值认同，特别在意公平正义而追求理想主义、崇拜并认同特定对象，因此对"英雄膜拜"的行为最为明显。可是，青少年比成人缺乏生活经验，因而容易形成自我中心，特别敏感，常觉得别人都特别注意自己，对自己的想法相当坚持，认为别人应该听他的话，成为他的听众，这种现象称为想象听众（Imaginary Audience）。

6.2.1.2 自我认定发展（Identity Development）

美国心理学者艾瑞克森（Erik Erikson）提出一套心理社会理论（Psychosocial Theory），将人类一生的社会发展分为八个阶段。他认为前一个阶段的社会发展，有助于后一个阶段的发展；每一个阶段的社会发展都有其困难或问题，发展顺利危机就可以解除，发展不顺利就会出现危机。因此，每一个阶段的发展，都可以视为危机或转机，如表6-1所示。

表 6-1　艾瑞克森的心理社会理论要义

阶段	年龄	心理危机	心理转机	发展顺利	发展不顺利
1	1 岁	对人不信任	对人信任	对人信任，有安全感	对人疑虑不安
2	2~3 岁	怀疑羞愧	积极进取	能自我约束、自我管理	怀疑自己的能力
3	3~6 岁	退缩内疚	勤勉向上	能独立自主，奋发向上	退缩、故步自封
4	6 岁~青春期	自卑自贬	勤奋用功	具有成就感，具备生活基本能力	充满挫败感，丧失生活基本能力
5	青年期	角色混淆	自我调整	具有健全的自我观念及生活目标	自我迷失，生活失去目标
6	成年期	孤独疏离	与人亲密	人际关系良好，感情与事业顺利发展	孤独疏离，离群索居
7	中年期	颓废停滞	贡献人群	事业发达，造福人类	自暴自弃，意志消沉
8	老年期	消极绝望	完美圆融	安享晚年，乐在其中	悔恨交加，百般无奈

根据表 6-1，青少年的社会发展已进入第 4 阶段与第 5 阶段，社会发展良好者能够积极进取、自我统合；发展不顺利者会产生自卑或角色混淆（Role Confusion）。主要的心理特征，就是自我认同与角色混淆（Identity vs. Confusion）。自我认同是指认定一种身份，决定一个自己应该扮演的角色，并用这种身份来处理所面对的各项问题。当然，认同也包含取得别人的认同，这是为什么青少年容易结党成群，寻找"麻吉"，而且对异己分子排斥与攻击的原因。艾瑞克森相信青少年期所面对的重要任务是为"我是谁"、"我从哪里来"、"我将往哪里去"这些问题寻求解答。艾瑞克森创造了"认同危机"（Identity Crisis）一词，指寻找自我认同的过程。大多数发展心理学家都认为青少年期应该是"角色试验"的时期，青少年可探索各种行为、兴趣和理想，以尝试塑造自我整体的概念。

6.2.2　成年期的身心发展

过去，发展心理学较注重婴幼童及青少年的身心发展。近年来，成年人在发展生命历程中所遇到的问题，也越来越受到重视。包括生理、认知及社会人格的发展等。

6.2.2.1　成年期的阶段

近 20 年来，心理学家对成年人心理发展的看法有了剧烈的转变。成年期不再是"没什么大事发生"的年纪，而必须面对社会文化带给个人的挑战。李文生（Daniel Levinson）提出中年转变（Midlife Transition）的概念，以说明中年时面临文化挑战所必需的转变。

成年期的阶段可大致分为成年前期、中年期及老年期。成年前期为青春期后到 40 岁，中年期约为 40 岁到退休前，老年期则为退休后。

人的一生从右到左看是否很相似呢？何必太强求？

（1）成年前期。在成年前期，人们可能面对完成教育、从事工作、结婚生子等。艾瑞克森视此时期的主要发展任务是建立亲密关系，并主张"认同"为亲密的先驱，若在青少年期未满足认同的人，将很难继续向前，不能建立亲密且彼此满意的关系，因为他们太过专注于自己，以致无法顾及别人的需要。

（2）中年期。对多数人而言，中年期是生命中最丰富的时期。40 多岁的人一般正处于事业的巅峰；早年主要致力于家庭责任的女性，由于孩子

131

已经长大，得以将时间精力转而投注事业或其他活动。艾瑞克森以"传承"一词来代表中年人对下一代提供指导和援助的关切，此阶段的满足感来自帮助青少年迈向成年，帮助其他需要帮助的人，并看到自己对社会的贡献是有价值的。不过，这段时间也会面临"中年危机"：此时人们必须面临自己可能很难再有所进步的事实；也许目前正处在合适的位置，但仍有可能认为失去变动的可能性是令人沮丧的。中年期是一段动乱的过渡时期，但并非第二个青年期，在此时期，生命目标经过重新评估，而诸如"我是谁？"、"我将往哪里去？"等问题再度变得重要。虽然有些人发现这种重新评估和改变的压力足以构成中年危机，但多数人仍视其为挑战而非威吓。

（3）老年期。台湾地区 65 岁以上的人口已占总人口数的 10.28%。由于更好的医疗照顾、饮食改进以及对身体健康渐增的关注，许多人在 65 岁或年纪更大时，健康情形依旧良好。因此，老龄化的研究是目前发展心理学一项热门的研究领域。

老化是一个改变的渐进过程，肌肉强度、活动力都会减低，反应时间变长等。但提到老年，我们所联想的较严重衰退则是疾病的后果，如阿兹海默氏症，会摧毁心智和生理功能。不过，也有在 60 岁至 70 多岁工作依然繁重且须做重要决定的老人（如法官、公司主管和政治领袖），这证明了一项事实，认知能力未必随年龄而消失。

人生进程各生命阶段，有着不同的生命焦点，一个阶段衔接另一个阶段向前推进

在前述艾瑞克森的心理社会发展理论中，人生最后阶段的心理危机是整体式或绝望，与人们如何面对生命末期有关。老年是反省、回顾一生事物的时刻。个人对生命较早阶段的每个问题，若已做好成功的处理，他（她）将对生命有一种整体感；如果老年人以怨恨的心情来回顾一生，视其为一连串错失的机会和挫败，则最后的时光将充满绝望。

6.2.2.2 人格与社会发展

成年人是社会的中流砥柱，也是一生中心智最成熟、处事最圆融的阶段。多数中年人有固定的收入与崇高的社会地位，这时候他们有更多的时间从事娱乐、休闲及旅游活动，可说是人生的全盛时期。但是，人格不健全及适应不良者，可能会失业、离婚、作奸犯科，成为社会的毒瘤。成年人的人格大致定型，除非经历重大的打击，否则其个性不容易改变。

中老年人在子女长大离家之后，大部分女性会从事部分工时的工作，或再度投入职业市场。这时没有儿女牵绊，步入空巢期的中年老人反而觉得更愉快。倘若健康的成年人有更多的时间和金钱来追求人生的目标，退休以后生活的满意度和幸福感，有时不亚于年轻人。尤其若有知心的朋友、常从事社会工作时，心情更为愉快。研究显示，老年人婚姻生活的满意度普遍高于中年期。但是，经济拮据、子女不孝顺、孤独及慢性病的老人，假如没有很好的社会福利制度，将会度日如年，有生不如死的意念。

退休以后的老年人，健康情形每况愈下，通常自愿退休者较能好好规划、适应退休后的生活。老年人在失去老伴以后，孤寂无依，健康可能日趋恶化。然而，老来丧偶的改变也有性别差异，鳏夫在无人协助料理家事之下，比较容易产生情绪困扰；寡妇在失去老公之后，尚有娘家亲属的关怀，其适应余生的能力比较强。老伴如不幸死亡，再婚通常可以延长寿命。因此，身为子女的，在面对父母的第二次婚姻时，应多多给予鼓励、支持与祝福。

老年人奋斗一生后享受劳碌的果实，最后终究必须面对老迈与死亡。一般人都恐惧死亡，老年人也不例外。追求青春永驻、长生不老或返老还童是老年人的共同愿望。在面对死亡过程中，一般人会经历否认、愤怒、讨价还价、忧郁与接受等阶段。不过，有虔诚宗教信仰的老人，对永生有盼望，比较不恐惧死亡。

总之，个人一生的身心发展是连贯的，各阶段有良好的发展，才能使人生全程发展顺利。一个人想要在退休之后，过着轻松愉快的生活及安享天年，至少要具备以下几个条件：①有足够的老本；②有健康的老伴；③有知

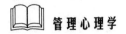

心的朋友；④有正当的娱乐；⑤有子女亲人的关怀；⑥有社会的支持；⑦有健康的身心。上述这些条件，应于老年期到来之前努力经营与累积！

管心任意学

特质测验与配对模式

在了解职涯发展的阶段后，你是否开始规划未来的职涯了呢？但前途茫茫，你的职涯究竟该何去何从呢？针对职涯发展与规划，可试着去做职业性向量表，此类量表测的是你的工作或职涯兴趣，每所学校的辅导中心一定都有一两套这样的测验，其中，又以何伦（John Holland）的职涯选择特质模式（Holland Occupational Classi Fication System）最广为人知，影响力也最大。

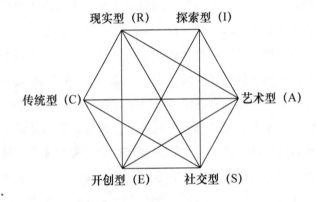

图 6-1　Holland 人格取向关系

Holland 认为，生涯选择与个人的人格特质有关，而人格特质是相当稳定的。在何伦的系统中，人可分成六大人格类型，即人格取向（Personal Orientations）。同样的，职业也可分成六大理想的工作环境（Work Environments）。顾名思义，这一模式常称为六角形模式（Hexagonal Model）。依 Holland 的观点，人格类型若与工作环境相合，也就是工作与个人的能力、兴趣和自我观念相结合，则个人便会在工作中如鱼得水。人与工作间良好的配对能让生涯满足，成功和工作的稳定。以下是六种个人取向及其最适配的工作环境。

（1）现实型（Realistic）的人机械能力强，但社交能力弱。他们喜欢物理或机械性且定义清楚的工作，如农业、汽车及工程。他们会逃避需要

134

社交技巧，抽象思考，主观判断或语言能力的工作环境。

（2）探索型（Investigative）的人喜欢抽象思考和逻辑分析，喜欢理解更强于行动。他们喜欢观念性的分析更强于操作机械或与人互动。这些人常会在研究室、实验室或图书馆工作。

（3）艺术型（Artistic）的人具有丰富的想象力和独立性，常是冲动、有创意的，但社交上显得高傲冷淡。这种人不喜欢结构性的工作，更喜欢依自己的主观印象与环境互动。他们的情绪表达需求强烈，常会投入艺术、音乐或戏剧生涯。

（4）社交型（Social）的人理解力强，愿意助人。他们喜欢与人互动，也有足够的社交技能来轻松应对，他们的语言能力常优于数学能力。这种人多从事助人职业，如教师、护理和社会工作。

（5）开创型（Enterprising）的人快乐、自信、合群、有人缘。他们喜欢用社交技巧来领导或说服别人，喜欢销售或督导的工作，因为这样的工作能发挥其所长。

（6）传统型（Conventional）的人服从，有系统、有条理，通常文书及数学能力优于语言能力。他们喜欢结构清晰，有条有理的工作环境，十分适合上班族。

Holland 发明了几套测验来测量这六种基本的个人取向，其中之一是"自我导向探索"（Self-directed Search，SDS），可以自行计分。受测者在 SDS 上找到自己的人格类型后，便可将其与职业配对。研究已证明，SDS 是一项非常有用的职涯评量工具。不过，需强调的是，这六种人格取向是理想类型，没有任何人会完全属于其中的任一种。事实上，大多数人是二或三种的混合。

 ## 6.3 职涯规划与发展

除了思考人生不同阶段要如何度过外，该如何安排我们的工作，也是个很重要的问题。职业生涯（Career），简称职涯，也有人译做生涯、前程。以客观的角度来说，职涯意指个人一生中曾从事过的职业或任职过的职位；若是以主观的角度来说，职涯则是个人在其生涯中要往何处去的一种意识。以后者来说，一个人要往何处去，必然有其终点，这个终点便是职涯目标（Career Goal）。每个人的职涯目标都不尽相同，有人可能想成为专业经理人，有人则希望自己开店当老板。有了目标之后，便要思考如何从目前的职位走到职涯目标上，这条看不见的路线便是职涯路径（Career Path）。

就像个体发展阶段，职涯也有不同的发展阶段，相关论点众多，其中舒伯（Donald Super）的职涯选择模式（Model of Career Choice）最具影响力。他认为，职业发展是一个始于童年的历程，并在人的一生中渐渐开展，最终在退休时完结。舒伯指出，个人的自我概念是这一历程的关键因素，换句话说，职涯承诺的决定所反映的正是人对自己观感的改变。为了捕捉这些改变，舒伯将职业生涯周期划分成五个主要阶段。

6.3.1　成长阶段

成长阶段（Growth Stage）是指 0～14 岁，此时孩子们会幻想自己喜欢的工作，就像是小时候作文题目"我的志愿"，小学生们常将科学家、飞行员、音乐家甚至总统当成志愿，很少会有人想象自己将来是水电工、小摊贩或杂货店老板。直至成长阶段晚期，孩子们多半缺乏实际的考虑，如特定职业所需的能力和教育，而完全依自己的好恶来幻想未来的职业。

管心任意学

霍夫斯塔德的 IBM 研究发现

本章介绍了个体的发展阶段，从新生儿、儿童期、青少年期、成年期逐一介绍，而后谈到职业生涯的发展。早期在发展与成熟的议题上，一直有"先天"与"后天"的争论。先天是指遗传的影响，后天则是成长环境的影响。目前，发展心理学家的共识是同意先天与后天均会对个体发展有不同层面的影响，即使是双胞胎，相似之余也会有不同之处。在后天环境上，除了父母的教养方式对个体有极大的形塑力外，其实，我们所身处的社会文化同样对个体发展、职涯选择有潜移默化之效。以下是一个有关国家文化的大型研究。

荷兰研究者霍夫斯塔德（Geert Hofstede）于 1968～1972 年针对 IBM

在东非、西非与阿拉伯地区 50 多国的分公司员工收集了 116000 份问卷，以分析其员工的工作价值观。之后十几年，他又在上述国家中另外收集非 IBM 的员工数据。其间，霍夫斯塔德曾分析不同性别、不同职业或不同年龄层的员工在工作价值观上的差异。最后，他以国家为单位提出"文化分析架构"，认为各国的员工在以下五个方面互有差异：

（1）权力距离（Power Distance）。指当地员工可以接受组织内部权力不平等的程度，以及是否知道自己与高级主管、基层员工之间的权力距离。权力分配不均，便为高度权力距离（High Power Distance），反之则为低度权力距离（Low Power Distance）。霍夫斯塔德发现，极端高度权力距离的国家有马来西亚、危地马拉以及菲律宾；权力距离最低的国家则为澳洲、以色列与丹麦。

（2）个人主义（Individualism）对集体主义（Collectivism）。第二个方面探讨的人们强调个人或团体目标的程度。个人主义高的国家，其人民多为核心家庭的居住形态，且允许彼此"做他们想做的事情"；反之，集体主义高的国家多是大家族的居住形态，对彼此的行为也有诸多限制，且团体目标高于个人目标。最能代表个人主义的国家为美国，以及其他英语语系的国家；集体主义的代表国家则为危地马拉、厄瓜多尔与巴拿马。

（3）阳刚（Masculinity）对阴柔（Femininity）。阳刚取向高的社会对性别角色的界定有极大的不同；阴柔取向高的社会是指该文化的性别角色差异非常小。阳刚取向文化倾向于强调自我目标（工作、职涯与金钱至上）；阴柔取向文化则多强调整体社会的目标（生活质量、帮助他人与关系维持）。依据霍夫斯塔德的发现，最阳刚取向的文化为日本、奥地利与委内瑞拉；最阴柔取向的文化则有瑞典、挪威与荷兰。

（4）不确定性规避程度（Uncertainty Avoidance）。指该文化成员对于新奇的、未知的、惊奇的、有别于以往的情况会觉得自在还是不自在的程度。高度规避不确定性的国家会设立较多的规范或惯例来加强对未来的掌控，这类国家或地区的代表有希腊、葡萄牙、比利时与日本。低度规避不确定，也就是较能忍受未知情况的国家，对人民的限制较少，对多元意见的接受度也较高，这类国家或地区的代表为新加坡、丹麦、瑞典与中国香港。

（5）长期导向（Long‑term orientation）对短期导向（Short‑term Orientation）。最后一个方面探讨该文化的成员可以延长对物质、社会与情绪需求满足的程度。长期导向的国家有中国；短期导向的国家有巴基斯坦、

137

尼日利亚与菲律宾。

虽然学界对于霍夫斯塔德的研究有诸多的批评，例如，所收集的资料仅限于某些地区（非洲与阿拉伯），这二三十年来整个世界局势也有相当大的改变，其研究发现与现状的差异恐怕不小。尽管如此，霍夫斯塔德的研究仍是跨文化研究的经典之作。他让我们了解了不同文化彼此之间的差异，这也是全球化企业在拓展疆土时须谨慎之处。例如，母公司位于提倡集体主义的国家，其高级主管外派到个人主义较高的地区时，若该主管仍以原来的规范来管理分公司的员工，基于个人主义勇于捍卫自己权益的思想，想必会引发不小的冲突。也因此，全球化企业必须思考如何保有母公司的核心价值，但同时兼容并蓄的尊重当地的主流价值，以减少不同文化所带来的冲击。

6.3.2　探索阶段

探索阶段（Exploration Stage）是指 15～24 岁，即高中与大学时期。到高中毕业左右，父母或师长多半会期望孩子已选定了一个特定的志向。年轻人则会经由教育或打工来试验自己选定的这个志向。到了本阶段后期，大多数人会设法找个全职工作，真正从事一个职业。但在此阶段，许多人还仅抱持实验的心态，如果最初的工作体验不错，则职业承诺便会加强；但若最初的体验欠佳，他们便可能转向其他职业，并继续类似的探索历程。

6.3.3　建立阶段

建立阶段（Establishment Stage）为 25～44 岁。在建立阶段的早期，职涯承诺仍是飘忽不定的，对有些人而言，重新评估个人特色、兴趣或能力与现职间的契合，使他们首次对职业承诺产生怀疑。但对另外某些人而言，之前的疑虑并未解决，也带入了这一阶段。但是，倘若个人的职涯选择证明是对的，则他便会坚定地承诺下去，而且少有例外的，未来即便换工作，也不会转行。既已做了承诺，现阶段的任务便是在这个选定的职业中表现出适任的能力。为达成功，个人可以运用自己已有的能力，学习必要的新能力，并表现适应组织变化的弹性。

6.3.4　维持阶段

随着岁月流逝，职涯发展与职业流动的机会渐少，将近 45 岁时，大多数人会迈入维持阶段（Maintenance Stage），此时他们更在意的是维持既有的地位，而非进一步提升地位了。快速改变的科技迫使中年员工强化并更新自己的能力，以迎接年轻、受过最新教育的新人的竞争。不过，在此阶段的最重要目标是保护自己已经取得的安全感、权力和优势。随着个人对职涯发展的关注减少，许多人会将精力与注意力从工作转移到家庭及休闲活动。

6.3.5 衰退阶段

到了晚年，随着退休逼近，个人的工作活动会衰退（Decline）。人们会重新调整自己的精力和注意力来规划这一重大转变。舒伯最初的理论是基于 20 世纪 50 年代的研究资料，那时他预估减速现象应在 65 岁左右开始。但今日社会中，由于经济结构和劳动力成分的巨大改变，提前退休的压力越来越大，因此减速现象的出现远比当初舒伯预估的早许多。不过，在台湾地区的劳动力市场上，另一种相反的趋势却在稍稍增长，那便是随着台湾社会西化渐深，出生率下降，平均寿命增加使社会老化加深，"少子化"加"老年化"的现象使劳动力短缺的现象日益严重。同时，退休后的近 20 年人生中要维持原有的生活水平也是极大的压力，这些社会变迁的特征使台湾民众越来越不敢退休，高龄就业率逐年上升，以省内最具公信力的"台湾社会变迁调查"（2005 年）的资料分析，65～69 岁的民众有 26.5% 仍保有全职或兼职（每周工作至少 10 小时以上）的工作；加上政府鼓励中高龄就业，舒伯所指的减速现象可能正延后发生。

退休终结了工作活动，每个人对此转变的态度却有天壤之别。许多人引颈期盼；有的人心怀疑虑，不知该如何打发时间，也担心自己的财务安全；更有些人对退休是又爱又怕，期待混杂了焦虑。尽管对未知的焦虑很正常，但研究发现，退休对整体的健康和生活满意通常并无不良影响。虽然退休意味着收入减少，但也意味着能与朋友共处的时间增加，能用于个人癖好，旅游和社会公益的时间也增加了。

舒伯的理论正确地指出人的职涯发展各有不同的模式，他发现男女都有几种职涯发展的模式。不过，其理论奠基于人会维持单一职涯的假设，但今日社会的工作者很可能会有多次职涯转变，因此，该模式有必要依现今的职场环境作调整。

心灵专栏 ——知己篇

心理测验：你是如何被教养的

一、目的

    1. 引导学生回忆父母从小对待自己的教养方式。

    2. 思考父母的教养方式对自己现今的人格及价值态度的关键影响力。

二、说明

    1. 人数：不限。每人先自行完成"教养类型测验"（如附件），再分成 4~5 一组，进行讨论与分享。

    2. 时间：测验、计分、解说需 15~20 分钟，讨论与分享需 20~25 分钟。

    3. 材料：每人一份"教养类型测验"。

三、程序

    1. 老师先引导学生完成"教养类型测验"及计分，简单解释各类教养方式的特色，及其对子女人格发展的可能影响。

    2. 将学生分组，尽量让每组中有不同父母教养风格的学生，以增加分享的丰富性与异质性。

    3. 要求各组讨论以下问题，鼓励学生分享各自的经验与感受：

    （1）童年时你的父母是如何对待你的（教养风格）？

    （2）你觉得父母的教养方式对你现今的人格有影响吗？是何影响？

    （3）你觉得父母的教养方式对你现今的价值观有影响吗？是何影响？

    （4）你觉得父母的教养方式对你现今的消费行为有影响吗？是何影响？

    （5）将来你当了父母，会以同样的方式教养你的子女吗？为什么？

    4. 附件：教养类型测验（含计分、解说）。

四、附件：教养类型测验

    （1）以下是有关亲子关系的问题，请回想童年时你与父母的互动情形来回答。

    （2）请在 a~e 中选出最合适的答案做◎的记号，大致符合的做○的记号。

问题 1

子女出去玩而没有在规定时间内回家时如何处理？

a. 严厉地斥责

b. 如果晚回来就担心发生了什么事

c. 即使回来晚了也不在意

d. 依时间不同，有时严厉地斥责，有时什么也不说

e. 详细询问迟归的理由，并告诉他们最好能遵守时间

问题 2

子女嫉妒其他兄弟姊妹时怎么办？

a. 责备他们

b. 认为自己管教方法不好，加强反省

c. 不太在意并放着不管

d. 某个时候特别疼某个子女

e. 和蔼地劝解，并让他们了解父母没有偏心

问题 3

有事拜托子女，而子女不肯时怎么办？

a. 不管什么事都要照父母的话做

b. 立刻听子女的

c. 一点都不听子女的解释，马上生气

d. 再拜托子女一次

e. 详细听子女的解释，让他们了解应该帮父母做事

问题 4

当父母知道子女做了坏事时，如何教他们最好不要做坏事？

a. 直接严厉地逼问

b. 担心子女为何不肯说实话

c. 不特别在意子女的事

d. 当时什么都不说，事情过后再责备子女

e. 平静地训诫，并教导子女应当做的事

问题 5

子女发脾气时如何处理？

a. 无理取闹时就责备他们

b. 接受子女的要求，安抚他们

c. 偶尔为之就不管他们

141

d. 因时不同，有时斥责、有时安抚，不一定

e. 花时间倾听或安抚

问题6

子女有事会找父母商量吗？

a. 只就事情的内容交谈

b. 多少谈一点

c. 不管父母，自己做自己的事

d. 有时会、有时不会，因状况而异

e. 会很轻松地商量

问题7

子女带男（女）朋友回家时怎么办？

a. 不管谁都详细询问

b. 担心这样交往好不好

c. 不管带谁回来都不看一眼

d. 先欢迎他们然后详细询问

e. 欢迎他们并一起喝茶聊天

问题8

子女考试成绩退步怎么办？

a. 严厉地监督使子女更用功

b. 安慰他们，并勉励他们下次考试加油

c. 觉得没什么，不特别担心

d. 父亲或母亲严厉地训话

e. 跟子女一起做功课，并让他们再做一次以前不会的问题

问题9

怎么教导子女日常生活的礼仪？

a. 平常生活里就告诉子女

b. 平时很少说

c. 连自己也不在意，子女也随便不管

d. 在家里较自由，但出外一定要有礼貌

e. 父母做示范、自然子女也一样有礼

问题10

子女房间乱七八糟时怎么办？

a. 让子女一个人整理

b. 最后还是自己整理

c. 在子女整理之前就放着不整理

d. 有时很严厉斥责，大致上还是会帮忙整理

e. 尽可能让子女一个人整理

问题 11

父亲常跟子女一起出去玩吗？

a. 很少一起出去玩

b. 非常疼爱子女，经常一起出去玩

c. 很忙，几乎不出去玩

d. 子女要求的话，休假时出游，但马上感到厌烦

e. 亲子成为很好的游伴

问题 12

子女的功课给谁看？

a. 子女想给母亲看

b. 尽可能让家教看

c. 依子女的意愿

d. 因时不同，有时父亲看，有时母亲看

e. 尽可能让子女一个人做，不懂的地方再发问

问题 13

子女想买贵的东西时怎么办？

a. 觉得浪费，并叫他们忍耐

b. 只要子女一撒娇就买

c. 不管要什么大多会接受

d. 起先说不买，但还是拗不过子女的央求

e. 仔细地讨论是否是必须的东西

问题 14

父母对自己的教养方法有何看法？

a. 认为较严格

b. 认为较溺爱

c. 认为较放松

d. 认为随着当时的气氛而异

e. 认为很开明地了解子女的心情

管理心理学

问题 15

父母对子女的教养有不同的意见时怎么办?

a. 配合父亲的意思

b. 母亲跟子女一伙

c. 父亲对子女的教养不关心

d. 因时而不一定

e. 充分讨论，尽量使意见一致

五、计分方法

(1) 将 1~15 的问题中的答案◎和○，转记到下表。

(2) ◎得两分，○得一分，合计 1~15 题的分数。

题项	a	b	c	d	e
1					
2					
3					
4					
5					
6					
7					
8					
9					
10					
11					
12					
13					
14					
15					
合计					

六、测验解释

(1) a~e 中的最高分就是你父母的"教养类型"。最高分中有两个以上同分时称为"温和型"。

(2) 严格型 b. 过分保护型 c. 放任型 d. 不一致型 e. 民主型

144

五种父母的类型			
类型	出发点	方式	后果
严格型	父母	权威	过分压抑，自信不足
过分保护型	子女	体恤	缺乏独立性，自我中心
放任型	父母	放纵	被忽视感，爱的饥渴
不一致型	父母	情绪性	无所适从，不安全感
民主型	亲子	教育性	独立且能尊重别人，自信又自在

心灵专栏 ——知彼篇

草莓族准备好上工了吗？

你还记得"X时代"这个名词吗？在1995年前后这可是最"in"的说法！但如同"葡式蛋挞"、"电子鸡"、"滑板车"，"X时代"很快被"Y时代"、"E时代"、"草莓族"等更新的流行名词所取代。流行虽如物换星移，令人目不暇接，但不变的事实是：我们现在所看到的、教到的、用到的，这一代年轻人真的与他们的父辈完全不同，甚至也不同于他们的兄姊们。这群草莓族在20世纪80年代出生，PC、E-mail、MSN、Internet是伴随他们成长的"玩具"；他们追时髦、赶流行最"in"，入不敷出或信用破产都在所不惜；标新立异、与众不同才有自我风格，乖乖地爬职场阶梯，背车贷、房贷、做牛做马地养家糊口，还不如当个SOHO族、啃老族、月光族或最时髦的星星族，吃喝玩乐样样都要，秀出自己最重要；看老板不顺眼，随时可以走人，要我牺牲双休日来加班，门都没有！有这样惊世骇俗的新新人类，难怪老板们头痛、主管们担心了！草莓族真的准备好要上工了吗？作为组织，身为主管，要怎样重新教育他们、管理他们呢？其实，新新人类虽然外表很酷，满脸不在乎与不屑，内心却充满苦闷与彷徨。有研究显示：新新人类有以下的特性，值得主管们特别注意！

1. 新新人类常自叹"生不逢时"。这或许会让许多大人咋舌，而大骂他们"身在福中不知福"。其实，新新人类虽生长在一个富裕的时代，但环境污染，政治动荡，官商勾结，人口爆炸，社会老化，加上泡沫经济破灭，令他们感慨"生活会越来越难"，"再努力也没用"。

2. 新新人类常自觉"不被了解"，从小在才艺班、补习班和学校之间穿梭，在升学、赚钱的重压下成长，他们哀怨自己所受的委屈和压力无人知晓，社会只要他们表现，却不给他们真正人本的关怀。

3. 新新人类崇尚"拜金主义"，他们觉得只要有钱，就能得到自我肯定和梦寐以求的尊重，而且为了赚钱，可以不惜一切手段"钱多事少离家近"固然理想，但若有"近利"、"大利"，则道德、法律皆有可能不具约束力。

4. 新新人类追求"快餐文化"。做事、交友、就业、娱乐皆赶流行；几分钟热度，讨厌承诺，"我高兴才做"，"不爽就走人"。捉摸不定，这是最令人头痛的。

5. 新新人类自认"游戏人间"，唯"快乐"是问，读书要像游戏，工作是为了享乐，"吃苦耐劳"免谈，"奉献牺牲"不可能。

6. 新新人类自命"天才"，想象力丰富，喜欢天马行空，擅长"脑筋急转弯"、"Kuso"和"无厘头"，主管们听不懂他们的"暗语"和幽默，他们则不屑主管们的因循守旧和老古板风格。

7. 新新人类自诩"愤世嫉俗"，不满社会现状，抗拒权威，讨厌说教，不服约束，认为"纪律"是压迫，"要求"是限制。

8. 新新人类强调"个人风格"，并以此颠覆传统的角色，如女生剪超短发，男生却绑马尾、留长发、戴耳环；言行举止若不惊人誓不休，令人侧目又摇头。

不过，知己知彼才算跨出了第一步，下一步便是重新思考如何与他们相处，如何破冰，打开他们的心门，引导他们更好地发挥潜能，为组织加值，同时创造一个与组织、与团队同心的合作关系。我们先讲大原则，请主管们"换个脑袋"看待身边的草莓族。

首先，对新新人类的表现要多加肯定。每个人都希望自己的表现能得到别人的肯定和认同。草莓族的"不在乎"只是表象，实际上他们的"爱秀爱现"心态及"个人主义"心理，使他们对别人的评价和认可更加在意。不管是奇装异服，还是"无厘头"大放送，他们要的都是别人的"注意"。即使你不能勉强自己去认同他们的表现和作为，你至少应该肯定他们的创意和勇气，跟老板呛声你敢吗？那么多 Kuso 的创意你想得出来吗？

其次，多赞美他们。由衷的好话对新新人类很受用，而赞美、肯定、尊重，正好打开了他们"不被了解"的心结。赞美可以是多方面的，只要你真心去发现，每个人都有可爱的地方。你可以学习、欣赏他们的想象力、幽默感，他们对流行的敏锐、对生活的热情，甚至是他们对"个人风格"的坚持。多用些"请……"、"谢谢"、"可不可以……"，多向他们请教，或许能打开你与草莓族沟通的门户呢！

最后，给他们自由与空间。新新人类生长在民主开放的时代，自由与自主早已是他们的座右铭。与其费尽心思监控他们的一言一行，倒不如给他们弹性和自主，给他们尊重，也同时给了他们学习自律和负责的机会。新新人类在意结果，不在意过程。硬要用你的做事方式强加给他们，只会招来反抗与"罢工"，不如让他们用自己的方式管理自己，只要完成你们双方约定的事情就好。说不定他们的新方法还更有效率呢！如此一来，他们也觉得你"开明随和"，又尊重他们，说不定以后更愿意与你分享心事，视你为"英雄"的呢。

具体来说，人力资源部门在主管训练计划中不妨思考加入"如何有效管理草莓族？"一项，毕竟不管草莓族自己有没有准备好上班，组织最好准备好迎接这群新人的加入，用制度、用管理作为来带出新新人类的天赋异禀，为组织加分。作为主管，你可以这样做：

1. 解释清楚每一项要求背后的理由。不要指望草莓族会乖乖"一个指令一个动作"地执行你的意志，他们要知道理由，要知道你决策的依据，需要被说服。所以尽可能详细告诉他们每项制度和规定背后的动机，如果你真的想不出来或讲不清楚，那就说明那套制度或这项规定该检讨了。草莓族不接受命令，但可以被说服。

2. 明确设定互动规范。不要期望草莓族会"尊老敬贤"或"进退有据"，他们看不见你在忙，只想着他的疑问要现在解决；他们听不出你语气中的不悦，只惦记着自己的麻烦要即刻处理。所以，被他们找到，活该你倒霉，你要放下一切，先帮"大少爷、大小姐"们解决他们的问题。还有，不小心和他们混太熟，就得有被草莓族"没大没小"的心理准备：搭肩是小事，探听你的私生活很"正常"。怎么办呢？如果你不想一直被打扰，不想有人越界，就在一开始定下规矩：怎样和你约时间面谈，电话？秘书？E - mail？怎样和你互动，直呼其名？还是冠职称？哪些问题可以谈，公事？私事？游戏规则订清楚了，还要坚决执行：说好谈 5 分钟，时间到了就赶人，告诉对方，"我是玩真的！"

3. 提供工作表现的实时回馈。打电玩时你马上就知道是"过关"还是"Game over"，草莓族不习惯等待，一年一次绩效评估简直是不可思议！所以，当主管的最好能及时给予回馈，而且越具体、越明确越好。不要只说"还好"、"不错"，要具体告诉他们哪里好、哪里错、哪里可以更好，当然，能给予具体改进建议更好、怎么做可以更好。

4. 关注结果，别太在意过程。要草莓族"下线"离群索居是不可能的，公司可以封锁 MSN，总不能封锁 Internet，况且总会有新玩意问世，从 Blog 到 Plurk，从 Twitter 到 Facebook，防不胜防。其实又何必那么在乎员工上班时间上网呢？只要他在规定期限内完成规定的工作就好了，多一分人性管理，反而多一分向心力，因为你这个主管"很严厉"。

5. 留住心才能留住人。强调"个人主义"的草莓族最在意舞台和表现的机会，主管若能让他们觉得自己的专长和能力有用武之地，自己的特色受到重视和肯定，那么向心力就会转换成工作表现。如果这颗小草莓是"点子王"，让他加入创意团队或问题解决团队；如果这颗小草莓是"计算机达人"，让他负责简报或系统设计。总之，给他们机会，给他们掌声，他们就会给你成绩。

6. 扩大"工作—生活平衡"方案。草莓族的人生除了工作，还有一大块"生活"，所以给他们享受生活的时间，他们会回报更好的工作绩效。弹性工时是公司制度，"弹性工作"是主管职权。主管可以用"绩效导向"的领导方式，在日常工作中导入更多弹性和自主空间，让草莓族乐在工作，也乐在生活。

读者一定注意到了，上述分析和建议其实可以双向并行：主管要了解草莓特性，草莓也要配合主管的管理。各退一步，留给双方尊重和空间；再各进一步，创造双方合作与共事的基调——草莓族应该准备好上班了，组织也应该准备好迎接这代新人。

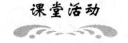

课堂活动

权威人物

一、目的

1. 分析自己与权威人物意见不合或有冲突时的典型反应。

2. 体验身为权威人物的感觉。

二、说明

1. 人数：现场分组。

2. 时间：约 75 分钟。

3. 材料：纸、笔。

三、程序

1. 老师根据"家中排行"，将同学分为"独生子/女"、"老大"、"中间子/女"、"老幺"组。

　·为了方便讨论，较大的团队可再分成小组，每一组最多 4~5 人。

2. 每组成员分享自己"与权威人物意见不合或与权威人物有冲突时的典型反应"。例如，面对父母、老师、教练、上司等权威人物的反应。

　·讨论 25 分钟，每组整理出一份清单。

3. 重复步骤 2，主题改为"你自己作为权威人物时，处理冲突的典型行为"，同样也整理出一份清单。

4. 每一组派代表与全班同学分享讨论结果。

5. 课堂讨论：

（1）每组之间有什么显著的差异？

（2）什么因素导致这样的差别？

（3）如何解释个人对待权威人物的反应与自己作为权威人物的行为两者间的关联？

（4）你惯用的冲突处理行为属哪一种？你知道自己习惯这样处理冲突吗？

（5）你想改变自己处理冲突的习惯吗？为什么？

基础题

1. 皮亚杰对于儿童期的认知发展理论有卓越贡献。请依发展时间先后，排列皮亚杰所提出的认知发展阶段。

2. 什么是依附？幼儿的依附类型主要可分为哪三类？并请说明内涵。

3. 请依序列出艾瑞克森心理社会理论的社会发展八阶段，并说明每一个发展阶段的危机或转机。

4. 你是否发现老人家总是怀念过去的美好，而感叹"老了没用"？请试着以艾瑞克森的观点说明这个现象。

5. 就像个体发展阶段，职涯也有不同的发展阶段。请简要说明舒伯（Donald Super）所提出的职涯选择模式（Model of Career Choice）。

进阶题

1. 家庭对孩子品格养成有极大的影响力。人在成年后进入公司、社

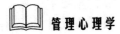

会，其人际互动方式常常是家庭行为的翻版。为了营造正向的家庭环境，需先有良好的亲子关系。你认为要如何建立良好的亲子互动呢？

2. 本章介绍了舒伯提出的职涯选择模式，你认为这个模式有性别差异吗？请思考女性可能的职涯选择模式？

心灵笔记

第7章 动机与情绪

幸福企业创造快乐生产力

《劳动法》规定工人每7日中至少应有1日为休息日，作为"例假"；此外，在同一雇主或单位，连续工作满1年以上未满3年者应给予7日"特别休假"，3年以上未满5年者给予10日，5年以上未满10年者14日。而纪念日、劳动节日及其他法定假日，均应休假。这些是上班族最引以期盼的休假日，可以暂时抛开公司的琐事，舒缓工作压力。不过，如果在上班时情绪"Down"到不行，实在提不起劲做事，该如何是好？"台风假"可遇不可求，上班族难道只能哀怨认命工作吗？

台北一家科技公司深知情绪对员工生产力有重要的影响，除了提供愉快、舒适的工作环境，更允许员工每月两次、每次两小时的"情绪假"，每月共计四小时。情绪假的起源是员工觉得"洗头很舒服，能释放压力！"该科技公司便与特定发廊签约，员工每次洗发可获得200元新台币补助，每月总计400元新台币。不过，考虑到"洗头"可能对男性员工没有帮助，因此衍生出下午茶的选择。员工可什么都不做，只请假去散步散心，主管都允许！情绪假随时可以提出申请，且不需理由，为的就是让员工通过情绪假化解负向情绪，平复之后再回到工作岗位。

缓和的情绪有助于工作专注，倘若再加上强烈的工作"动机"，相信工作效率与绩效必定倍数成长。举例来说，一心想成家的小李向交往多年的女友求

152

婚，原以为精心设计的惊喜能获得女友点头下嫁，但没料到女友竟说："现在经济不好，我们应该有多一点的经济基础再成家，等我们存到 100 万元再说吧！"100 万元？小李盘算着依照目前薪水加上年终奖金还要存好几年，还好公司推出的业绩奖金可加速这个目标的达成。因此，小李比以前更努力工作、更主动拜访客户，业绩一个月比一个月好，每每拿到绩效奖金都让他觉得自己离目标 100 万元越来越近了！这就是"动机"惊人的影响力。本章将先介绍动机的概念内涵、相关理论及其影响，而后说明"情绪"在管理心理学中的运用。以后在做任何事之前，不妨问问自己为什么要这么做呢？以及观察自己每日的情绪变化，你会发现动机与情绪在生活中无所不在！

7.1 动机的性质及理论

7.1.1 什么是动机

你是不是常常想把一本枯燥的教科书看完，却又对它完全没兴趣，因此只能再次放弃？追根究底，成绩不好的原因常常并非不够聪明，而是没找到启发读书的动机罢了。同样的，你在打工时总是提不起劲，觉得时间好漫长吗？等到发薪时才觉得怎么这么少？如果答案是肯定的，是时候思考自己工作的动机为何。若是想要获得更高的报酬，或许该考虑换个工作！

所谓动机（Motivation）是由特定目标引导和激发，并产生原动力推动个体行为的内在历程。个体因动机而从事某些活动、行为或学习，并维持已经引发的活动使之能持续进行。动机可用来解释人类复杂的行为。譬如，为什么上班族要逃班？为什么常常想添购新衣服？为什么每到月底总会听到隔壁部门主管破口大骂？动机是内在心理过程，因此，不能通过直接观察而得知。但是，我们可通过观察个体对任务的选择、努力的程度、行为的坚持性和言语表达等外部行为间接地进行推断，判断个体行为动机强度的大小。正因为动机的内隐特性，有些学者认为动机与学习行为有密切关系。如第 5 章认知学习论的学者，视动机是刺激与反应间的中介历程。但也有学者，如行为主义学者则强调外部环境条件对行为的制约性，视强化原则为引起和维持学习的基础，不重视学习者的内在学习动机。

动机的来源，可分为个体内在与外在两个层面，内在的心理需要或外在刺激都会促使个人产生动机，朝向某个目标前进。了解个人行为背后的动机，有助于对行为的矫正、训练与治疗等。以下是不同学者对于动机的看法。

7.1.2　动机理论

7.1.2.1　本能论（Instinctive Theory）

现今谈论的本能论是历经不断修正与更新而产生的共识。本能是一种先天的行为方式或倾向。早期的神经学家认为，只有动物才是受本书第 7 章动机与情绪到本能的引导，直到 19 世纪中，达尔文（Charles Darwin）提出进化论后，彻底改变了本能论的适用范围，认为人类与一般动物皆受到本能的影响，进而产生演化。本能就是不学而能。19 世纪末期，心理学家詹姆士（William James）在经过一系列研究后，首先提出了：人类比动物更依赖本能，而且这些本能都是具有目的性的惊人论点。他指出人类含有清洁、建设、好奇、恐惧、饥饿、嫉妒、谦逊、慈爱、幽默、忠诚、秘密、害羞、合群性、同情心 14 项本能。

本书第 3 章介绍过的心理分析学派大师弗洛伊德（Sigmund Freud）则主张，本能既没有意识上的目的，也没有既定的方向，人类最根本、最主要的本能是"生之本能"（Eros）与"死之本能"（Thanatos）。所谓生之本能是指维持生命和繁衍后代；而死之本能则表示再高贵的人一样会面临死亡。

7.1.2.2　驱力理论（Drive Theory）

下班后，刚与同事打完一场激烈的篮球赛，你最想要的会是：①喝一大杯凉凉的开水；②看一场电影；③坐下来看一本财经杂志？你的答案是否也一样是①呢？是什么原因让你我的答案相同？

有些心理学者认为，动机是身体内在的一股力量，称之为驱力。我们的生命有赖于某些事物保持恒常，即恒定调节（Homeostatic Regulation），如同前面所举的例子，假如，体内水分的比例升高或下降超过一定的百分比，你的大脑和身体可能会因无法运作而有死亡危险。这就是为什么当你我在流失大量水分后，都会很自然的选择喝一杯凉凉的开水。

有许多基本的动机，都直接帮助我们维持内在平衡。为了使我们的内在世界能处在足以维持生存的生理条件中，人体内具有主动的控制历程来维持恒定状态。当室外温度升高或降低 10 摄氏度时，我们只要脱去或穿上外套，就可以适应，但假如脑温下降 10 摄氏度，我们可能会失去知觉；更糟的是，假如脑温上升超过正常值 10 摄氏度，可能就会面临死亡。恒定控制包含心理和生理两个系统。生理反应如流汗、发抖是大脑温度能维持恒常的部分原因，这些生理反应提供蒸发时的冷却和肌肉活动时的热度。心理反应在你开始觉得不舒服时也有同样作用，你会发现自己想要脱衣服、喝冷饮或找个阴凉处。

7.1.2.3　觉醒理论（Arousal Theory）

上班的路上，你是否会很自然地戴上耳机听音乐？下班回到家后，尽管没有特别想看的节目，却也顺手打开电视机？你知道这些行为背后都是有动机的吗？

所谓觉醒理论，是指个人具有维持在某一警觉状态的动机。研究者曾经做过一个实验，让受试者生活在一个没有噪声、光线以及无法与外界联络信息的实验室，供应受试者充分的食物、饮水、舒适的床铺，并且可以四处走动、休息或睡觉。在这种感觉剥夺的情境之下，自愿接受实验的大学生，在进入第三天之后，大多数都受不了，产生愤怒、注意力无法集中甚至视幻觉的症状。

无独有偶，在美国有一间号称"地球上最寂静地方"的无声密室，消音效果高达 99.99%。无声密室原是为了那些需要在无声环境下进行研发工作的机构或公司所提供的专门服务。但他们发现，一般人只要在这间漆黑的"无声密室"中待上一会儿就会开始出现各种幻觉，而常人最多只能在其中待 45 分钟。当周围静谧无声，我们能听到的声音越来越多，像是心跳声、肺部的起伏和胃部发出的响声。在无声密室中，这些声音都成了噪音，让人无法忍受。除非你是 NASA 的航天员需要接受特殊的寂静训练，否则，一般人仍需要外在环境给予我们某种程度的刺激。

7.1.2.4　需求层级理论（Need Hierarchy Theory）

辛苦了一年，总算领到年终奖金了，该安排个海岛度假，好好放松，还是订个高级餐厅，犒赏自己一下？不过，好不容易有大笔现金，是不是该赶紧拿去缴房贷，减少负担呢？

为什么人们总是遇到困难的选择呢？为什么这些欲望都不会乖乖的排队，而总是一股脑地往前涌进？尽管如此，最后我们终究做出了决定，这些决定背后的动机有顺序吗？还记得本书第 3 章曾介绍过的人本心理学者马斯洛（Abraham Harold Maslow）提出需求阶层的动机理论吗？他将人类的需要分为五个层次，分别是生理需求、安全需求、爱与隶属需求、自尊需求、自我实现的需求。这些层次构成金字塔型，说明了人类动机的范围。马斯洛的需求层级就好像爬楼梯一般，只有踩稳第一级后，才会迈向

认真练球中……

动机，不单纯一样的行为，背后的原因却可能各有不同！

第二级。这五个层次的需求是循序渐进、不可跳级的，但大多数人均无法到达最高层次。

对于员工而言，生理需求如薪水、休息时间；安全需求如安全和不被胁迫的工作环境、工作保障、劳工保险、训练与发展等；社会需求例如和谐的人际关系、被关怀、有归属感的团队或组织；自尊需求不外乎头衔、赞美、表扬、奖励、加薪、升迁、参与决策、工作自主性、授权等表彰身份与成就的事物；自我实现需求即当人们四大需求皆满足后，就会追求精神层次的自我满足，达到自我发展的极限，其特性在于一旦被启动或满足，就能刺激出更多想要满足的欲望，是一种持续性的动机来源，因此一般人鲜少能在此阶段得到真正的满足。

当薪资太低或是安全感受到威胁时，员工们就会特别关心工作中的这些层面，因为他们需要满足基本的需求。当基本需求有所改善时，员工们就会开始比较重视主管的行为及其与主管们之间的关系。如果环境有大幅的改善，主管角色的重要性会降低，而工作的本质又会再度受到重视，此时工作对自我实现具有重要的意义，而不只是在满足基本的需求而已。而当人们在管理阶层中升迁时，由于较高层次的需求增加，他们也会因而被激励。因此对待不同需求层次的经理人，应该有不同的方式。

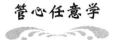

管心任意学

动机分析

许多老板都说职场上的某些有"三不政策"的特色：不好用、不耐用、不告而别。你能用马斯洛需求理论帮老板分析这些人的动机吗？是不是现有工作无法满足他们某一层次需求，所以产生这样的工作态度呢？也请你抒发一下这些人的心声吧！

想要与喜欢

风靡一时的 All you can eat（吃到饱）的饮食方式，是一个让我们辨别"想要"与"喜欢"很好的起始点！当我们分别把色拉区、主餐区、点心区吃过三轮，饱到不行时，看到服务生新端出来的菜色，还是忍不住起身再拿一盘。像这种索然无味的对食物搜寻，就是"想要"而不是"喜欢"！那什么是"喜欢"呢？喜欢是一种快乐的情绪，当我们历经"喜欢"的感受时，是可以从脸部或肢体辨别出来的，当我们真正在享受美食时，是会微笑的舔舔嘴！

这样的概念不只适用于饮食的范畴，我们也可以通过分析自己的购物习惯，我们对专柜名牌商品是"想要"还是真的"喜欢"。

7.1.3 常见的动机

7.1.3.1 成就动机

所谓成就动机，是指个人追求卓越成就的内在驱力。换句话说，成就动机是克服困难、追求高度成就、超越他人的意愿。这种动机相当于马斯洛需求理论中追求自尊的需求。

美国社会心理学家麦克利兰（David McClelland）指出，高成就需求者总是想要有一番作为，会精心选择具有适度挑战性的目标，不喜欢凭运气获得的成功，不满足于漫无目的。因此，他们很少盲目地接受别人（包括上司）选定的目标。心理学家阿特金森（J. W. Atkinson）认为，个人的成就动机同时来自对成功的期望和对失败的担心，并用数学的公式来说明。

成就动机的高低，受到生活经验的影响，例如，幼年生活贫困的人，在成年后较具有奋发向上的力量，努力追求成功以摆脱贫苦的生活。另外，个人成就动机也受到社会文化的影响，在竞争激烈的现代化大都市中成长，会无形中激发个人追求更高成就的意志。相反，在一些落后的国家中，人民过着日出而作、日落而息的生活，追求成就的动机就比较低。

7.1.3.2 亲和动机

个体在社会情境中，具有需要别人关心、友谊、爱情、别人认可与合作等的动机。亲和动机是在人与人相处时所表现的亲近行为的内在动力，属于社会性动机。马斯洛将亲和动机置于需求阶层的第三个层次。一般而言，女性的亲和需求高于男性，亲和需求较强的人，对别人较有同情心、关心与爱心，这种人热衷于各种社交活动，喜欢主动与人接触。反之，亲和需求较低的人，比较自我中心、我行我素、独来独往。亲和动机较高的人，通常人际关系比较好，因此，他们成为团体领袖的机会比较大。同时，他们也较适合从事与人互动的工作，像社会服务工作、业务、客户服务等。

在经过长期频繁互动后，个人与他人会建立亲密关系，并从中分享相处的乐趣，彼此相互依赖与相互影响。由亲和动机所产生的和谐人际关系，可以产生愉快与喜悦的情绪。反之，当个人亲和动机受到挫折时，可能产生愤怒、失望、冷漠以及忧伤的情绪。

7.1.3.3 权力动机

权力动机是指影响和控制他人的内在力量。不同人对权力的渴望程度也有所不同，高权力动机的外显行为包含健谈、直率、乐于演讲、善于提出问题和要求，但也喜欢教训别人。不令人意外的，这类型动机较高的人喜欢具有竞争性、能体现较高地位的情境，也会追求出色的成绩。但他们追求杰出的目的，并不为了个人的成就感，而是为了获得地位和权力。

权力动机究竟是天生还是后天学习的呢？学者大都认为权力动机是由社会学习而来。然而，心理分析学者认为，个人权力动机来自幼年时代，父母严厉的管教而使个人没有得到充分自由的结果。权力动机高的人，比较有机会成为各行业领袖，但也可能产生如心灵空虚、重视物质享受、假公济私、玩弄权术的状况。一般人的权力动机属于中等，而权力动机过低的人，易产生严重的自卑感，凡事无力与人竞争，很可能转向社会下层谋求发展，或安于听天由命的生活。

7.1.3.4　工作动机

工作动机（Work Motivation）会影响个体在工作场所的行为表现。其中包含三个主要功能：第一是产生能量（Energizing），个体行为受到例如环境的刺激、内在的记忆以及情绪反应等影响，产生出某种行为所需的内在力量；第二是指引方向（Direction），引导个体行为朝向目标，即个体会对某种情境特别投入心力，而在其他情境则不会这么投入；第三是持久（Maintenance），能维持个体长久从事某项工作。

在组织经营上，工作动机扮演了重要功能，它能引导部属或员工去完成工作上所期望的成果。工作动机是个人愿为组织目标尽最大努力的意愿，其中包含三个要素：努力的程度、组织目标及个人需求。换句话说，管理实务上可以通过某些运作刺激员工需求（Needs），使员工产生行为动机（Motive）进而产生和组织目标趋于一致的行为（Behavior）。

因此，工作动机是一种心理状态，而且这种心理状态会影响工作情境中行动的动力、趋向以及持久性。工作动机也是一组起源于个体内或外的推动力量，引发与工作有关的行为并决定其形式、方向、强度及持续时间。换句话，工作动机是个人对某项工作决定其是否要努力、努力多少及努力多久的指标。

管心任意学

工作动机的理论与应用：目标设定论与目标管理

一、目标设定理论（Goal - setting Theory）

有关工作动机的理论相当多，我们特地介绍近年来在实务上十分热门的目标设定理论与目标管理。目标设定理论由洛克（Locke）提出，基本假设是：人们是理性且有意识地在行动。此理论关注个体于意识状态下设定的目标、意图与任务表现之间的关系，并且主张意识状态下的想法会调整一个人的行动。所谓"目标"，是指个人有意识地想获得某事物，特别与未来的目的有所关联。因此，目标具有下列两个功能：其一，目标是动机的基础，同时它也引导个体行为，因此它是有方向性的行动；其二，在决定到底要为工作付出多少努力时，目标提供准则依据。而目标要产生影响力，须符合两个条件：①个体必须觉察到目标，并且必须清楚了解要达到的目标为何。②个体必须接受目标。换句话说，这些目标必须是个体愿意去做的事情。目标是一种行为上的意图，它将我们的精力引导至某个方向。目标越困难、越明确，成就目标的动机就越强烈，而此时动机的来源，便是想要达成目标的欲望和意图。

二、目标与绩效的关系

1. 明确且具挑战性的目标。洛克认为，当员工具有足够的能力，同时主观上愿意接受被指派的目标，且在达成目标的过程中，能够得到主管的支持与回馈，并在达成目标后会获得酬赏，此种明确且具挑战性的目标会比简单不明确的目标容易产生较高的绩效。

2. 回馈的多寡与性质。在追求目标时，绩效方面的回馈可以让我们知道自己的努力是否"对准目标"。因此，目标设定理论不同于其他动机理论的地方在于，它特别强调行为的方向。

3. 目标设定的自主性。被指派的目标和自我选定的目标对于个人的工作表现会有差异性的影响，通常后者的绩效较佳。

三、目标管理（Management By Objectives，MBO）

目标管理是一套实用的管理工具。它以"目标设定"（Goal Setting）的概念作为基础，是一种通过目标设定而提升工作绩效的技术，并假设员工皆会主动地追求目标的达成。在实施上，可由工作者以及他的上司一同讨论，为工作者的绩效设定目标。由于工作者也参与目标设定的过程，因此工作者对目标的承诺会比较大。在这个目标管理的过程中，最重要的是"沟通"、"充分讨论"与"达成共识"。

欲实施目标管理，大抵可遵循如下步骤：首先确定组织、部门与小组目标。其次与当事人沟通并确认其职责，建立有效的衡量指标。最后定期检讨成效，并在预期目标未达成时立即采取相应的矫正措施。这样的检讨至少半年要做一次。

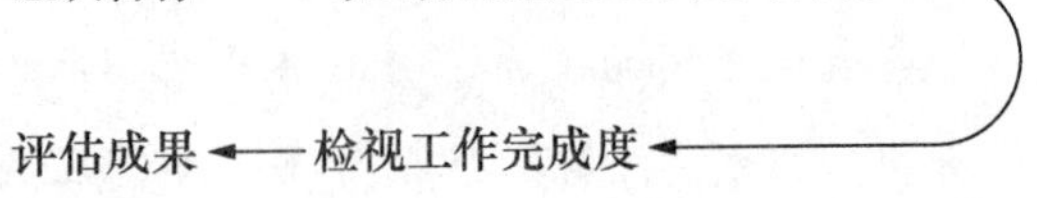

组织目标 → 与主管沟通建立个人的目标 →

评估成果 ← 检视工作完成度 ←

图7-1　目标管理流程

7.2　情绪

　　范进不看便罢，看了一遍，又念一遍，自我把两手拍了一下，笑了一声道："噫！好了！我中了！"说着，往后一跤跌倒，牙关咬紧……又拍着手大笑道："噫！好了！我中了！"笑着，不由分说，就往门外飞跑，把报录人和邻居都吓了一跳。走出大门不多远，一脚踹在塘里，挣起来，头发都跌散了，两手黄泥，淋淋漓漓一身的水。众人拉他不住，拍着笑着，一直走到集上去了。

节录自《儒林外史》

　　上述是《范进中举》的课文内容，范进意外中举后产生的从笑了一声、拍手大笑、往门外飞跑到一脚踹进池塘等行为，都是强烈情绪表达的最佳写照！

7.2.1　情绪的成分

　　强烈的情绪表达包含四个共同成分：第一，个人认知的评估，此指我们对接收到的信息进行评估、分析和解释。正如范进看到榜单时，不可置信的先看了一遍，又念了一遍。第二，生理反应，如范进先两手一拍，接着又拍手大笑。第三，表情反应，例如，当你感到厌恶时可能会皱眉，而范进大笑道："噫！好了！我中了！"那兴奋的笑容就是因情绪而产生的表情！第四，对情绪的反应倾向，是指当人们经历某种情绪时所表现的一组行为倾向，如范进在知道中举之后的产生拍手、大笑、跌倒、一脚踹在塘里，挣起来，头发都跌散了，两手黄泥以及淋了一身的水等，就是一组行为倾向。

　　上述每个成分本身都只是行为，而不是一种情绪，但若将所有这些成分加以组合，即可产生某一特定的情绪。此外，每种成分会影响另一种成分。例如，你对情境的认知评估会导致一种特定的情绪，假若范进坚持认定榜单只是哄他开心的幌子，就不会有接续的行为了。研究情绪的学者喜欢以系统的观点来探讨情绪，主张某情绪的各成分间是彼此有相互影响的。真正重要的问题是，每个成分详细的性质及成分彼此互相影响的特殊

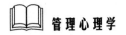

机制。

7.2.1.1 情绪的生理激发

每次在看惊悚电影时，自己的情绪总随着电影情节不断高涨，每到紧张处，就觉得心脏狂跳，好像要迸出体外般，这是为什么呢？当我们在经历一种紧张的情绪如恐惧或生气，我们会察觉到身体不自主地产生的一些变化，包括心跳加快、呼吸急促、喉咙紧缩、嘴巴干燥、出汗、发抖和胃部无力感。这些由情绪所激发的生理变化，是自主神经系统适应身体面对紧急行动时所准备的交感神经活动。交感神经系统负责下列的变化（这些变化不需同时发生）。

（1）血压和心跳的增加。

（2）呼吸加速。

（3）瞳孔放大。

（4）汗液增加而唾液及黏液分泌减少。

（5）血糖增加以供给更多能量。

（6）受伤时血凝结加速。

（7）血液从胃和肠流向大脑和骨骼肌。

（8）皮肤毛发竖起，引起鸡皮疙瘩。

交感神经系统促使有机体能量输出。当情绪平息时，则由副交感神经系统取代，并将有机体恢复到正常状态。

7.2.1.2 情绪与认知的关系

当隔壁部门的同事与你擦肩而过时，没给你一个微笑或友善的招呼，你或许不会有特殊的感觉；但，当你的好朋友和你在走廊上相遇，却视若无睹、快速通过时，你是不是会感到疑惑、难过甚至紧张，自己是不是哪里得罪了他呢？当我们经历一件事或一个行动时，我们会对事件的过程与结果加以解释。这个解释便是所谓的认知评估。我们对情境的认知评估，会影响我们情绪经验的强度。

评估理论认为"个人对情境的评估"才是引起情绪主观经验，以及与该情绪有关生理激发的主因，意即所有情绪都是因为评估而来。认知评估确实对情绪的区分起了很大的作用。当我们描述情绪的本质时，我们也会带入认知评估，例如，"我觉得生气是因为她不公平"或"我觉得害怕，因为我被弃置不顾"，"不公平"和"抛弃"的信念显然是从认知历程而来的。

但是否有不含认知评估的情绪？例如，你忽然被打了一巴掌，而在你解释这个事件前，也许已经先体验了情绪（如惊讶、愤怒等）。这项论述已得到生理学研究的支持，在大脑里有一个结构叫杏仁核（Amygdala），它是位于大脑下部小小的、杏仁形状的团块，可记录情绪反应。因为有记录，所以杏仁核可能在大脑皮质（Cerebral Cortex）认知反应前便有了警戒，这表示我们在思考前便有感受。

7.2.1.3　情绪和行为的关系

你知道除了脸部表情外，我们也可以通过观察他人的身体语言来判断他的情绪状态。当一个人握紧双拳，却声称："不，我一点也不生气"时，请不要轻易相信他没有生气！个人通过身体各部位的动作，代替语言来表达其情绪，这种表达情绪的方式，称为身体语言（Body Language）。其中脸部是表达情绪最主要的部位，例如高兴、生气、悲伤、惊讶、讨厌与恐惧六种情绪，在脸上表露无遗。

在人与人相处的情境中，彼此熟悉者会靠近一点；反之，彼此不相识者会保持距离，这种人际距离可以显现情感亲疏的情绪。个人企图拥有一定的空间，防卫外人侵入而产生不舒服的压迫感。个人空间的大小，会影响个人的情绪。例如，搭乘拥挤的电梯或公共汽车上，大都会产生不愉快的情绪。

7.2.2　情绪表达与情绪状态

7.2.2.1　情绪表达

试想当主管在你面前露出愤怒的表情时，你是不是会想赶紧闪远一点，免得扫到台风尾？又当他露出快乐的笑容时，你是否也会想跟着他一起笑呢？我想是的！重点是因为：你能读懂他的面部表情！

达尔文曾在《人类与动物的情绪表达》中指出，人类和其他动物的情绪表达，也是历经演化而来的，而这些演化都是为了要适应外在环境而产生的形态。依照这个观点，可以预期我们能在不同文化背景的人们身上，观察到相同的情绪表达方式。艾克曼（Paul Ekman）是研究情绪的专家，他发现尽管经过不同国家文化洗礼，人们对于辨识快乐、悲伤、惊讶、恐惧、愤怒和厌恶六种表情的能力是相同的。实际上未曾接触西方文化的偏远部落成员（如新几内亚的佛尔和丹尼人），也能正确地判断西方人的脸部表达。换言之，这六种情绪的辨识度都很高，所以这些脸部情绪表现可以说是一套跨文化的基本情绪。

虽然大多数有关脸部情绪表达的研究都支持情绪具有文化普同性

（Cultural Universals），但这并不表示特定情绪的表达方式只有一种，或者只表现在脸上。艾克曼也曾通过让美国和日本人观看让人痛苦的影片的实验，提出情绪表达具有文化差异性（Cultural Diversity）的证据。当两组研究参与者认为自己并未受到观察时，皆显示出极端厌恶的脸部表情。然而，当参与者认为自己被人观察的时候，美国人仍然表现出厌恶，但日本人则否。其原因是，日本文化并不鼓励人们表达强烈的情绪。

同时，文化也会影响甚至改变情绪的表现。表情规则（Display Rule）是一组有关情绪表达的文化规范，让人们知道如何去修正自己的表情，并在合适的社会情境中展现适当的表情。正如电影《父后七日》中所描述的，女主角阿梅面对丧父之后的"孝女、诵经团、折莲花、香炉里以烟代香、何时不能哭、何时得大声哭、何时不能落泪、何时得落泪"的文化习俗，恐怕不是其他文化能理解的！

影响情绪表达最重要的文化因素之一，为集体主义和个人主义的文化差异。个人主义文化（如美国），通常视"个人"为关键的社会组成单位，每个人都拥有各自的目标、成就和行为，并且不一定要和团体成员相同。相对地，集体主义文化（如中国台湾）则以"团体"为认同的来源（例如个人理所当然地被视为是家庭的一分子），且个人的行为、成败容易受到团体内其他人的影响。

研究指出，相较于个人主义文化，集体主义文化较致力于压抑负面情绪的表达，但他们对负面情绪却更敏感。在个人主义文化下，个人成就会让自己最高兴；集体主义的成员在感觉到团体成员之间有亲近或和谐的关系时，才是最常感到并展现高兴的时候。

管心任意学

艺止"七情六欲"！

Ekman研究指出，人可以有5000种以上的微妙表情！请再想想小叮当还可以有哪些表情呢？

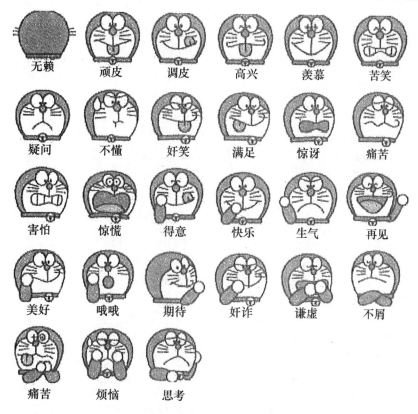

无赖 顽皮 调皮 高兴 羡慕 苦笑

疑问 不懂 奸笑 满足 惊讶 痛苦

害怕 惊慌 得意 快乐 生气 再见

美好 哦哦 期待 奸诈 谦虚 不屑

痛苦 烦恼 思考

（图片源自网络 http：//www. design5. cn/sc/201004/3583. html）

7.2.2.2 情绪状态

处在一种情绪下，有时使人精力旺盛，但有时却会使人崩溃，造成这两者差异的原因，是经验的强度、经验的个体和时间长短的影响。经验的强度是指轻度水平的情绪激发会使人对目前的情境产生警觉和兴趣，而当情绪变得较强时不论愉快或不愉快，通常会导致对思考或行为的破坏。图7－2表示一个人情绪激起的水平和其工作效果的关系：在情绪激发水平很低时（如刚起床时），我们对感觉信息的注意还未苏醒，工作表现相对地较差；轻度水平的激发，工作表现会最好。激发水平过高时，表现开始下降，可能是因为我们不能将足够的认知资源放在工作上。一个简单易学的例行工作（写自己的名字），比一个需要整合数种思考历程的复杂行为（跟着柯南一起推理），更不容易被情绪激发破坏。在强烈恐惧的时刻，你可能仍会写对自己的名字，但不能好好进行推理。

强烈的情绪有时不会很快解除，而会持续维持；使人愤怒或害怕的情境，可能会持续很长一段时间。虽然伴随愤怒和害怕的生理变化，或许可以适应，但若持续太长时间，则会耗尽我们的能源甚至引起伤害。因此，长期紧张的激发会造成个体健康的伤害。

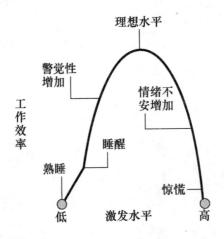

图7-2 情绪激发与工作效率的关系

吐苦水，真的有用吗？

当我们遇到烦恼时，总习惯找个人吐苦水，讨论着：为什么他不打电话来、我该和他分手吗等感情问题。手机简讯、Facebook 和 MSN 等现代沟通手段，更是强化了朋友之间的交流和沟通。

美国密苏里州立大学的研究人员用"共同反刍"形容过分沉迷和讨论同一个问题的行为，这种行为在女性，特别是年轻女孩当中非常普遍。研究显示"不健康的情绪会互相传染"，这类不就事论事的"共同反刍"会将女性困在负面的思维模式中无法自拔。所以除了吐苦水外，记得要把焦点放在解决问题上！

心灵专栏 —知己篇

心理测验：EQ 测温表

请根据您实际的情形，勾选最适当的选项。

1表示很少或几乎不；2表示少；3表示有时候；4表示普通；5表示

166

常常或几乎是。

1. 我能很快地觉察到自己正在生气。

2. 我知道自己生气时的表情和行为。

3. 我能清楚地区辨自己不同程度的高兴情绪。

4. 我能分辨难过和生气这两种情绪的不同。

5. 我能清楚地说出自己的烦恼和情绪。

6. 我愿意对别人表达自己的心情。

7. 我能以适当的表情来表达自己喜怒哀乐的情绪。

8. 我能够运用各种方式有效地处理自己的情绪。

9. 如果办公室的同事没有邀请我一起去玩, 一定是因为他们不喜欢我。

10. 生活中别人忽略我, 是因为我不够好。

11. 我觉得自己的某些行为是过去经验造成的, 所以无法改变。

12. 我会做些事情来奖励自己的表现。

13. 我能从别人的肢体动作中了解到他的情绪。

14. 我能从别人的表情了解到他的情绪。

15. 我能从别人的话中了解到他的情绪。

16. 我能了解别人话中背后隐含的想法与感受。

17. 当别人说他烦恼时, 我能有"感同身受"的体会。

18. 我能把别人话中的想法和感受, 用自己的语言表达出来。

19. 当别人的想法和我自己不同时, 我能够接纳他的观点。

20. 我能设身处地从别人的角度来设想事情。

一、计分

9、10、11 题反向计分, 1 = 5, 2 = 4, 3 = 3, 4 = 2, 5 = 1 将所有的分数相加。

二、评语

1. 45 分以下者, 加油! 多了解别人的感受和想法吧!

2. 45 ~ 65 分者, 了解自己又能察言观色是你的优点, 不过, 有时要多给自己肯定!

3. 66 ~ 85 分者, 恭喜你, 爱自己又关心别人, 人见人爱!

4. 85 分以上者, 太厉害了, EQ 满分!

7.2.3 常见的情绪

7.2.3.1 同理心

古代晋惠帝执政时，天灾人祸不断，很多老百姓没饭吃，活活饿死。惠帝听见臣下报告这件事，同情之余却大惑不解地问道："何不食肉糜？"意即那些饥民没饭吃，为什么不用碎肉煮粥来吃呢？场景换到现今职场，中国台湾工时之长世界第一，忙碌于工作与家庭两端的员工，即使加班也总是有做不完的工作。主管看到这个景象表示："没关系，可以把工作带回家继续做！"问题是，回到家时间就被孩子、家务占据，哪来的时间完成工作呢？

同理心（Empathy）是通过想象自己正处于别人的角色或位置，设身处地的思考与行动。例如，听到生还者叙述着天灾所造成的损害，看到战争或恐怖事件引起的惊人灾难，或是听闻受到不公平裁员制度的员工控诉时，我们都可能感到哀伤，甚至流下眼泪。反之，在阅读一个伟大的、成功的故事时，我们可能也会有开心及成功的感觉。因此，同理心的角色假想是能引起人们防止更多不幸发生，或是完成一项伟业的动机。同理心的能力与观察者的特性及情境都有关。研究发现，每个人在解读、理解及响应他人的情绪与行为上，确实有非常大的差异。而那些精通此道的人，大都是高情绪智商的人。

一般人都认为，母亲比父亲更能知道小孩内心不舒服的感受，隐含着女性应是孩童的主要照顾者，故女性应好好照顾家庭和小孩而非就业。但近来的研究则显示：两性的同理能力并无差异，反而是在社会化的过程中，教导两性如何运用同理心的方式造成了性别差异。若"当一个好妈妈"对女性而言是一个重要的认同，而同理心的测试又能显示出个人是否具备当好妈妈的核心能力，则女性自然就会非常专注在同理心的测试中。反之，对男性而言，同理心并非重要的认同，因此当他们被告知正在被测试同理心时，并不会因此更努力表现。

7.2.3.2 爱

你赞成"男女之间没有纯友谊"的说法吗？你与最好的异性朋友间是否被认为游走在爱情与友情之间呢？别再烦恼了，以下就要告诉大家，"爱"是宽广、有很多种类的，千万别陷入爱与不爱的二分死胡同！

管心任意学

钱，不是唯一

Motivation，称为"动机"也可以译作"激励"。任何能赋予员工强烈动机的方法，都可纳作组织激励方案。"好好干，做出成绩来，我给你加薪！"老板总爱用这样的话来激励员工；到了年终，眼看景气的春燕迟迟未现芳踪，上班族开始忧心年终奖金还能领多少。这样的戏码在职场日复一日地上演，大家渐渐忘了：工作不只是为了钱！国内外学者的调查研究早就告诉我们：员工上班所追求的，除了"物质酬赏"，还有"发挥能力"与"融入社会"。人力资源主管要切记此三项员工的基本需求，才能设计出全方位的员工激励方案，避免金钱的边际效应，有效地管理员工的工作士气。

我们以某家金融业组织的激励制度为例，说明企业主除了传统的加薪、发奖金之外，还能做什么以激励员工。

1. 认同员工方案：优秀员工选拔。

（1）目的：奖励中/基层内勤员工的优秀绩效表现。

（2）进行方式。

1）初选：每位部门主管最少可提名一人，依据主管所辖员工人数，核定不同的提名名额。

2）复选：由全体内勤员工进行投票选出，得票最高的前五名为当选人。

（3）奖励：提名接受公会年度优秀从业人员表扬，并获得奖牌及奖金。

2. 认同员工方案：点子工场创意活动。

（1）目的：通过员工讨论，提出改善各处室作业流程或者增加业绩量的各种创新的营销提案。

（2）进行方式：以各处室为提案单位，入围的提案将以半年为执行期，并于明年7月的主管会议中简报其执行结果，由主管进行评分（评分标准：效益——30分；创意——30分；可执行性——25分；可受惠范围——15分）。

（3）奖励：前三名及优等奖可获得奖金。

3. 变动薪酬方案：利益共享制（Profit Sharing）。

（1）目的：以发放变动奖金的方式激励中/高级主管。

（2）进行方式：人资部每年会依据公司业绩及 VNB（Value of New Business）、主管职务性质、职等及绩效考核成绩，制定不同的奖金标准送请总经理核准后适用。每年3月发放上一年度绩效奖金给主管。

4. 技能薪酬方案：

（1）多元的薪酬架构。

1）目的：根据不同的核心职能，设定三种薪酬架构（一般、信息、精算），反映不同职系的特性，吸引不同职能的专业人才。

2）进行方式：依照不同职系，核定新进员工的薪资。每2~3年重新检视薪资架构是否合理且具市场竞争力。

（2）明订晋升条件。

1）目的：为提升员工的专业及英语能力，规定拟晋升的员工，除考核成绩需达到一定标准外，另需通过专业考试及 TOEIC 测验。

2）进行方式：基层员工晋升，需通过专业考试。基层（含）以上至副理以下员工晋升：TOEIC 成绩需达到450分。副理（含）以上基层员工晋升：TOEIC 成绩需达到600分。

3）奖励：若员工通过专业考试，除补助报名费外，另提供奖金。员工 TOEIC 成绩达600分，也可获得奖金。

全方位的员工激励还有许多策略与管道，前述企业案例仅是部分实例。其实，很多人在选择工作时，真的是将"奖励、福利"列为前面的选项呢！回归本章的重点，动机因人而异，组织在提供诸多奖励与福利之前，务必要打听清楚，员工要的是什么，才不会白费力气！

爱是一种社会联结的情绪，更适切地说，它是一组与人有关的情绪。不管是哪一种爱，它都是天生的社会性情绪。爱至少涉及两个人的情绪，而爱的类型及爱的经验，都与被爱者及其对爱的回应有很大的关系。朋友与伴侣间的爱是不同的，青涩的初恋男女朋友与结婚30年夫妻间的爱也有很大的不同。史丹博格（Robert Sternberg）提出爱情三角理论，认为爱情有"亲密"、"激情"及"承诺"三个主要的成分，并更进一步根据这三种成分的有或无，定义出八种不同类型的爱情。预知详情，大家可参阅本书第10章的介绍与说明，再来检视你与他人的"爱的关系"属于哪一种吧！

7.2.3.3　攻击

刚在会议上被主管炮轰，把口袋中仅有的几元硬币毫不犹豫投进售货机，想让自己冷静一下。没想到，几元硬币就这么一进不出，不仅没有冰凉的饮料，又损失了几元钱，真是赔了夫人又折兵，越想越气，忍不住踹了售货机几下。你是否也有这种攻击的经验呢？

（1）攻击是一种本能。动物学家劳伦兹（Kornad Lorenz）在长时间观察人类和动物行为后，认为攻击是一种经过演化的本能。而根据弗洛伊德早期的心理分析理论，人们许多行为是由本能决定的，特别是性的本能。当这些本能的表达受挫折时，便会引起攻击。后来心理分析传统的理论家则将之扩展成挫折——攻击假说（Frustration—Aggression Hypothesis），而有下列的主张：不论何时，一个人达到任何目标的努力受阻碍时，便会引起一种攻击的驱力，而导致个体表现出伤害引起挫折的障碍（人或事物）的行为。这个假设有两个重要的部分：通常引起攻击的一个原因是挫折；另一个原因是攻击有一种基本驱力的属性，是能量的一种形式，会持续行为到目标完成为止，它也是一种天生的反应（饥饿、性和其他基本驱力都有这种属性）。

（2）攻击是一种习得的反应。不同于"攻击是因挫折而产生的驱力"的看法，社会学习理论（Social Learning Theory）提出，攻击可以通过观察或模仿学习而产生，且越常被增强，则越可能产生。人们会因为目标受阻，产生挫折，经历不愉快的情绪。这个情绪引起的反应，则因个体学习用来适应压力情境反应的类别而不同，可能的行为包含寻求他人协助、攻击、退缩、更加努力克服障碍、用酒精或药物麻醉自己。个人会选择过去化解挫折最为成功的方法来适应。根据此观点，在曾经学习对恶劣情境采取攻击行为反应的人身上，挫折才会引发攻击。

许多研究显示：攻击就像其他任何反应，是可以通过模仿学习的。托儿所的幼童在观察成人对一个大的充气娃娃表现各种形式的攻击后，模仿了许多不寻常的成人动作。研究发现，观察真实或影片中楷模的攻击，会增加观看者攻击的可能性。这也可以部分解释为什么一个常被父母严厉惩罚的孩子，比一般儿童更具攻击性。此外，曾有一阵子流行在公司中设立"出气室"，让员工抒发负向情绪，像打击沙包、射飞镖、砸玻璃/瓷器等方式。这个方法虽然快速有效，但后来公司也发现，员工生气后的攻击行为越来越严重，甚至从出气室漫延到办公室之间。通过亲身体验、同事学

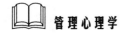

习环境鼓励, 都形塑了员工的挫折攻击行为。

7.2.4 情绪智商

你认为 IQ 影响事业成就的比例有多高?

(A) 50% 以上　　(B) 30% ~ 49%　　(C) 20% ~ 29%　　(D) 10% ~ 28%　　(E) 9% 以下

答案是　4% ~ 10%

摘自: 未来在等待的人才

情绪智商 (Emotional Intelligence Quotient, EQ) 这一概念是美国耶鲁大学心理学家塞拉维 (Peter Salovey) 和新罕布什尔大学的梅耶 (John Mayer) 于 1990 年首次提出的, 指的是个人对自己情绪的把握及控制、对他人情绪的揣摩及驾驭, 以及对人生的乐观程度和面对挫折的承受力。高曼 (Goleman) 是将 EQ 发扬光大的人, 认为 IQ (智力) 确实影响到一个人的职业选择。不过一旦进入某个行业, 反而是那些不易量化的高感性、高体会能力变得比较重要, 如想象力、乐观以及社交能力。

对自己和他人情绪的评估能力是最基本的情绪智商, 也是决定一个人情商高低的关键因素。这一点对人际交往来说十分重要。高 EQ 者之所以受欢迎, 在于他能及时、准确地对他人和自己的情绪做出准确的判断, 并在此基础上随机行事, 调整自己的言行。而低 EQ 者则因对人对己的情绪无法及时有效的了解, 在现实生活中很容易制造不快, 处处碰壁。

高曼所出版的大众化书籍《Emotional Intelligence》, 引起了很大的轰动。他认为 EQ 由以下五个向度组成:

(1) 认识自身的情绪。自我觉察 (Self - awareness)。

(2) 妥善管理情绪。自我规范 (Self - regulation Regulation)。

(3) 激发个人的潜力。自我激励 (Self - motivation Motivation)。

(4) 感同他人的情绪。同理心 (Empathy)。

(5) 人际关系的管理。社会技巧 (Social Skill)。

想知道你的情商有多高吗? 请做一下本章末的 "EQ 测温表"。有关情绪于管理心理学中的应用, 本书第 14 章将有更多介绍。

管心任意学

看电影学心理学：《星星的孩子》（Temple Grandin）

本片为一个畜牧科学博士 Temple Grandin 的自闭症告白，为什么片名取为《星星的孩子》呢？因为女主角那颗不明白"感觉"是什么？"流泪"是什么？"拥抱"美好在哪？麻木僵化的心，就像星星的孩子，被封锁在另一个星球上，不为世人所解。她不懂我们的语言、我们的行为，但也同时拥有不平凡的脑袋及思考。的确，她不懂得温柔，无法付出爱，不能忍受拥抱。但她那超乎常人的专注力、特别的视觉记忆，在人群中显得十分奇特，与众不同。在多风多雨的生命旅程中，她用仅存的稀微感知，一次次拨开云雾，贴近人心，学习爱与聆听。

这一条充满荆棘与不被谅解的路上，有多少人用了"同理心"看待她呢？若当初母亲强迫她当个温顺乖巧的女孩，逼迫她接受人群拥抱，当个"一般人"，那她就不会成为她自己，不会取得畜牧科学博士学位，成为一名大学教授。让我们也试着用"同理心"理解他人吧！

心灵专栏 —知彼篇

共创职场有情天——管理他人的喜怒哀乐

小盈接到一项新任务：规划并执行一项训练项目。客户是一家知名的国际公司，这样的项目一般是交给有多年资历的"老鸟"，像小盈这般"出道"不到一年的"菜鸟"接到这么大的项目真是受宠若惊，对上司的器重和提携十分感动。不过，兴奋之余，隐隐地也有些挥之不去的焦虑，毕竟这是"第一次"呢！

小盈全神贯注地投入了项目的工作，约会、社交、休闲都暂时放在一边。当工作进展顺利时，小盈满心欢喜，兴奋与自豪溢于言表；当工作遇到困难时，小盈的情绪也沉入谷底，害怕、担心、挫折感油然而生。

好不容易，项目完成了。小盈自觉相当成功，满心骄傲，当然也有如释重负的感觉。当晚约了被冷落多日的男友，好好地庆祝了一番。

第二天，小盈把完整的项目工作报告连同客户的回馈表一起交给了上司，心里早就想好了上司褒奖时自谦的"台词"。孰料，上司对小盈夜以继日的努力和项目的成果全无半句赞赏之词，却在小盈的报告中挑了几个无伤大雅的小错误。

走出上司的办公室，小盈满腔怨恨，觉得自己的努力被剥削，成就被看轻。期望与现实的落差是如此巨大，小盈愤愤地想："这样冷漠无情的上司，我再也不会为你卖命了！"

自此，小盈不再自告奋勇做任何额外的工作，心情低落，对上司、对工作、对公司都日渐失望，常常想换工作，又开始认真地查阅求职广告，并着手更新自己的履历表。

小盈的遭遇让你很深思吧？虽然，我们常说现代化的组织应是个理性、非情绪化的地方，现代社会的职场也强调组织规章、程序理性和工作效率，但都把"情绪"拒之门外，绝口不提，似乎这些原始的、非理性的"情绪"与规划有序、注重效率、专业和公事公办的职场是格格不入的。事实上，我们还是会因升迁成功而雀跃不已；经济持续低迷时，我们都会因裁员传闻而惶惶不可终日；我们会因敲定一笔合约而兴奋骄傲；因上司独揽大功而愤愤不平，也因同事的出色表现而倍感威胁和嫉妒。That's life！

人非草本，有人的地方就弥散着种种情绪。有的人天生敏感，芝麻绿豆的小事皆会引发情绪崩溃；有人则坚韧不拔，身陷逆境犹能处之泰然。职场情绪有好有坏，有收获，也可能有代价。情绪在工作中的好处常常显而易见：高亢的工作情绪有"传染性"，办公室的欢笑和愉快情绪能提升工作士气是毋庸置疑的；因工作成就而引发的兴奋和喜悦则会成为进一步努力的动力，进而诱发一个对个人、对公司都有利的正向循环。不过，情绪也是一把双刃剑，它的有害之处也常常相当严重：过度兴奋常会局限个人的思考和判断，而导致轻率的决策，或漏失重要的信息；强烈的愤怒会损及职场上的人际关系，如"办公室暴力"的情形在不景气的低气压中更易引爆；不过，长期压抑愤怒和不满的情绪对个人的身心健康也深具杀伤力，严重如癌症、忧郁症可能均与压抑、愤怒的习惯有关。

鉴于此，职场情绪需妥善处理，以帮助员工完成其工作要求，同时又避免不当的情绪行为造成不良影响。身为主管，尤其是第一线的中低级主管，若能以娴熟的社交技巧，在日常的人际互动中有效管理甚至运用下属的各种情绪，一则能维持职场的秩序和正常运作，二则能强化团队的凝聚力和生产力，也有助提升每个人的身心健康及工作质量。当然，本篇故事

174

中小盈的上司若能适当地给予小盈鼓励、肯定和激赏，小盈对公司的认同感乃至对上司的亲密和信任感必会大大增加，而公司也可免于损失一位有潜力的员工。

基本上，职场情绪管理的策略无外乎两大类：改变外在环境或改变个人对这些环境的看法，此所谓"改变可以改变的，接受不可改变的，并有足够的智慧去判断何者是可以改变的，何者是必须接受的"。简单而言，职场情绪管理可遵循下列七大原则：

一、先处理情绪，再解决问题

当人在情绪中沉浮时，是不太可能理性去面对问题或解决问题的。所以，首要之务是降火气、平情绪。此时可用"反应性语句"来鼓励员工承认并讨论自己的感受，这种技巧源自罗杰斯的非主导性咨商理论。主管可以说："你似乎对……不太高兴"或"……好像让你有些心烦"，这样的开场白打开僵局，发现员工真正的感受并开启讨论之门。主管也可以主动道歉来化解员工的敌对情绪。道歉并非软弱的表现，也无损主管的威仪。相反的，适当且诚挚的道歉不仅能给予员工所渴望的公平正义，也能增强员工对主管的信任及亲密感。

二、避免火上加油

若要化解员工的负向情绪，主管应切记避免使用情绪化的语言，如指责员工"愚蠢"、"没用"、"工作没有成效"之类的批评和贬驳之词，只会对员工的不良情绪火上加油。另外，千万不可"以牙还牙"，用情绪响应情绪只会造成彼此强化恶性循环：我们不是都有过这样的经验吗？我们会对某个同事生气是因为他先生我们的气！

当然，"硬碰硬"也并非好方法，"别这么孩子气！""你生气也没有用啊！"听到这些话的人只会更生气或沮丧，只不过他们会尽力掩饰罢了，尤其是面对主管的时候。因此，主管自认是坚决明快的干预，其实只是让员工更觉疏离和孤立，也更破坏了他们之间的关系。

三、积极行动以排解负向情绪

主管要帮助员工消除负向情绪，最好用"同理心"而非"同情心"。所谓"同理"，是设身处地，用非判断性的提问及回馈反应，让对方知道他们的想法和感受有人懂。概言之，"你的感觉，我懂"。适当地运用同理的技巧，也能鼓励员工正向、有建设性地面对问题。

所谓"同情"，则是意识到别人的需求和痛苦，并强烈地想要帮忙排解的欲望。同情者常无意中鼓励当事人陷在情绪中，"你好可怜，真惨啊，难怪你要放弃了"，如此的劝慰其实只是肯定了当事人对情绪的解读而已。

其他"灭火"的方法还有：允许员工表达难以控制的情绪，将情绪反应"正常化"、"如果换成我，我也会难过"；也可以喊"暂停"，暂时中止谈话，另约时间，在情绪冷却后再谈。

四、认清各种情绪的差异

如果我们要管理好自己或别人的情绪，首先必须了解诱发某种特定情绪的情境特性及维持此种情绪的机制。例如，三位员工都没有得到升迁，情绪反应却各异，一个愤怒，一个焦虑，另一个则沮丧。

"愤怒"通常起因于人们觉得重大目标受挫或遭受到不公平的待遇，"这次应该轮到我了"，"真不公平"。个人越是偏执于这种不公平感，则越觉得愤愤不平了。当人们预期不利的后果，又自觉无法控制时，"焦虑"便产生了。"错过这次升迁，我又要熬上好几年了。"而高估未来事件的不利后果则维持了焦虑的情绪，"我一定要做牛做马，又会被新进的'菜鸟'们笑话，真是令人难以忍受！"

当人们觉得对未来缺乏掌控感和影响力，又无法阻止不利事件发生时，"沮丧"的情绪便会弥漫心头，"我的前途算是完了"，而无助和自责又加深了沮丧的情绪，"都是我自己的错，我平常就应该在人际关系上多下点工夫的！"

由此可见，不同的情绪背后有着不同的思考模式。若员工的情绪问题已是根深蒂固，主管或许应考虑请求专业人员来帮忙。

五、在可能的情况下，力图解决问题

一旦负向情绪获得排遣，主管就应积极地帮助员工寻求问题的根本解决之道，因为核心的问题不处理，负向情绪可能会一再引爆。

寻求问题解决也可以采用非主导式的方法，即所谓的"双漏斗式询问法"，先以开放式、探询式、比较式、虚拟式的提问法，来帮助员工逐步逼近问题的核心，如漏斗般，由广而狭，由虚而实，最终界定出欲解决的焦点问题。下一步则以类似的漏斗式趋近法，寻求最佳的解决之道，如此非主导式的问题解决历程，一是强化了员工自己解决问题的信心和能力，二是也建立起主管与员工间良性的合作互动关系。不过，在某些情况下，对某些员工而言，传统威权式的"主导性"问题解决策略仍是最好的。

六、学习"主动接受"现实

现实常常很残酷，有些情形可能根本无法改变，如公司的裁员决定或同事拒不改变某个令人讨厌的行为，此时主管则必须帮助员工去积极主动接受这些无法改变的现实，并与之共生。人有时必须降低或放弃自己不切实际或不可行的期待与目标；人也可以试着在逆境中寻求积极正面的意义，或换个角度去发现事物光明美好的一面。其实，事情的答案常常不只一个！

七、善用每个人的情绪优势

只要适度，每种情绪都有其适应功能，毕竟，情绪伴随着人类一路从原野的弱肉强食演化到都市生活的商场竞争，总有其价值。我们认为，"无可救药的乐观主义者"最适合成为团队的"公关公主"或"活动班长"，在团队工作会议中请她张罗餐点，满桌美食必定能化解紧张的工作压力。那么，另一位"彻头彻尾的悲观主义者"呢？派他掌管财务，或任何精算的工作吧，总是弥漫着恐惧担心情绪的人，其实是很好的"风险控管师"，你发现了吗？

当然，遵循了以上的七大原则并不能保证一切问题迎刃而解，但至少是有效情绪管理的第一步，有志者事竟成！

课堂活动

倾听情绪

一、目的

　　1. 探索情绪的生理、心理、行为反应及情绪的诱发情境。

　　2. 分享情绪经验，关注个别差异。

　　3. 提高对自身、对他人的情绪敏感度。

二、说明

　　1. 人数：不限，4~5 人一组。

　　2. 时间：约 30 分钟。

　　3. 材料：纸、笔。

三、程序

　　1. 老师以"愤怒"情绪为例，说明情绪的以下几个方面。

　　（1）生理反应，如心跳加快、血压升高、手心冒汗、呼吸急促……

　　（2）心理反应，如觉得好烦、不公平、讨厌……

　　（3）行为反应，如很想骂人、想砸东西、想一走了之……

（4）诱发情境，如当受到不公平对待时，当别人不如我的意时，当努力后却无法达成目标时……

2. 请同学在小组中，依前例讨论下列情绪的体验，特别注意小组成员间的个别差异：

①害怕　②失望　③挫折　④伤心

⑤嫉妒　⑥幸福　⑦被爱　⑧满足

3. 请2~3组在全班面前分享讨论的结果心得。

四、附注

考虑时间问题，可让同学自行选择一种负向情绪及一种正向情绪进行讨论。

基础题

1. 什么是动机？请说明动机的特性，及其与行为之间的关联。

2. 什么是工作动机？其主要功能是什么？

3. 管理者应如何善用"目标设定"，以提升员工的绩效？

4. 请说明情绪激起与工作效果之间的关系。

5. 你的好表现似乎使得表现不佳的同事被主管训斥。此时，千万别去惹他，免得"扫到台风尾"。请以"挫折—攻击假说"解释这个情况。

进阶题

1. 激励措施是现今公司普遍用来提高员工满意度与留任员工的一种工具。在了解动机的重要性之后，你认为公司若想要提升员工的工作动机，应该怎么做？

2. 团队成员吵得不可开交，彼此到了视而不见、无法共事的程度。身为团队领导者的你，该如何化解这场纷争呢？

第 8 章 社会行为与人际互动

管心开心讲

职场新时代——成功是做别人眼中的自己，还是追求自我？

如何与职场新时代的年轻人相处已经成为许多主管头痛又苦恼的问题。其中，新时代年轻人对于工作与生活的态度常是主管或长辈们诟病的主要地方，例如"现在年轻人都不喜欢加班，加班就像要了他们的命；以前我们加班都是毫无怨言"、"现在年轻人一遇到挫折就想走人；以前我们吃苦就当吃补"、"现在年轻人工作是为了休假旅行；以前我们工作是为了生活"……就连最近被新时代员工票选为最理想主管的艺人陶晶莹也很害怕员工有"休假"念头。

随着社会变迁，不同时代文化形塑出的多元工作价值、生活态度与人生意义，已充分并存、显现在工作环境中。虽然，老一辈的人总是对新进人员的态度、行为有不认同的地方，但这绝不意味"所有新时代员工就是烂草莓"。相反的，有一群新时代的年轻人正为了打破社会对年轻人的不良观感，在大学时期就积极努力地规划自己的未来。2012 年《商业周刊》的报道，即对此现象做了深入讨论。

作者认为最近这段时间，虽然社会大众喜欢抱怨现代员工或大学生没有个人观点或是生涯目标，但其实并不全然如此，这当中存在着两个极端的现象。有些年轻人的确对未来没有紧张感，但有些人却总是想要赢，总是害怕落后，他们从进大学的第一天就开始担心未来工作的事情，而

179

或许是在全球化压力和媒体的渲染下，总是想要赢、害怕落后的这种学生开始越来越偏执，为自己的理想未来安排越来越多的功课与行程（如百大企业的实习经验、硕士文凭、以全球百大企业作为第一份工作的目标）……以至于"最终忘了身为一个年轻人，最重要的目标应该是：找到你是谁，找到自信，让你可以逐渐忽略其他盲从人们追逐的事物"（钟子伟，2012）。

因此，不管是"烂草莓"（反正大家都说我们能力差，就这样吧），还是"绩优草莓"（我不是烂草莓，所以我要努力做好事情），都凸显了年轻人对于社会外界声音的在乎。而当个人对于外界声音过于在意时，"对于自我的认识"是不是也容易被外界的声音所淹没呢？而误把"做别人眼中的自己"视为一种人生的成功或失败呢？

从烂草莓与绩优草莓的讨论中，我们知道日常生活中许多看似单一且独立的行为，都难逃社会力量的影响。但究竟什么社会力量会影响个人的行为呢？而我们的行为又为什么会被其他人所影响呢？这些都是本章所要谈论的重点。我们将介绍我们与他人关系建立的基础为何，也说明我们与他人如何通过"社会角色"（Social Role）的扮演，取得他人信任并建立关系。最后，说明我们为什么要这么努力地扮演好这么多角色，并介绍几种常见的社会压力（Social Pressure），也就是说，如果我们没有扮演好角色时会承受什么样的压力或后果。

从以上的问题与困境中，可以明显地发现"日常生活中，我们说的和想的常常与我们做的不一样，我们的态度和行为也常常不一致"。但为什么我们常常想的与做的会不同呢？主要原因在于我们的大部分行为是"社会行为"（Social Behavior），在行动时必须考虑各种与他人有关的条件和情境的因素。有时人会做出看似非逻辑、不合理的事情，但其实并非如此，这是"社会影响"（Social Influence）的结果。如一名20岁的挪威白人，冲进某个小岛，举枪射杀岛上所有的人。许多人企图解释该名嫌犯的疯狂行为，大多数人都认为他的精神应该有问题，但正如某位社会心理学家所说的"干疯事的人不一定真疯"，有时候也许是环境逼人的"跳墙"行为，或当事人觉得不得不为。

8.1 就是要这样做?

人是社会化的动物,我们都在与他人的相互关系中行动、思维与交谈。有一种人格理论认为,我们自己就是部分由我们对榜样的模仿(或称对角色的认同)而形成的。对年幼儿童而言,家庭成员是最有影响力的榜样。例如,男孩往往模仿父亲的行为,而女孩则模仿母亲的行为。当儿童长大后,榜样范围越来越广,包括兄弟姊妹、朋友、老师、邻居以至更远的人,如流行歌星和足球明星。成人的榜样可能还会包括成功的企业家、社会改革家或政治家。

8.1.1 社会角色的界定

模仿的过程叫做"角色认同"(Role Identity),它反映了在一定程度上,我们如何思考和行动,以符合社会期待与规定的行为模式。每个人都处在一个相互关联、复杂的角色网络中,在一天的不同时间里,你可能要"扮演"员工、丈夫(妻子)、儿子(女儿)等不同角色。当然,这些角色有些已内在化,致使常会自动地、无意识地表现它们。例如,对医生而言,大多数医生都会有一种对他人负责、关怀的态度。但对演员而言,"医生"可能只是他们演艺生涯中众多的角色之一,在表演时他们只是称职的表演出医生应有的样子,但并未在心理上接受所演的角色,也就是还不能将他所扮演的医生角色内在化。但是,我们要如何解释一个人会接受并"扮演"社会指定的角色呢?

8.1.2 为什么"就是要这样做?"

8.1.2.1 保全面子

随着社会科技的快速进步,许多企业也相继引进计算机相关管理系统,以加速处理繁琐的工作事务与信息。但计算机信息系统的引进对不擅长计算机操作的主管而言,可能会影响他对下层部属的领导行为。比如假定不熟练计算机的主管 A 被迫参加公司内部计算机信息系统引进的成果发表会。老实说,主管 A 认为这种计算机信息系统使用起来并不友善,但因为其他主管与老板都认为这项信息系统大大地提升了公司内部信息的传递，虽然主管 A 并没有很喜欢这套计算机信息系统，但却十分在意其他主管与老板的印象和观点，因而面对其他主管的赞扬，他很可能会说出"我知道这信息系统也许很好，只是我不擅长使用"的话，甚至他会说喜欢这套信息系统，但他绝不会说贬低这套信息系统的话。

在这个虚构的故事中，主管 A 的态度存在不一致，即他对信息系统持否定的态度，却在其他主管与老板面前对信息系统抱持肯定的态度。他最可能做的是通过改变自己的态度来解决这个问题，从而"保全面子"。但是还有其他的可能性。例如，他可以不同意其他人的观点，认为他自己的看法（尽管不在行）也同样正确，他甚至可以认为其他人对信息系统的爱好只是一时兴起，只是为了讨老板欢心，假装赞扬而已。

研究指出，当人们的知识、观点和信仰存在"不一致"时，就有一种无形的压力，人们要通过行为或态度去改变这种不一致。例如，大多数老板都会承认工作过量对个人健康有害，合理的方法是停止过度加班或增加人力。然而，他们还是继续要求员工加班，通过长工时增加生产绩效。显然，他们的态度与行为很不一致，但他们会用不同的方法去减少这种不一致。他们也许会反驳说"员工是自愿加班的"、"员工加班是给薪的，还是平常时薪的两倍"；有的甚至说"我们希望员工能共渡难关，撑过这个困难时期，公司稳定之后就会增聘人力等"。换句话说，我们很多时候基于"保全面子"的考量，而改变自身的行为或态度。

管心任意学

人总有些先入为主的观念

日商企业，比较重视团体合作、无私的奉献、在乎人际和谐吗？

美商企业，比较追求个人成就、公/私分明、爱好自由吗？

女性员工较容易有情绪化的反应，需要实时的情感关怀吗？

男性员工较理性、就事论事，重视工作上的成就与发展吗？

外表较漂亮的人比较容易获得大家的喜爱吗？

戴眼镜的人比较聪明吗？

8.1.2.2 刻板印象

有些人对上述问题通常会毫不犹豫地回答"是"，进而对任何他们可能碰到的日本人、美国人、男人、女人、戴眼镜的人或外表较漂亮的人的行为持有某种期望，这被称为"刻板印象"。简单来说，刻板印象（Stereotype）只因为某人隶属于某团体，而将对此团体的印象联结到成员身上，认定个人和其隶属的团体之间有许多特性是等同的。无疑，这些期望是错误的，有的日商公司不仅重视团体合作，还重视个人生产力；有些美商企业重视团体合作胜过个人成就；有些女性员工的工作能力明显优于男性员工；等等。在台湾地区最典型的例子是，一听到某人是知名大学毕业生，就觉得他一定比较聪明、做事能力也强。虽然这些刻板印象似乎一直存在，但是仔细想想就知道，不可能所有知名大学毕业生的表现都好。

在过去研究中发现：当面试官本身是白种人时，他对同样是白种人的应征者会比非裔美国人的应征者友善，于是研究者假设这将导致非裔美籍应征者的面谈表现较差。为了考验这项假设，研究者重新训练面试官的表现态度（分为"较不友善"及"更加友善"两种），然后将应征者（全部是白种人）与面试官交谈的过程录像下来。结果发现，对抱持较不友善态度的面试官而言，其给予应征者的访谈分数明显地不如抱持较友善态度的面试官。因此，这项研究证实了原先的假设，即带有偏见的人会倾向运用自己对他人的刻板印象与对方互动，进而加强、维持自己既存的偏见。另外，一项常见的刻板印象是：社会普遍认为具有外表吸引力的人比较好交际，而且较友善。为了了解这项刻板印象是否会影响个人的行为，研究者让互不相识的男性及女性大学生通过电话彼此交谈大约 10 分钟，在每次交谈前，男性会看到一张也许是"具有吸引力"或是"不具吸引力"的女性照片，并被（错误地）告知这张照片中的女子就是接下电话交谈的对象。这些交谈内容用录音记录下来，经由分析男方的谈话内容显示，相信自己正与一位具吸引力的女性交谈的人，比认为自己正与一位较不吸引人的女性交谈的人，表现得更为友善。更有趣的是，聆听每场女方谈话内容的分析者，在没有同时听到男方谈话内容或了解男方是否认为女方具有吸引力的前提下，会认为擅交际、表现较自在、幽默的女生是较具吸引力的。由此，我们可以发现，男性对于具有外表吸引力的女性所抱持的刻板印象，确实会影响他与对方的互动与行为，进而还可能影响了对方的响应，形成一个有趣的"反应链"。

换句话说，日常生活中我们很容易因为刻板印象（如对性别、社会阶层和国籍的刻板印象）而快速的解读与回复信息。也许刻板印象真能帮助我们在不确定的情况下，快速判断与处理信息，但这样快速判断后的结

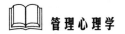

果，真能就此帮我们解决问题，或是反而为我们招致更大的问题？

8.1.2.3 "偏见"从何而来

刻板印象是对特定团体及其成员的不准确或错误的看法。当这些看法隐含对那些人的否定或敌对态度时，刻板印象就形成了偏见。种族偏见是一个非常明显会造成伤害与不和的例子。有些人认为外籍劳动者是愚蠢、低知识和低文化教养；有些人认为韩国人自私、自我中心主义强、不诚实等，这些偏见都可能引发对外籍劳动者或韩国人的不友善行为。

（1）竞争。对偏见的一种可能解释是源自于不同社会团体之间的经济竞争。例如，在前几年台湾失业率不断往上攀升，甚至创下有史以来最高的失业数据时，失业的台湾民众对不断移入的外籍劳工开始抱持反对与厌恶的态度，如"都是这些外籍劳工抢走了我们的工作机会"、"我们的钱都被外国人赚走了"等敌对情绪悄悄滋长，而这种负向情绪不断累积，就会更强化我们对外籍劳工的刻板印象和偏见。

（2）独裁主义个性。除了经济上的竞争关系之外，有一种理论则认为偏见是个性的一部分，即独裁主义个性的思想和信念使他们在与别人相处时持有偏见。

对权威的盲目屈从意味着一个人的行为完全取决于他人的要求。即一个人的情感和意愿完全受到这些权威要求所影响，这是"屈从于社会压力"的一个极端的例子。虽然很少有人会表现自己独裁的那一面，但是我们在某些情境中都会作一定程度的屈从，如"老板的决定常是公司的决定"或"校规就是要遵守"。在许多工作环境中，主管掌管我们未来的绩效考核，即便自己不很认同主管的决定，但部门同事还是会按着主管的决定而行动。

8.2　社会压力：一定要这样做！

即便同仁不同意主管的决定，且对于主管的领导多有不满，但为了年底的绩效考核，大家在主管面前都会表现出积极配合、高度赞美的态度。在这种情况下，如果自己不配合似乎很容易被凸显，也容易成为主管眼中的捣蛋鬼；配合了，似乎有可能会让自己在公司里好过一点。这时候，身为员工的你会选择配合还是不配合呢？选择配合的人，意味着你的行为不再为了满足自己的个人需求，更重要的是为了配合他人的期待。但究竟是什么样的原因，让我们不是顺着自己的意愿行事，而是按着别人的期待做事呢？

8.2.1　人们在什么时候遵从呢？

人们常常有一种强烈的意愿去做别人所做的事情，"像绵羊一样"正是指人类行为中的这种倾向。因为，羊与其他群聚动物一样，常常一致地行动。虽然，"绵羊"的用法是贬义的，但别人所做的事不一定是好事，也不一定是坏事，两者都有可能。如"同事都在摆烂，我也不想努力了"与"别人都在努力，所以我也跟着努力看看"就是坏事与好事的典型例子。

面对不幸事例（权威统治下的不人道暴行）的存在，我们必须反过头来问"为什么人类会出现这样的行为？"，即遵从的意愿何以能压抑我们的理智，使我们对意识到、感知到的事实视而不见，致使我们的行为违背了我们的愿望和信仰。社会心理学家对这一人类行为也深感困惑。为此他们用研究来揭示人类遵从行为的原因。

哲法·雪利夫（Muzafer Sheriff）研究团体对个人判断的影响，他要求受试者评估黑屋中亮点的移动程度。事实上，亮点并没有移动，它看上去在动是由于眼睛微小的不自觉运动以及缺乏定位刺激所需的参照点引起的［这称为"自动效应"（Autokinetic Effect），你自己可能也体验过］。经过一系列的测试，受试者的回答趋于稳定，但受试间的差异极大：有人说是半厘米或 1 厘米的移动，而有人则说是大到 30 厘米的移动。接下来，所有受试者被分成两人或三人一组，并重复相同的实验测试。结果发现：同一组中受试者的判断变成了大家先前反应的平均数。但当受试者再次被单独测试时，他们竟不自觉地采用了前次团体的平均数作为自己报告的结果。换言之，他们不自觉地将团体"规范"内化为自己思考的一部分，以团体意见为意见。这项研究显示：受到团体的影响后，人们可能放弃自己原有的观点和看法而接受团体的观点。

至此，我们知道为什么当你进入某个团体的时候，尤其如果你是一个新成员，你会主动地、有意识地去了解其他成员。再者，如果你喜欢这个团体或团体的活动，你往往会同意团体的观点，并热切希望被其他成员接受。而且，很奇怪的是，有时候仅仅只是因为有他人在场，不管你是否喜欢他们，都会影响你的判断。这都是因为个人受到其他在场成员的"社会影响"而产生的遵从行为。

心灵专栏 ——知己篇

心理测验：你的恋爱智商有多高？

"爱情"是人生重要的一课，修好爱情这门功课，你必须学习、培养几项核心能力。本部分的心理测验会帮你检视自己在恋爱中的强项与弱项，以此为起点，你会有明确的努力方向，成为爱情必胜客。

请针对下面的描述，根据自己实际情形的符合程度来作答，"符合"以"〇"来作答，"不符合"以"×"作答。

1. 你很清楚自己和他人个性不同之处？

2. 当心情不好时，你不会随便迁怒他人？

3. 你想到自己的未来就斗志高昂？

4. 看到小孩跌倒，你很自然的会去扶他？

5. 即使觉得很累，你也会装作精神十足的样子？

6. 有时候你会觉得心情不定而陷入低潮？

7. 邀请他人而被拒绝时，你会感到不悦？

8. 有时候会觉得别人在嘲笑你，盯着你看？

9. 你高兴时容易得意忘形？

10. 你认为强壮、勇敢是男性的最基本条件？

11. 你能清楚分辨"不喜欢"和"讨厌"的不同？

12. 当争执发生时，很少是由你所引起的？

13. 算命结果不好时，你也毫不介意？

14. 你曾经对第一次见面的人有似曾相识的感觉？

15. 另一半临时取消约会时，你能谅解？

16. 你不太会拒绝他人的邀请？

17. 你常会依自己当时的心情改变与他人的约会？

18. 你不会和一个已有固定异性朋友的人交往？

19. 你不太有耐性听别人说话？

20. 一人独处时你容易感到焦虑不安？

21. 你和异性独处时会感到心跳加快？

22. 有时候你想做一些事情，但很快又放弃了？

23. 你觉得人生多彩多姿，每天都过得很快乐？

24. 别人有烦恼时常会找你诉苦？

25. 当两件事情撞期时，你很容易就能将它们错开？

26. 你是个追求流行的行动派？

27. 你常会后悔这、后悔那的？

28. 你睡觉时经常会想事情想到睡不着？

29. 通常谈恋爱时，你的付出会比对方少？

30. 你容易受他人情绪影响？

一、计分方法

分数的计算方式详见下表，请算出各项的得分。得分最高的是你最大的优点，请保持、发扬光大；得分最低的则是你最大的缺点，请加油、努力改进。0～15 分 = 低，16～30 分 = 中，31～45 分 = 中上，46～55 分 = 高。

A. 自我爱情认知度			B. 感情控制力			C. 爱情乐观度			D. 恋人情绪共感力			E. 恋爱关系持续力		
题号	答案	分数	题号	答案	分数	题号	答案	分数	题号	答案	分数	题号	答案	分数
1	○	10	2	○	10	3	○	10	4	○	10	5	○	10
6	×	5	7	×	10	8	×	10	9	×	5	10	×	5
11	○	10	12	○	5	13	○	10	14	○	5	15	○	10
16	×	10	17	×	10	18	×	10	19	×	10	20	×	5
21	○	10	22	○	10	23	○	5	24	○	10	25	○	5
26	×	5	27	×	10	28	×	10	29	×	10	30	×	10
合计		分	合计		分	合计		分	合计		分	合计		分

二、各项能力分数的解释

A. 自我爱情认知度。此分数得分高者，是指对自己的爱情观、适合的对象、对感情的需求等自我了解的程度高。

B. 感情控制力。此分数得分高者，是指自己能适时、适所、适法、适

187

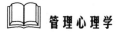

当的表达情绪。

C. 爱情乐观度。此分数得分高者，是指对爱情本身能具备自信、勇气，保持乐观和正向的思考。

D. 恋人情绪共感力。此分数得分高者，是指能对另一半察言观色，设身处地地察觉对方的需求和情绪变化，并体谅和尊重对方。

E. 恋爱关系持续力。此分数得分高者，是指能对另一半耐心包容，愿意与对方相守的意愿，愿意在此段关系中奉献、努力和负责。

8.2.2 影响遵从的因素

"团体吸引力"与"受试者对自己能力的自信"是影响遵从行为的重要因素。实验证明，认为团体有吸引力的受试者，以及觉得自己的能力不及平均水平的受试者，更容易有顺应团体、不坚持己见的遵从行为。

当然，受试者除了接受团体意见之外，也会有抗拒团体意见的时候。其中，受试者只要找到一个"同盟者"，就会有勇气去抵抗团体压力。例如，工作会议讨论的过程中，如果有其他同事或主管认同自己的意见时，就会促使自己勇于捍卫自己的想法与意见。显然，有人支持自己的观点时，能使自己有勇气去抵制强大的团体压力。

从上面的讨论中我们知道，自己会受到其他人或团体的影响而出现遵从行为。下面我们将为大家介绍三种常见的遵从行为：从众、顺从与服从。

8.2.3 从众、顺从与服从的机制与原因

你和大家一样，虽然不同意主管的意见，但还是默默地配合主管的决策吗？根据社会心理学家的说法，这取决于你的行为是出于自由选择还是社会压力所致。从众（Conformity）是指行为原因于真实的或想象的社会压力。譬如，若你是因为认同主管意见而努力工作，那不是从众；若是担心不认同会被同事视为异类，那么你就是在从众。

8.2.3.1 从众行为

受试者为 7 名大学男生，实验时受试者围着一张长型桌子而坐，桌前放置实验图形，受试者要自下方图中三条长度不等的垂直线中，选择一条与上面标准线一样长的直线。在每名受试者选完之后，就大声说出答案；其中只有一人是真正的受试者，坐在倒数第二个位置，其余 6 人均为事先

188

安排好的"桩脚"。"桩脚"在实验第一回合与第二回合皆做出正确的回答，第三回合前5人故意说出不正确的答案。这样总共做了15次，其中11次"桩脚"故意说出不正确的答案，结果真正的受试者产生了从众的行为。

人们从众常常是由于不想被别人批评或拒绝。因为害怕不遵守规定会有不好的后果，所以我们在行动时会依循社会规范的要求，此为规范性从众（Normative Influence）。造成我们顺从的社会压力常是我们没有知觉到的。譬如，你会为了在面试时留下好的第一印象而拔下你的舌环。当然，有时这些压力也来自一清二楚的规则，譬如，因为公司"规定"不能迟到，所以你无论怎样都会在公司规定的时间之前进办公室。

此外，当我们处在不确定的情况下或不知道该怎么做时，也容易出现从众行为。比如，当你刚到新环境时，你会观察别人如何跟主管/同事应对、如何穿着、中午都去哪吃饭等。换言之，当我们对事情不熟悉时，会通过别人的做法来决定我们的行为，此即信息性从众（Informational Influence）。在这样的情况下，把别人当作是行为的参考线索是一件好事，但是你可能也发现，别人也常常提供错误示范，那就不太妙了。例如，过度依赖公司前辈的指示而工作时，也容易发生"物换星移、不知变通"的窘境。

8.2.3.2 顺从行为

顺从（Compliance）是指个人在社会压力之下，为了自身利益或避免受到惩罚而屈从于他人的行为，也就是口服心不服。在爱司克（Solomon Asch）的实验研究中，真正的受试者在事后接受访问时表示，他的答案大多只是表面顺从别人。在日常生活中，个人常有顺从权威的行为，例如，上班时会按公司规定着衬衫、西装或套装等。高级管理会议时，即便大老板在诸位主管面前"指鹿为马"，主管中也没有人敢提出异议，这些都是顺从的行为。

8.2.3.3 服从行为

服从（Obedience）是顺从的一种特例，意指顺着别人直接的要求行事，通常这个提出要求的人是具有权威地位的。服从本身无所谓好或坏，它的好坏视被要求去做的事而定。譬如，当教室里的火灾警铃响了，老师"命令"你离开，此时服从是好的；相反地，如果公司老板要你去做一件非法或违背你道德良知的事，那么，不服从才是好的。

研究也发现，有些人格因素可能与服从有正相关，其中一个就是权威人格，越相信权威的人越会服从。此外，相较于社会责任低或相信命运天注定（外控）的人，有较高的社会责任和认为能掌握自己命运（内控）的人，较不喜欢服从。所以，有些人格因素是会影响服从。当然，诚如之前所提到的，所处的情境也是一个重要的影响因素，如军队比一般企业组织更强调服从的重要性。

8.2.3.4 如何抵制权威及他人的压力

"独立"看似简单，但实质上并非容易之事。我们很难独立于他人，一个健康的人常常受到大多数人意见的影响。这也是为什么有越来越多的"自信心训练"，目的就是为了帮助那些"唯命是从"的人，即那些不能或不敢说出反对个体或团体压力的观点的人，能够有勇气面对外来的压力。

我们提供两个抗拒从众的方法：①多留意有哪些社会压力在影响你的行为；②如果在一个场合中有人劝说或逼迫你做你不想做的事，记住你永远可以拒绝，试着找出团体中和你持相同意见的人，与他结盟。

在这个意义上，"坚持立场"并不意味着为所欲为，而是指在利益发生冲突时，通过与他人协商、沟通的过程，与他人达成共识，找到和平解决的方法。如果冲突已经发生，个人的情感也被挑动了，对付这种情绪最好的方法是先将它中和。因为，情绪就像一面墙，会阻断人对事情的判断，建议"在处理事情前，应先处理情绪"，试着让自己和对方的情绪都先平缓下来，然后才有办法与对方进行下一步的讨论。

社会对于个人行为的影响，除了从众、顺从与服从等行为表现之外，尚有其他的影响，如个人、同事团体、家庭及社会媒体等方面。但从社会化的历程来看，我们知道工作团体（Work Team）是影响员工工作行为的主要原因。所以除了大众媒体与社会文化之外，我们也会讨论"团体"对于个人行为的影响。

8.3 社会影响与团体影响

整体而言，从我们的家庭到社会，不论我们所隶属的团体是什么，几乎都拥有一组内隐或外显，且自认为正确的信念、态度以及行为。任何团体成员若游离于这些社会规范之外，就会有被孤立或遭社会否定的危险。因此，通过赏罚，我们所隶属的团体可使我们对之产生顺从。此外，若我们尊敬或钦佩其他人或其他团体，且为了让我们与他们相像，我们也会服从他们的规范并实行其信念、态度及行为，这项过程称为认同（Identification）。

8.3.1　社会影响

8.3.1.1　社会影响来源

（1）团体（Group）。团体是指两个或两个以上成员，分享一套规范与价值，并产生休戚与共的认同感。团体成员有明确的社会互动行为，通过分享生活感受，以形成社会结构。

我们所认同的团体称为参照团体（Reference Group），因为我们会参考他们，以便评鉴及调整自己的意见与行动。此外，参照团体也可作为一项参考架构，不仅通过提供我们特殊的信念与态度，也提供我们用以看待周围世界的普遍观点。倘若最后我们实行这些观点，并将团体的意识形态统整融入自己的价值体系中，参照团体就会产生内化作用。换句话说，参照团体通常会影响个人的态度及行为表现，而参照团体的影响力主要受到"团体吸引力"（Group Attractiveness）及"成员接触程度"（Degree of Contact in Group）两个因素的影响。前者又可按个人对团体的喜好程度而将团体分成正面团体（Positive Group）与规避团体（Disclaimant Group）两种。如摄影社对于喜爱摄影的人是正面团体，对不爱摄影的人则是规避团体。后者是指成员互相接触的频繁性来做区分。当成员人数较小，能够有较多直接且紧密的关系互动时，团体对成员的影响力也较大。如对我们而言，部门内主管会较其他部门的主管有影响力。

（2）大众传播。今天，通过电影、电视和网络，我们能观察世界各地，了解我们无法直接感受到的人、地和事。例如，通过新闻或网络媒体的宣传，富士康员工跳楼的事件马上成为国际人权组织关注的焦点。由此可知，电视、电影与网络等大众媒体虽然有助于信息的流通，但对于观众行为的影响，仍有待商榷。不管是新闻记者或观众，都不宜仅就部分研究结果作过度的推论与宣称。

（3）文化社会。西方文化是个人取向的，而东方文化则是集体取向的，这两种不同的取向，也影响大家对从众、顺从及服从行为的看法。东方文化对一个人从众或服从的行为给予的正面赞许，远比美国或其他西方文化多。譬如，在东西方的价值调查研究中发现，亚洲人认为从众与包括和谐及人际关系的价值有关；美国人则认为独树一帜与包括自由及独立的

价值有关。因此,亚洲人认为服从是有价值的,但美国人或其他西方社会的人则不这么认为。那么,从众行为是否也在集体主义文化下较常见呢?是的,如你所料。庞德和史密斯(Bond & Smith)收集17个国家的资料,比较各国从众的比率,结果个人主义文化下,的确从众比率较集体主义文化还要低。其他研究也发现,日本人比美国人还要从众。所以,不论是社会影响或是从众的行为,都与文化的取向一致。

8.3.1.2 社会影响的威力

综上,我们已清楚地说明了他人对我们个人行为的巨大影响。社会影响不但构成了我们的行动与思想,甚至连我们绝大部分的个性都受到它的影响。它决定了我们对他人的印象,以及我们对他人的态度和行为。有时仅仅是他人的在场也会改变与扭曲我们的判断。然而,社会影响也可引起人类的善良行为,如全球性的救援饥荒运动便清楚表明了这一点。正是通过大众传播的力量,将第三世界饥民的困境告知了富有的西方公民,许多往日忽视慈善活动的人也慷慨解囊,有部分的原因便是追随朋友、邻居和同事的行动。

日常生活的从众效应

当你看到别人做什么,你会想要跟进吗?人多就会引发好奇及效尤,可是这样的行为有时是相当盲目的。

8.3.2　团体决策与团体影响

随着全球化与多元市场的需求，现今企业不仅朝着企业结盟的方向前进，员工工作模式也从过往的单打独斗变为跨单位合作、团体工作。因此，从上文中虽然我们已经知道"团体"是社会影响的重要来源，但有鉴于现今工作环境对于团体工作的强调，下文将进一步讨论团体的决策历程及其对于个人行为的影响力。

8.3.2.1　团体决策历程

团体性的事务通过团体中多数成员共同做成的决定，称为团体决策（Group Decision）。团体决策最常出现以下两类现象：

（1）团体极化（Group Polarization）。团体做决定时，在经过团体讨论后，会做出比个人单独时更极端的决定。根据许多心理学家的研究，团体所做的决定不是趋于中庸，而是趋向极端，这种现象称为团体极化。团体成员在讨论问题时，假如多数人倾向激进，则团体最终容易做出冒险的决定，这种现象称为冒险偏移（Risk Shift）。反之，假如大多数人倾向保守，则容易做出谨慎的决定，这种现象称为谨慎偏移（Cautious Shift）。团体讨论产生极化倾向是相当普遍的现象，它在政治态度、陪审团的判决、新产品的满意度、道德决策、对他人的觉察以及商场上的谈判与协商等场合一再出现，并在相关的研究中被证实。

血汗工厂的捏造：组织形象的重创

2010 年"富士康员工跳楼事件"经新闻媒体大幅报道后，鸿海集团立即被国际媒体贴上"血汗工厂"的标签，进而也逼得集团总裁郭台铭先生不得不亲自处理一连串的员工事件。因为，"血汗工厂"的烙印，不仅重挫富士康集团的企业形象，连带的也危及外商企业的合作意愿。虽然，苹果公司（Apple）执行长贾伯斯曾站出来为富士康集团的工作环境做保证；虽然，郭台铭先生亲自带领海内外 200 多名媒体人员参观工作现场并立即调整员工的基本薪资，但国际舆论仍不断对富士康的就业环境产生质疑或批评声浪，到最后苹果不得不主动委托美国公平劳工协会（FLA）实地至

4个富士康工厂进行查核，希望澄清事实……

随着时间的推移与组织积极的介入处理，富士康跳楼问题与血汗工厂的质疑似乎暂时得到平息，但国际舆论其实从未真正消除，直至2012年一则"美媒坦承捏造富士康是血汗工厂"的新闻一经播出后，蒙受国际舆论压力的富士康集团终于获得平反，洗刷掉了剥削劳工的"污名"，但关于"富士康是血汗工厂"的报道对鸿海集团已造成不可抹灭的伤害。

对于这样不实的新闻媒体报道，或许最终仅能以"缺乏工作伦理"作为谴责，但对于鸿海企业形象的毁损却无法挽回。换个角度想，这也显示大众传播媒体对于社会及生活的影响力，因为只是数则新闻报道就足以让整个企业与国际社会为之不安，面临股票下跌、上游厂商撤离可能带来的巨额经济损失。在电视和信息效益日增的21世纪，社会影响的威力也变得前所未有的巨大。国家领导人和政策制定者们必须意识到他们所肩负的巨大责任，个人所具备的管理心理学的知识也显得越来越重要了。

（2）团体迷思（Group Thinking）。有时候，一个高度凝聚力的团体，为了寻求共识，常坚持其团体决策是正确无误的，却忽略了相反的意见，这种现象叫做团体迷思，可视为是团体极化的一个极端例子。团体迷思的典型症候包括团体共同享有自身无懈可击、完美道德以及全体一致的错觉。对异议者的直接压力或自我检查，不允许成员表达反对意见，更加助长了这些错觉的产生。结果，团体成员花费在将决策合理化的时间，比"切实地检查决策优缺点"的时间更多。甚至团体通常会出现自我指定的思想守卫，这些团体成员会主动使团体避免考虑挑战其决策效果或道德性的信息。最后，团体迷思出现并最终导致不良决定的决策瑕疵。团体迷思常使一个理性、看起来有智慧的团体，反而会做出极端错误的决定，常见团体迷思的例子就是美国攻打伊拉克事件。因为受到美国总统布什的强烈意志的影响，美国情报部门遂将伊拉克拥有毁灭性武器的信息夸大，而未理性评估信息的真实性，贸然的挑起中东战争，以致不仅耗损美国经济，更有损美国对外与对内的形象。

8.3.2.2 团体影响力

（1）社会助长作用（Social Facilitation）。个人在群众场合所表现的行为，与独自一人时并不相同。个人在他人出现时，表现优于平常行为的心理现象，称为社会助长作用。反之，若比平常表现更差，称社会抑制作用。一般来说，遇到简易的作业时，通常会发生社会助长的作用；可是，若遇到困难的作业，则较可能发生社会抑制的作用。至于引发社会助长或社会抑制的原因，学者们认为，他人在场会引起评估担忧，个人担忧在别人面前被评断，进而驱使个人处于激动状态，产生不确定性和压力感。这种驱力是与生俱来的，且有利于增加个人的强势反应，即会就是会，不会就是不会。

20 世纪 20 年代，弗洛德·阿尔帕特（Gordon W. Allport）比较了人们在独处时与在团体中所作的判断：被试者必须画一条线来表示一种气味的愉悦与非愉悦性，线的长度与其所体验的愉悦性成正比。阿尔帕特发现，那些单独做实验的比集体做实验的受试者作出更多极端的反应（线特短或特长），后续其他类似的实验也都有同样的发现。阿尔帕特和其他研究者还发现，那些在团体中工作的受试者比单独工作的受试者反应快，这被称为"社会助长"。这种社会助长的力量对体育运动员而言，更能体会。例如，为什么在观众爆满的篮球赛中，球员总是表现得特别精彩？再如，为何"人来疯"的运动员也较容易在观众面前屡创佳绩？这些都是因为体育运动员受到其他人（观众）关注的鼓舞，进而激发其个人的潜能与力量。

（2）社会闲散（Social Loafing）。在需要多人通力合作的情境下，个人的行为表现比独自一人时差，这种现象称为社会闲散。当个人的行为表现既不受团体肯定，也不会被指责时，比较容易产生这种现象。例如，小组一起合作项目，总会有人不卖力投入。但如果事先让团体成员知道，要对个人的行为表现进行评量，则这种现象发生的概率便会降低。尤其是与好友一起进行合作，或团体凝聚力很强时，不容易产生社会闲散现象。

（3）去个人化（Deindividuation）。在若干条件下，有时候混在团体中会使个人感受到去个人化的心理状态，也就是丧失个人身份并匿名地隐没于团体中的感觉，这会造成对冲动行为的约束减低，并产生其他难以控制的认知与情绪状态。如英国罢工抗议示威的时候，就有人假借团体之名，抢劫周边商店、攻击警察与路人。

心灵专栏 —知彼篇

工作再设计，用团队打破部门距离

金融业本来就是个你死我活的"杀戮战场"，2008 年，金融海啸席卷全球后，金融相关产业的生存环境更为险峻，在消费者与投资人信心崩溃，资产价值巨幅蒸发，同业破产重整的骨牌效应一发不可收拾的残酷现实中，以保险业起家，跨足金融投资的这家国际公司要如何在险境中求生存、求发展呢？关键便是以更有效能的管理作为、更精锐的专业人才、更团结的组织形象来提升企业的存活概率，赢回客户的信心，响应快速变化的产业环境。

鉴于此，公司内各部门一定要强化沟通，通力合作，业务部门要快速、有效地反映顾客需求，技术部门要清楚、明白地讲解产品属性，内勤部门要明快、流畅地执行流程管理，唯有如此，企业才能设计出对的产品，卖给对的客户，并让这些客户对企业与产品产生信任感与忠诚度，成为稳定的客源。唯有如此，企业才能活化内部创新的能量，保住人才，善用人才，并让员工对工作产生认同感与拥有感，成为企业的人力资本。

怎么做呢？管理部提出了一项"跨界精英团队计划"，特别设计了以跨部门人员组成项目团队，由管理部在企业内部广泛征询各阶层意见后，汇整出六项亟待改善的议题，开放给各项目团队认领有兴趣的议题。每个团队由 8 人组成，推举组长 1 人，每周定期召开会议，针对选定的议题进行现况评估，提出改善方案，并具体提列执行该方案所需投入的资源、具体时程及预期效益指标。

管理部在此项目计划中扮演了议题设定、教育训练、咨询顾问、评量奖励及监督控管的角色。其一，如前所述，管理部先收集企业内部正式沟通管道汇整各方意见，设定出六大项议题，并确保每项议题至少有 3 组人同台竞争。这点很重要，企业内部的良性竞争是激发员工创造力与投入感的有效机制。其二，管理部还特别为此项目设计了教育训练课程，延聘内、外部讲师介绍项目管理相关的理论与实务，让每位参加者有最新的理论工具可用，也借此机会提升企业的人力素养。更重要的是，除了专业课程外，管理部还规划了一天的"Off－site"活动，以丰富多彩又轻松愉快的团队活动贯穿全场，旨在强化团队认同与合作默契。其三，各团队在讨论过程中有任何问题或需求（如项目相关的资料搜集），都可得到管理部的全力支持。管理部人员不介入各团队的运作，但积极从旁协助，使其工作得以顺利开展。其四，在 6个月期限到达时，管理部筹划了一场成果发表会，全部 18 个团队同台竞技，各自提出自己 6 个月来研讨的成果简报，由管理部会同公司各部门主管在各项议题下选出一项"最佳提案"，此为第一轮优胜团队，分别得到奖金和考绩计点。接着再经第二轮选拔，选出一项"最适提案"，不仅给予额外奖金，还呈报给 CEO 裁定，并正式在公司内推行。其五，管理部也负责追踪、评量该最适方案执行的进度与成效，作为后续再改善的基础。至此，流程管控中的 P（Plan – 计划：由"跨界精英团队"提案）、D（Do – 执行：评选出的"最适提案"由 CEO 核定执行）、C（Check – 检查：由管理部持续追踪，评核）及 A（Action – 行动：根据检查发现的问题点再行改善，并将成功经验推广，标准化，这也是管理部持续的工作内容）四大环节全部到位。更重要的是，经过这次跨部门合作的实战演练，公司的气氛活跃了，部门间的互动增加了，员工士气提升了，重大问题也得到了改善，公司绩效自然更上一层楼。用团队再造工作，这实在是聪明之举，成功之作！

课堂活动 1

我想要"翻身"！

"我想要翻身"是知名影片《翻滚吧，阿信》中的阿信（男主角）对别人表达自己内心真正且肯定的想法。句子虽然简短，却能直接表达自己的意见。但究竟是什么原因让阿信可以不再畏惧黑道兄弟的追杀，可以不再活在"服从"妈妈决定之下放荡生活呢？

阿信，因为热爱跳跃与翻滚的感觉，在一次偶然的机会中加入学校体操队之后，从此爱上也踏上体操训练的路。因为喜欢，才能心无旁骛的完全投入，从小到大，阿信的生活与眼中只有体操。因为喜欢，再苦再累的训练，阿信都能忍住，尽管一年只休两天，但他仍甘之如饴。因为喜欢，所以他才能忍受一次又一次的挫折与失败，即便他有长短脚之苦。但也就是因为喜欢，当妈妈要求教练开除阿信的时候，阿信的生活瞬间崩溃了。即便按照妈妈的要求，回到家里帮忙卖水果，学习经商的技巧，但阿信却拒绝再跟妈妈说一句话，因为她剥夺了他生命的最爱。离开体操队之后的生活，除了卖水果之外，阿信大部分时间都跟朋友混在一起闯祸，抽烟、喝酒、打架、讨债等行为样样都不少……

在外面闯荡、鬼混的同时，时间也不知不觉地流逝。一个体操选手一辈子唯一的巅峰时间就要眼睁睁得让它悄悄流去？

数年后，因一连串事件发生，阿信逃到台北生活，直到好兄弟（菜脯）

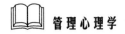

死亡后，才毅然决然的重回家乡，准备重启他的体育生活。但"有时候你不找麻烦，麻烦还是会来找你"，回到宜兰后的阿信，以前的仇家陆续找上门，他也知道自己如果不面对，势必无法得到安宁的生活。所以，他亲自去找了当时的黑道大哥赔罪。当黑道大哥问他，你怎么有勇气来找我？

"我要翻身！我要重新练体操！"就是阿信当时坚决的回答。

思考的问题

1. 试想如果你是阿信，有一天你遇到上述情况时，你会怎么做呢？你会跟他一样因为母亲的反对，而放弃自己的理想吗？会因为"教练没有挽留"而放弃争取自己的梦想吗？

2. 但如果没有经历"失而复得"的过程，阿信还会这么珍惜自己的梦想吗？请问阿信最后能勇于面对黑道压力，坚持完成自己理想的主要原因是什么？

课堂活动 2

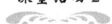

媒体中的两性意象

一、目的

1. 探讨大众传播媒体如何构建典型的"男人"和"女人"的形象。

2. 探索自己的性别角色观念如何受到媒体与社会价值的影响。

3. 反省社会化的"男"、"女"性别刻板印象与职场性别歧视间的关系。

二、说明

1. 人数：不限，4~6人一组。

2. 时间：40~50分钟。

三、程序

1. 老师先简介性别角色社会化的历程，强调大众传播媒体在其中的角色与作用。

2. 请每组自选一部电影或电视剧，以此为素材，完成下列各项：

（1）描述男主角、女主角的个性、典型行为、职业及在剧中最重要的角色。

198

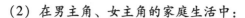

（2）在男主角、女主角的家庭生活中：

谁做决定？大事？小事？

谁是家庭的主要经济来源？

谁做家事？做什么？

谁教养子女？怎么做？

谁照顾长辈或生病的家人？怎么做？

（3）描述一段最能表现男主角、女主角性格的剧情，其中所反映的"两性观"是什么？

（4）这样的"两性观"是社会上大多数人所认同的吗？

（5）你自己认同这样的"两性观"吗？为什么？

（6）这样的"两性观"会在职场人际互动中表现吗？怎么表现的？

（7）如果你是编剧，你会改写刚刚讨论的这个片段吗？为什么？怎么改？

3. 请各组回到大团体中分享讨论心得。

基础题

1. 什么是"社会角色"？请简述其定义，并以自己为例，说明自己日常生活中所扮演的角色是什么？

2. 常见的遵从行为有哪些呢？请简述并各举一例说明。

3. 社会影响的主要来源是什么？

4. 什么是"团体极化"与"团体迷思"？请简述其定义。

5. 团体的影响力有哪些？请举一例说明。

进阶题

1. 团队工作已是现今职场常见的工作形式之一，团队工作有其优点也有其缺点，"团体迷思"是常见的缺点之一，我们该如何避免？

2. "草莓族"是现代人对年轻人的称呼，但您认为"草莓族"的内涵是什么？如果您是主管，您会如何与"草莓族"员工相处呢？

心灵笔记

第9章 沟通与说服

"闲话"也是沟通?

你听过"三姑六婆"、"长舌妇"、"八婆"或者是"大嘴巴"等难听的名号吧?两三个人聚集在办公室楼梯间、茶水间甚至是菜市场旁,叽叽喳喳地说个不停,是许多电影与电视剧中常见的画面。对照着其他人的叽叽喳喳,下一幕常常是男、女主角受害、楚楚可怜的模样。有人常说戏如人生,卖座的电影或偶像剧多是来自日常生活的贴切反应,如《我可能不会爱你》,生动地表达了30岁轻熟女们的心声。而"闲话"跟八卦一样,不管在剧中、生活中给人的印象总是负面的。所以,我们总是被教育要避免这样的行为,以免被冠上文首那些不雅的名号。但"闲话"的功能就仅止于此?真的就只能局限于"搬弄他人是非"的想象上?

尽管人类社会给予说闲话许多的社会约束,但人们还是会说闲话。研究发现:人们在交谈时有超过2/3的对话内容与第三者有关,且我们说话时间中有65%的比例都在说闲话。所谓"说闲话"是指我们除了会听、会说,有时也会参与评论第三者的谈话。只是人们多半会在说闲话时保护自己,也就是避免自己遭受到言行不检点的指控。若是从人际沟通的角度来看说闲话,说闲话行为应多在"非正式沟通"中发生,并且可能有助于组织信息与规范的传递,以及成员情感的维系。通过研究分析闲话内容后发现,有72%的闲话是同时包含正面与负面的信息传递或交换。其中,只说

201

正面闲话的比例有21%，但只说负面闲话的比例却仅7%。

换言之，"闲话"除了我们可以想见的负面功能之外，其实也蕴涵着正面的功能，有工作信息的交换、友谊的增强甚至是作为释放压力和得到情感支持等。例如，现今许多上班族在工作上遇到不如意的事情时，就习惯要上脸书（Facebook）抱怨或骂一下老板，若是这时候获得其他脸书上朋友的声援，就会有一种找到知音的感觉，怒气相对的也减少了许多。所以，我们不要再小看"闲话"，也许它早在无形中成为我们抒发日常生活压力的重要方法呢！

随着科技的进步，电子邮件的往来早已成为工作中常见的沟通渠道。不论对象是对上（主管）、对下（部属）或平行（同事）的沟通；不论信息内容是工作交办、合购下午茶、香鸡排，甚至是议程时间安排等，往往都可通过 E-mail 搞定。但大家是否曾有过类似的经验：同样的问题，在不同的时间、地点或不同的人询问下，每个人会有不同的答案与感受。举例来说，"你工作完成了没？"是工作中常见的问句。但不同的询问对象可能就会对读信的人带来不同的感受，如主管写信"询问"部属，与同事间写信"关心"彼此工作进度，就会引起极为不同的反应。对于前者，我们可能会非常的紧张，然后用"庄重"的态度响应，如"主管您好，按原是计划工作已几近完成，待明日会上呈完整的工作报告"，或"报告主管，已完成！"但对于后者，我们可能会用较轻松与开玩笑的语气与态度响应对方，如"麻烦死了，琐事一堆，可能要爆肝才会完成吧！"除了上述的回复之外，毫无疑问的我们也可以想象后续的对话与一连串不同的行为反应及结果。当然，除了不同的对象之外，不同的询问方式、不同的时间、空间与心情下，都可能激起不同的涟漪与反应，进而造就不同的互动方式与人际关系。所以，在这一章，我们将先为大家介绍沟通（Communication）及其历程（Process），并说明影响沟通历程的可能因素。此外，再进一步讨论"沟通"与我们日常行为之间的紧密关系，具体介绍不同的说服与沟通技巧。

 ## 9.1 沟通历程与信息来源

诚如本章一开始所说的一般，即便是相同的信息，往往因为外在情境或个人差异而有不同的解读结果。换句话来说，每个人对于"工作完成没？"或"你在干吗？"等信息的解读也不尽相同，但我们到底是如何解读日常生活中的各项信息并进而做出不同的反应呢？

沟通历程

"沟通"，是指传送者与接收者之间的信息交换，以及参与者对信息意义的推论。在组织中，领导、影响、控制、计划、决策等管理历程中都必须有良好的沟通。

从上述的讨论中我们知道，沟通是一个有来有往的互动历程，而沟通历程中所涵盖的要素如图 9-1 所示。

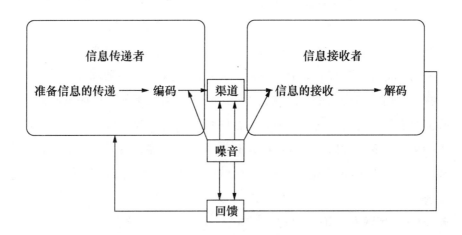

图 9-1　沟通历程

整体来说，沟通历程所含的要素，主要涵盖行动者（传递者与接收者）、信息的内容、渠道、接收、回馈及噪音等因素。

9.1.1.1　行动者（Actor）

人际沟通历程中，通常牵涉两人或多人的沟通，而参与沟通的行动者中，又可分为"传递者"与"接收者"两类：①信息传递者，指信息的发起者，可以是人、团体或者是机构；②信息接收者，是信息传递的目标对象，可以是人、团体或是机构。人际沟通是一个连续的互动历程，所以信息传递者与接受者的角色也非一成不变。事实上，在两人沟通的历程中，双方既是传递者，也是接收者。换言之，信息传递是一个不断来来往往的动态历程，传递者与接收者的角色将随着互动过程而不断地交互转换。

9.1.1.2　信息的内容（Message）

信息是整个沟通历程中最重要的部分。所谓信息是指沟通的内容本身，即想传递给他人的想法和感受。信息的内容又可分为语言与非语言两类。语言信息是指行动者通过口语论述、文字撰写与描述的信息。如面对面地聊天、信件、书本或纸条等。非语言信息是指除了文字或口说的信息之外，不论是具体的影像或象征性的图片、符号甚至是肢体语言等，都属非语言信息的范畴。例如，"微笑"就是一种常见的肢体语言。不论你与对方认识与否，有时候只要浅浅的一笑，就可被视为是一种释出善意、开心或认同的信号。

9.1.1.3　渠道（Channel）

信息的渠道是指信息传递的方式，又可称为"媒介"。通过各种平台，信息才得以传送给接收者。信息传递的渠道有很多，除了过去常见的电视、电影、杂志等渠道外，伴随着互联网于日常生活中的普及，语言信息传递的管道更趋丰富，如个人博客、聊天室与 MSN 实时通软件，都常常成为我们沟通的渠道与平台。这也难怪，近来常有人笑称，Facebook 能帮助我们搞定许多约会与活动。因为，在网络平台上，我们可以快速地传递个人的语言或非语言信息，进而能在有效时间内与他人达成意见的共识。但相对的，错误的解读也容易因此而快速向外传播，造成更大的误会或谣言。

9.1.1.4　接收者（Receiver）

接收者指接收信息的一方。接收者常会被来源所忽略，而导致沟通的失败，最好的沟通来源应该是接收者取向的，即依据接受者特性而决定来源的信息应该如何传递。例如，针对不同年龄的员工，想好不同的沟通方式与台词。

9.1.1.5　回馈（Feedback）

回馈是指信息接收者对于信息的反应。如前所述，沟通是一个双向的历程，信息接收者收到信息后，在完成译码的过程后，可进一步将自己的意见回复给对方，进而启动后续的沟通。在进行下一轮沟通之前，信息传递者可将信息接收者的回馈视为修正后续沟通的参考。回馈可分为正向与负向回馈两种。正向回馈是指信息传递者想要获得的信息效果已经达成。反之，负向回馈则是信息传递者想要获得的信息效果并未达成。

管心任意学

我不是教你"诈"!

随着全球化与跨国企业的潮流，与国外公司或厂商的互动已经是常有的现象。除了文化的差异之外，语言的不同常造成组织间沟通的困难与误会。为了替上班族解决与外商公司沟通的苦恼与窘境，许多教人如何与外商公司互动的技巧与常见用语也相继问世。例如，《商业周刊》（2012 年 5 月）中一篇专栏就为大家介绍了"10 句商业谈判超好用的句子"，如"I know I can count on you"（"我知道我可以相信你"，是用来与对方拉近距离）；"Let's compromise"（"让我们还是各退一步吧"，目的是先让对方松一口气，但接下来讲的话不一定是退一步。）等。或许这 10 句经典的句子的确能让我们的谈判过程进行得较为顺利，但整个沟通的过程中，应该不能单靠这 10 句经典句子撑场吧！况且，有些句子仅适用于某些场合与情景。

换句话说，当我们费心在学习"标准说话术"时，是不是更要将沟通背后的"不安定因素"（如对象、时间、空间、天气等）也一并纳入考虑。因为，很有可能是这些不安定因素左右了最后的沟通结果。如下雨天，当一位客人仓惶地走进便利商店里、左顾右盼时，除了基本的招呼语之外，店员如果能适时地走上前询问"您在寻找雨伞或雨衣吗？"或在结账时主动询问客人"现在要使用吗？需要帮您剪标吗？"，应该都会让客人有一种很舒心的感受。因此，个人对于所谓"好"的沟通学习是：

不是只停留在教你"如何使用话术"上，而是期望你能学会"停、看、听"。通过对环境中的不安定因素的察言观色，适应环境差异而采取最适切的沟通方式，以达到沟通的最佳效果。最重要的是，沟通话术的教导目的是教您如何提升与他人沟通的品质，而非在于"诈"（即将沟通技巧用于不法事情上，如电话诈骗等）。

资料来源：Jessie 全球化管理：10 句商业谈判超好用句子［EO/BL］. http：//www. business-weekly. com. tw/blog/article. php？ id＝1489&p＝1.

9.1.1.6　噪音（Noise）

在沟通的过程中也常会有一些不可控制的事故或原因，这些"噪音"不仅会影响信息的传递与接收，也会造成信息释放与解读有所落差的情形。

（1）信息过荷。我们在日常生活中常会接收到许多的信息，但当我们接收的信息量超过自己可以处理的范围时，就容易忽略或放弃信息，进而降低沟通效能。如当我们工作量太多时，连带的也会让自己的情绪容易暴躁，降低自己处理信息的能力。

（2）情绪。情绪也常是影响信息传递与接收的重要因素。当行动者在发送或接收信息时，容易因为个人情绪而阻碍沟通的进行，特别是当我们处在极度强烈的情绪中时，容易有情绪化的判断。如被老板骂了之后，我们会容易因为愤怒的情绪而误解他人的信息，进而将自己的愤怒发泄或投射在别人身上，或过度夸大别人的善意。

（3）语言。语言的差异也会影响信息的解读与判断。在沟通的过程中，不论是口语或书面信息，都必须建立在双方（信息发送者与接收者）可以解读的基础上。因为如果信息完全无法被译码，自然也就失去了沟通的意义。正所谓隔行如隔山，不同部门或不同背景的人可能相互听不懂彼此的"行话"，或一些语意的弦外之音。

9.2　沟通的方式与结果

9.2.1　沟通的方式

沟通的方式有许多种，以下将列举六种常见的沟通方式。

口语（Oral）与文字（Written）：优点是迅速、可快速作回馈；缺点则是当传递过很多人时，信息可能会遭扭曲，尤其是口耳相传的敏感信息，常会被添油加醋，终致面目全非。

非口语（Nonverbal）：非以文字来传达信息，常有辅助语言的效果，也常在无意间反映出我们的感觉。如 MSN 中常用的图释。

身体动作（Kinesics）：手脚的肢体动作等，如手势、抖脚。

超语言（Paralanguage）：如音调、语速。

距离（Proxemics）：指心理距离，如两人说话时的身体距离。

脸部表情（Facial Expression）：如喜、怒、哀、乐的脸部表情。

以上六项，除口语与文字外都属"非语言性"的沟通，很重要却常被忽略，故在此会详细地介绍。非语言性的沟通主要是指用肢体语言来传达信息，以增进人际关系，或提高语言沟通的有效性。换句话说，非语言性沟通又可称为肢体沟通（Body Language），是指一个人用身体语言的方式或符号向另一人传递信息。相较于语言沟通，肢体沟通包括人际距离、脸部表情、目光接触、身体姿势和动作、手势、肢体接触、说话的语调等都是。即便这些肢体沟通有许多不同的展现类型，但普遍来看，肢体沟通所涵盖的基本原则有以下几项：

9.2.1.1 肢体沟通是多渠道的

相较于语言沟通的单一管道，肢体沟通通常会通过多个方式同时传递信息。例如，我们在与他人沟通时，常会不由自主地通过提高语调，并同时搭配手势、脸部表情和目光接触等方式，向对方强调我们个人的意见与看法。

9.2.1.2 肢体沟通是暧昧不明的

虽然有许多人认为肢体沟通比语言沟通更具说服力，但很多时候肢体沟通的暧昧性却也常让人误会。举例来说，"点头"对不同的人可能有不同的意义。在中国，点头多半是代表同意与认同的意思。但对希腊人而言，点头却是代表拒绝的意思。换句话说，肢体信息在不同的文化中常有不同的涵意，即便在同一文化中也可能有不同的意义。因此，尽管肢体线索的确夹带着丰富的信息，但如果没有语言信息的搭配，即便是发生在熟悉的文化及社会脉络中，也往往容易造成误解。例如，"举中指"在中国或许多西方国家中具有"人身攻击"的意思；但在手语中却是代表"哥哥"的意思。

9.2.1.3 肢体沟通能传达情绪

有时候，无须言语，单凭对方的一个眼神、动作或一个表情，就足以表示其内心的想法与态度。例如，生气的目光、来回走动、目瞪口呆，都可作为表达个人内心情绪的最佳例证。不过，我们都知道，单靠肢体信息并不能协助我们精准地判断别人的情绪状态，所以在信息判断时务必要多看、多听、小心判断。

9.2.1.4 肢体沟通可能会与语言信息相矛盾

你一定听过有人说"我真的没有生气"、"我一点都不紧张"，而他的身体却处处表现出愤怒或烦躁的样子，如不自觉露出不耐烦的眼神，或是不停地来回走动、洗手、上厕所等行为，所谓的"表里不一"、"言不由衷"就是如此。但面对这样矛盾的信息时，你应该相信哪一种信息呢？你

最好相信肢体信息，因为，"不自觉"的肢体反应往往是真情流露的线索，常不受我们意识的控制。如脸色发白、脸红及手掌出冷汗等，多是来自人类心底出现想逃跑或进攻反应时，肾上腺素作用所产生的肢体信息。当然，口唇干燥和手掌出冷汗也是这一种反应引起的。因为它们常是个人本能的反应与行为，连带的也较贴近个人的心理状态。研究发现，若要求某人说谎，那么从非语言的信息中最容易侦测谎言，如说谎的人的语调会比较高、说话也较容易结巴。这些都源自说谎的焦虑。

9.2.1.5 肢体沟通具有文化差异性

与语言一样，不同文化也有不同的肢体沟通。即便是相同的肢体动作，不同文化也可能赋予其不同的意义。例如，拥抱与亲脸颊对许多西方人而言是展现礼仪的一种方式。但在华人社会中，陌生人的拥抱与亲脸颊则可能是性骚扰的事件。此外，目光接触对于西方人而言也是交谈的基本礼貌之一，但对日本人而言，长时间与他人目光接触，则是一种攻击性的行为。因为，对日本人而言，与人说话的最基本礼貌是将目光落在对方脖子的范围内。

在人际沟通中，最常用的肢体语言有脸部表情，还包括目光注视（所谓"眼睛是心灵的窗户"）、手势及其他身体动作、步态及身体姿势，空间行为（两人之间的距离、朝向、角度等）、服装仪容、非语言性的声音信号及气味等。此外，每个人都曾面临"言不由衷"的情境，此时由于我们对上述非语言方式的控制性不一，有的控制不佳的方式就会泄露了我们的秘密。如我们对脸部表情的控制较佳，较能做到"喜怒不形于色"，但我们对声音的控制较差，如说话的语气语调等常会泄露出说话者较真实的感受和态度。而研究发现，当语言与非语言沟通所传达的信息存在矛盾时，即"言不由衷"时，一般人都更相信肢体语言的信息，足见非语言性沟通在人际相处中的微妙作用了。

管心任意学

来一杯"淡定"吧！

托 BBS 与脸书等多元媒体渠道的福，原本一件看似轻松平常的分手事件，遂成为最近大家广为讨论的话题，不仅脸书被洗板（意指都是与"淡定红茶"有关的信息与响应文），新闻媒体也跟着一窝蜂地报道，连原本乏人问津的"淡定红茶"也霎时成为热门商品。"淡定了没"更成为朋友间互相问候的话语。

其实"淡定红茶"在台湾造成的热潮现象已非首例。从早期的王建民、郭泓志、曾雅妮到现在的"林疯狂"现象,都是通过网络与新闻媒体大肆报道与转载而获得民众的高度注意与支持。不管是早起看 Wang 投球或一起为 Jeremy Lin 加油等宣传口号,往往都可号召不少热情的民众参与。当然,这些明星人物的周边商品更常造成抢购或供不应求的现象。这些知名的运动球星会成为大家关注的焦点,除了是一种与有荣焉(华人的骄傲)的感受之外,更重要的也是朋友、同事间共同话题的来源。记得,只要碰到尼克斯球队的比赛时,当天大家见面时一定会问:"你看林书豪的比赛没?"、"你知道吗?他这场比赛超神的!"就连一向不喜欢运动的同事也会靠过来说:"谁是林书豪?"、"林书豪好帅!"(正所谓,厉害的人看球技;不厉害的人看表相)。

换言之,除了面对面的沟通之外,网络与新闻媒体也是形塑我们日常生活沟通的重要渠道。随着焦点新闻的更迭,讨论的焦点也不停地在变动,从"林疯狂"、"淡定红茶"、"奇怪耶你",下一波讨论的焦点不知道会是什么呢?

9.2.2 沟通的功能与障碍

除前面提到沟通的方式之外,沟通的过程其实也蕴涵着功能与障碍。沟通的障碍除了之前曾提到的噪音类的物理性干扰(如信息过荷、情绪与语言)之外,更严重的是心理性的障碍,而这些因素可能来自听者、说者或两者皆有。常见的沟通功能与障碍将如下:

9.2.2.1 沟通的功能

沟通的功能主要是传达正确的信息给自己或对方,以改变(或维持)自己或对方的态度与行为。因此,沟通可说是信息传送者与接收者之间的信息交换过程。沟通按功能又可分为工作取向及人际取向两种。

心灵专栏 一知己篇

心理测验:理性决策?

通过从本章的内容,你应该知道沟通的重要性以及一些良好说服技巧

了吧！但很多时候，我们除了在说服别人之外，也不停地在被别人说服。有趣的是，当我们被别人说服时，是经由我们理性思考后所做的判断，还是被说服后一时冲动的决定呢？如果想知道结果，请您先拿出一张纸，回答下列问题：

问题一

　　假设某天你在 A 商店看中一款售价 200 元的闹钟，觉得很不错，而且家中的闹钟刚好坏掉，所以想将它买下来。但此时，你又获得了可靠的消息：在 B 商店，与这一款完全相同的闹钟正在进行促销活动，售价为 100 元。你知道从 A 商店到 B 商店骑机车只需要 10 分钟时，此时你是否会掉头去 B 商店购买呢？

　　请回答"是"或"否"。

问题二

　　假设又有一天你在 C 商店相中一款钻表，售价为 36000 元。这时，朋友来电告诉你在 D 商店也有一款完全相同的钻表，售价为 35900 元。你知道从 C 商店到 D 商店骑机车也是 10 分钟路程，此时你是否会去 D 商店购买呢？

　　请回答"去"或"不去"。

　　对于以上问题的回答，如果你是"正常"的话，你的答案会和我们调查的大多数人一样。在第一种情况下，会愿意花 10 分钟骑机车去购买节省 100 元的促销闹钟；而在第二种情形下，要花 10 分钟路程去买从 36000 元降到 35900 元的钻表，就不是那么兴致勃勃了。因为，人们觉得骑 10 分钟的机车去买 200 元降到 100 元的东西，要比买 36000 元降到 35900 元的东西更加值得。同样，你是否对一辆优惠 500 元的汽车无动于衷，但是却会注意一台优惠 500 元的微波炉？明明都只是 500 元的优惠，但为什么会有不同的反应呢？这是因为我们经常会陷入"比例偏误"的陷阱所产生的行为。

　　（1）工作取向（Task Orientation）：主要包含控制（Control）功能和信息（Message）功能，主要目的在于顺利完成工作任务。例如，部门每周一早上的例会中，主管会分配工作，建立报告链（谁要向谁报告）和每个人的权责，此即用沟通达成控制功能。会中各团队还会报告前期的工作进度和遭遇困难，主管也会传达组织高层给予的最新信息和要求，以此为基础来决定部门的工作计划是否要修正调整，或寻求其他应对措施，这便是以沟通来达成信息功能。

（2）人际取向（Interpersonal Orientation）：包含激励（Motivation）功能和情感（Emotion）功能，目的在于激励士气，凝聚向心力，发挥员工潜能，强化团队运作。如篮球比赛时，教练常会仔细利用中场休息时间，除了给予球员更正确的战术指导之外，更会鼓励球员要勇于出手、表现、上下一心以求得胜利！

9.2.2.2　沟通的障碍

（1）自我防卫（Self Defensiveness）：防卫或许是最严重的沟通障碍，也是个人过度的自我保护，害怕被别人伤害。当我们觉得受到威胁时，就会表现防卫，例如觉得别人在评价自己，觉得别人试图控制或操弄自己。如果别人表现得高高在上，也会引发我们的自我防卫，因此那些炫耀地位、财富、能力或权力的人，总会让别人产生防卫；满脸写着"我永远是对的"的人也会让人产生防卫。你当然不希望引起别人的防卫，但也要正视你并不能完全控制别人的知觉和反应。

有时并不需要真正的威胁，也会引发防卫行为，所以你若已深信对方会嫉妒你的成功，你与他互动可能就不会那么正面，此时预言自验成真的话，你恐怕就真的尝到你最害怕的负面反应（嫉妒）了。

（2）动机性扭曲。沟通中还会发生扭曲和预期，即人们会听到想听到的信息，而非实际传递的信息。每个人都有自己独特的参考架构，即态度、价值及预期，这些都会影响他们听到的是什么信息。与个人观点相左的信息常会引起情绪的不适，选择性注意（Selective Attention）便是躲避这种不悦感受的一种方法，即选择性地注意与自己信念相合的信息，而忽略与自己信念相左的信息。相对的，人们也会无中生有，或过度推论。这种扭曲信息的现象常发生在情感强烈的议题上，如升迁、奖惩等议题，常会引起交谈双方强烈的情绪反应，误解也特别容易由此发生。

（3）自我专注。如果有人只专注在自己的问题上，则双向的交谈简直就是不可能。你一定有过这样的经验吧，这种人好像是讲话给自己听的，每次你想要谈谈你的问题，他们就打断你说："这算什么，我碰到的才惨呢！"更糟的是，自我专注的人很少注意听别人讲话，因为他们都在想自己接下来要讲什么。也正因为他们只顾自己，便很少会留意到他们对别人的负面影响。自我专注的人容易引发别人的反感，主要有几个原因：他们的讲法实在太自利了，总想炫耀自己，或博取别人同情，听来有些刺耳；他们总是霸占太多的谈话时间，只谈自己，又讲个没完，难怪听的人会觉

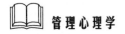

得自己被忽略、被冷落，而尽量避免与他们交谈互动。交谈是双方分享信息，若有人不遵守这样的社会规范，那就只有等着被别人疏离！

 ## 9.3 态度改变与说服技巧

沟通除了作为信息的传递外，也常被用来说服或改变他人的态度。因此，下面将介绍态度的内涵与说服技巧，具体地告诉大家如何通过不同的说服技巧让人改变态度。

鸡同鸭讲

沟通时的误会，真的很让人啼笑皆非。

9.3.1 态度改变的定义与功能

态度（Attitude）是指个体对某一特定人、事、物的看法、情感与行为倾向。所以，态度改变指由原本接受某一种态度，转而接受另一种可能与

212

之相排斥的态度。它不仅可通过学习而得到，也受到个人过去经验、各种个人或非个人所提供的信息的影响，当然，我们自己的人格特质也会影响态度的易变性和改变速度。

从心理反应过程来看，态度决定了个人后续行为的表现。因此，一个人日后的行为表现取决于个人对特定事物的看法。此外，不同于个人情绪的快速转换，个人态度是一种较为稳定、不易改变的倾向，具备提供个人知识、价值传达、自我防卫与社会适应等功能。态度的知识（Knowledge）功能是指态度可以帮助我们了解周围世事，以及提供我们简化日常生活中各种信息的方法。如"严于律己，宽以待人"的态度，会帮助我们用宽容的态度去面对或接受别人的作为。价值传达（Value Delivery）功能，可表达我们的价值或反映出自我概念的态度，即称其具有价值表达功能。例如，主管 A 也许因为对于权威的渴望，而对服从权威持有正向的态度；而另一个人或许非常反对权威主义，而对要求服从权威的人产生负面的态度。自我防卫功能是保护我们免于焦虑或对自尊产生威胁的态度。自我防卫的概念来自于弗罗伊德的心理分析论，弗罗伊德认为我们可以通过投射、否认、转移或合理化等方法，保护我们个人的想法。如抱持"我都是对的"的人，会倾向将所有错误推到别人身上。社会适应（Social Adaptation）功能，能让我们觉得自己是社会中的一分子，而与他人产生联结的关系。例如，我们会因为与部门同事拥有相同的想法与态度，而建立团体认同与互助的关系。

9.3.2 说服对态度改变的影响

通过各种大众传播媒体或他人，每个人每天都会接收到许多信息，这些信息无形中都在说服我们改变态度。而说服的过程包括四个基本因素：信息来源、信息内容、传播信息的工具以及接收者。

9.3.2.1 信息来源

传播信息来源的可信度高，比较容易说服人。譬如，主管的公开谈话，或是正式文件签呈通常比小道消息具有公信力。如 2011 年经济低迷的时候，台积电总裁张忠谋亲自出面声明公司不会裁员的消息，果然让公司内部的工作气氛缓和不少。此外，当传播者与接收信息者愈相似，其信息愈容易被接收者相信。如亲近朋友的建议与看法，也比较容易使人改变态度。传播信息者的外貌如果是较具吸引力的，其传播信息比较容易使人相信，这也无怪乎为什么现在公司新产品的发表会总喜欢邀请辣妹助阵。

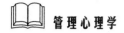

9.3.2.2 信息内容

信息内容的传播可以采单向或双向的论点。若仅采用正面的论述，称为单向论点（One – side Argument）或单向传播，如演讲、政见发表、广告等常都仅采单向的论述，以提高说服的成功率。倘若同时论述正与反两面的看法，则称为双向论点（Two – side Argument）或双向传播，例如，客观分析增聘人力的优点与缺点。这两种传播方式各有其优缺点与适用对象，一般来说，单向传播对教育程度低者比较有效，双向传播对教育程度高者比较有效果。因为教育程度低的人，不容易接收反面信息，同时对正面信息比较不会做理性批判；教育程度高的人则相反。此外，传播内容使接收者产生担心，这种恐惧诉求颇具有影响力。传播信息重复出现，也比较容易说服人。

9.3.2.3 传播工具

随着科技的进步，可用的传播工具也日趋多元。如今常见的传播工具有报纸、图书、电视、广播以及计算机等。其中，又以视听影像媒体最具有说服力。现今流行的话题"淡定红茶"或"林疯狂"的现象，往往都是通过网络影像的渠道来提高民众对于议题的关注与参与率。

9.3.2.4 接收者

大体来说，智力低或对于信息不熟悉的人比较容易被信息说服，单向传播的信息更为明显。就新、旧员工来说，新进员工对于工作流程与工作环境较不熟悉，容易被这类传播信息说服；既有员工对于新技术、新系统等工作新知识方面的传播内容较不熟悉，容易被这方面的信息说服。假如传播的信息在接收者预期心理范围之内，就比较容易说服接收者。就年龄来说，传播信息内容是否会被接收者采信，与接收者年龄层所关心的事物有关。例如，接近退休的员工较容易关注退休相关信息，职场新鲜人则会留意就业招聘会、一般新人基本薪资的信息。

心灵专栏 —知彼篇

职场冲突不可怕，管理最重要

2009 年新春伊始，世界各地标上绽放的绚烂焰火还让夜空留着余温，中东的火药库又无预警的引爆——以色列重兵突袭，对已酷似围城的加萨走廊发动了地面攻击，火炮四射，哀鸿遍野，与幻象尚在的漫天焰火，欢声雷动，真是强烈的反差！但其实，冲突在中东已是经年累月的梦魇，在人类文明史上更是抹不去的伤痛。

不只是国家与国家、族群与族群间冲突难以消弭，平民百姓日常生活的冲突也在所难免，从亲子到夫妻、从邻里到职场，冲突与和谐仿佛一对孪生兄弟，形影相随，互为依存。或许没有面红耳赤，我们很难享受会心一笑；没有剑拔弩张，我们也很难珍惜把酒言笑。人类文明要延续，家庭要美满，职场要和谐，组织要发展，我们都必须学习与冲突共生，了解它、化解它、超越它，在协商与包容中找出各方的最大公约数，谋求共赢和多赢的局面。本章我们就走近冲突，通过协商，来一同面对我们不愿面对的真相。

冲突（Conflict）是指同时出现两个或两个以上，彼此对立或互不相同的冲动、动机、欲望或是目标时，个体无法使之皆获满足，但又不愿将其中部分放弃的心理失衡状态。它是一种互动过程，开始于 A 方认为已受到或即将受到 B 方的负面影响，且这样的影响正是 A 方所关注的。例如当双方的目标不兼容、对事实解释有差异、对行为期望存有争议时，双方所产生的互动过程便是冲突。例如，不少组织的研发部门与销售部门间都会有沟通障碍，这其实就是一种冲突：研发人员以"我能做的好东西"为目标，力求技术突破，甚至单纯满足"我最强"的虚荣心；而销售人员以完成交易为目标，尽量将产品推给客户，自然必须响应顾客的需求，以表现"我最感心"的诚意。双方目标不同，合作不成，反变成冲突的起因，彼此责怪、攻击，终将演变成不可收拾的恶性循环，也把整个组织一同绑架而拖下水。

当双方都意识到冲突一触即发时，如何处理呢？我们可依据"协力合作"（Cooperativeness）和"坚持己见"（Assertiveness）两个相度，将解决冲突的意图分为两两相乘的五种：

（1）"竞争"（Competing）。坚持己见与不合作。竞争型的人会把每个冲突变成黑白分明，你死我活的情境，他们固执地坚守自己的立场，强迫对方接受，常常无所不用其极。这种冲突处理风格扼杀了创造性解决问题的可能性，而且，这种处理方式特别容易引起后续的紧张、怨恨和敌意。正所谓赢了一仗，却输了全局。

（2）"统合"（Collaborating）。坚持己见但合作。统合是真诚的寻求解决，以期最大限度地满足双方的需求。大家都清楚冲突是双方的问题，必须尽可能有效地解决，因此合作必须开放与诚实，也必须"对事不对人"。要合作就要努力澄清各自立场的异同，并尽量发展相同之处。整体而言，这是最具建设性的冲突化解之道，它不会形成后续的紧张与怨恨，反会培养出一个信任的气氛。

（3）"逃避"（Avoiding）。不坚持己见但不合作。逃避的人就是不喜欢处理冲突，当冲突发生时，会赶快转换话题，讲个笑话化解紧张，迅速逃离现场，或假装做别的事情，他们通常对冲突很不安，会不惜一切代价地避免冲突。这种人也常相信时间可以解决一切，若是小问题，这通常是很好的策略，不需为小事抓狂；但若是大问题，逃避则并非好策略，它只是拖延时间而已，冲突终究还是会引爆。

（4）"顺应"（Accommodating）。不坚持己见且合作。与逃避型的人一样，顺应型的人也对冲突感到不安，所不同的只是他不逃避冲突，而是赶快让步来结束冲突。太过在意别人的接纳和肯定的人常用此法。习惯性顺应并非解决冲突的良方，因为顺应可能扼杀了创造性思考和有效的问题解决。而且，顺应者常扮演牺牲者的角色，一派楚楚可怜，结果双方都满腹怨气。

（5）"妥协"（Compromising）。中度坚持己见且中度合作。妥协是承认双方有不同的需求，是一种务实的做法，是愿意协商，各退一步，每个人都放弃一点，双方也就都满足了一些。由于双方都获得了一些满足，这样的折中是相当有建设性的处理方式，尤其可用来处理中度重要性的议题。

如前所述，最有效的冲突管理方法是"统合"，但要真正达到这个境界，有几项大原则必须谨记在心。第一，在冲突情境中尽量给对方留有余地，不要一开始就假设对方无知或刻薄，要表示对他们的尊重，尽可能地同理、充分理解他们的参考架构。第二，平等对待对方，若你的地位较高，也尽量不要让权力介入。第三，将冲突界定成需合作解决的共同问题，而非输赢之争。第四，选一个双方都可接受的时间坐下来解决冲突，随时随地处理冲突并非良策。第五，让对方知道你有弹性和意愿改变自己的立场。以下便是心理学家提出的有效解决人际冲突的指导原则：①沟通要诚实公开。别保留信息，也别误导别人，不欺骗，不操弄。②指出别人令你不悦的具体行为，不要做笼统的人格批评。评论具体的行为较不具威胁性，也较不会引起反弹，同时又表明了你希望看到的改变。③避免挑战性的字眼。有些措辞很容易引起听者的负面情绪反应，因此，措辞要尽量小心。④用正面的说法，留个面子给别人。⑤只处理最近的行为和眼前的问题。翻旧账、炒冷饭只会挑起积怨，让你分心而无法处理眼前的问题。

随着职场竞争日益激烈，压力成了冲突的温床。因团队合作成为达成工作任务的必须条件，而团队成员又各拥专业背景与人生价值，内部冲突随时引爆，严重危害团队表现甚至存亡。冲突已无法熟视无睹，欧美大企业已开始在主管训练中增加了"冲突管理技巧"的课程，着重的正是上述的几项大原则。

9.3.3 如何说服别人呢?

我们都知道，态度是可以通过沟通来改变的。但我们要如何与他人沟通，才能达到改变他人态度的目的呢? 以下将为大家介绍四种常见的说服技巧。

9.3.3.1 逢迎

逢迎的策略是要先使信息接收者对传递者产生好感，然后再进一步提出具体要求。如在要求主管增加工作资源的时候，可能通过感谢主管之前的帮忙，"上次的任务还好，有主管的及时帮忙，不然不能如期完成"，或是"在主管底下工作真的很幸福"等，然后再进一步地对主管提出真正的要求，如"这次希望主管可以再增派一点人力协助我们完成任务"。

9.3.3.2 互惠

互惠的策略是建立在回报的基础上，"拿人手短、吃人嘴软"就是互惠的最佳典范。具体来说，就是先给别人好处，再要求别人回报。如当某一位同事常热心地帮大家解决困难时，一旦他面临困难、寻求帮助时，我们也不好意思置之不理、袖手旁观。

9.3.3.3 多重要求

多重要求指将要求分为不同阶段提出的策略: 通常第一次提出的要求只是幌子，第二次提出的要求才是真正的目的。

(1) 得寸进尺术 (The Foot – in – the – door Technique)。先提出小要求，当此小要求被接受时，再另外提出一个大要求。如进行工作任务分配的时候，主管可能会先问您有没有意愿去国外进修，然后再进一步建议员工可以趁机利用外派的机会完成个人去国外进修的计划。

(2) 脸在门上术 (The Door – in – the – face Technique)。先提出大要求，被拒绝后，再提出小要求。如当您拒绝外派到其他国家工作的时候，主管可能会进一步询问您是否愿意到省内其他县市工作。因为相较于中国

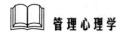

台湾至其他国家的距离，去其他县市工作明显近多了，员工也较容易接受这种小要求。

（3）低飞球术（The Low – balling Technique）。先提出一个合理的要求，当对方答应之后，在中途变卦，提出较大的要求。例如，进行组织重整时，原先大家的协议仅要就目前工作表现较差的部门做调整就好，待组织调整进行至一半的时候，可以以"牵一发而动全身"或"人力重新再分配"作为理由，说服大家进行全面性的调整。

（4）脚在嘴里术（Foot – in – the – mouth Technique）。先与对方建立某种类型的关系，以提升对方顺从的可能性。如开会的时候，信息传递者可能通过对接收者的观察，寻找彼此共同的喜好或特性，进一步与接收者建立同群的关系。如可通过询问对方过往的工作经验或成长历程，寻找"原来你以前也在××公司待过"、"我也被同样的主管带过"等共同特征，提升对方对自己的信任感。

（5）不只如此术（That's Not All）。在对方尚未决定是否要同意要求之前，提供额外的利益，以提升对方顺从、改变态度的可能性。当我们在犹豫要不要接下外派的工作时，主管如果积极地提出保证，如"三个月可以回台休假一次"、"回任之后保证会调升你的职位"或"提升你的工作薪资与福利"等保证时，很可能就会改变我们原本想要拒绝的态度。

（6）诱惑术（Lure Technique）。先提出一个具有吸引力的要求，当对方爽快答应后，再宣称这种具有吸引力要求已不复见，并提出另一个较不具吸引力的要求。例如员工比较愿意外派的国家，常是欧美或是另外的发达国家。一开始，可以以欧洲分公司有员工外派的意愿，但最后则可能告诉员工，该缺已补满，但公司另一分公司也有缺，建议员工可以考虑外派到其他邻近地区的分公司，如土耳其的分公司，位居欧、亚交界之处，去欧洲或亚洲旅行都非常方便。

9.3.4 外在压力的限制

有时增加外在压力反而会降低顺从性，人们喜欢维持其行动自由；当自由受到威胁时，他们可能会有抗拒的倾向。很多时候当员工上下班不需要打卡时，员工可能更会对自己的工作表现更严加要求，但当组织开始要求员工上下班，甚至是进出的时候都要打卡时，反而会引起员工的反弹，觉得主管不再信任自己，连带的也降低员工对于组织的承诺与忠诚度。

课堂活动

推销的艺术

一、目的

1. 认清种种推销活动的真相及惯用的手法。

2. 提高个人抗拒推销压力和说服性沟通的能力。

二、说明

1. 人数：不限，6~8 人一组。

2. 时间：30~40 分钟。

三、程序

1. 老师先说明说服的本质与历程，并指出我们随时随地都可能成为被说服或被推销的对象，举凡产品广告、公益宣传、政见发表以及日常的人际互动，都潜藏着各式各样的推销与说服。

2. 请各组学生以自己看过、听过的广告、宣传、意见发表为例，或以自己遭遇过的人际互动经验为例，找出其中所用到的推销手段或说服策略，记录在白纸上。

3. 不断重复前一步骤，直到找不到新的推销手段或说服策略为止。

4. 老师请各组将所找到的推销手段或说服策略逐一登录在黑板上，并引导大家讨论：

(1) 哪些手段或策略是最常见的？

(2) 哪些手段或策略是最有效的？为什么？

(3) 如果你想说服别人，如何提高说服的效力？

(4) 如果你不想被"洗脑"，如何抗拒说服的压力？

基础题

1. 请简述"沟通历程"，并简单说明历程中所包含的重要元素是什么？

2. 肢体沟通所包含的基本原则与元素有哪些？请简述。

3. 沟通的功能与障碍。

4. 请简述态度的定义与功能。

5. 本章介绍多种说服技巧，请简单说明你较常见或常用的三种说服技巧。

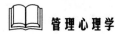

进阶题

1. 职场上有不少滥用职权硬是用职级来压制部属的主管，请想象作为员工的您，可通过哪些方法与这种主管沟通与互动？

2. 人际知觉有一致性，也就是如果第一印象建立后，是很难改变这个印象的，所以如果已经在职场中形成不好的第一印象（如强势、不通人情、激进……）要如何才能有机会改变别人已存的印象？

第10章　性别与两性差异

看不见的天花板

随着社会的变迁与教育的提升，近年来中国台湾女性劳动参与率逐年上升。根据2011年2月底的统计，台湾女性人口的劳动参与率已达49.7%。虽然现在已有不少女性的工作能力受到大众的肯定，但现行女性经理人的比例仍偏低。2006年，中国台湾中华征信所针对台湾上市、上柜公司进行专业经理人的万人大调查，结果发现女性经理人仅有11.4%；其中，女性董事长或女性总经理的比例更低（仅有4.5%）。换句话说，即使女性进入职场的人数增加，男女受教育程度相近，在职场中却不见得获得同样公平的待遇，甚至常出现同工不同酬的对待。但令人好奇的是，究竟是什么原因造成职场中会出现"男霸天"的现象？是女性员工真的能力不足，还是有什么其他原因呢？

"女性就业人口增加、但仅少数女性可以晋升到高级职位的不平等"现象，在学术研究中被称为"玻璃天花板"（Glass Ceiling）现象。根据美国劳工局的定义，玻璃天花板是一种垂直的性别隔离，因为社会角色的刻板印象或组织偏差所导致的人为障碍，使得组织中某些具备资格的女性员工无法获得升迁至管理阶层的机会。研究发现，造成女性员工难以升迁的原因主要有："让女性参与管理决策太冒险了"；"组织里面缺乏适合女性管理的位置"；"女主管会容易造成男同事蓄意作对的现象"；等等。再者，即便女性员工试图努力突破眼前工作的障碍，往往也容易被贴上"女强人"、"强势"等负面标签。综合来说，现今社会中即便男、女受教育的权力与程度相等，但是传统"男主外、女主内"、"男理性、女感性"的性别角色仍影响员工个人工作及家庭生涯的发展与规划。社会中的多数人，对于男性仍抱持好的成就或工作表现等期待，女性则从小被教导要温柔、顺从、以家为主的态度。此外，受到性别角色期待的影响，组织中也习惯将重要工作、责任委派于男性；女性则多负责一些内务或文字处理等例行性、随时可被取代的工作。当男性与女性同时遇到工作及家庭生涯的选择时，也常出现女性员工牺牲工作而成就家庭的结果。这也难怪为什么大家总是会说"成功的男人背后总有一双伟大的手"，这其中意味着女性的牺牲与付出是成就男性伟大事业的重要条件。

因此，造成女性员工无法升迁至高级职位的重要原因，也许并非能力不够，而是"传统性别角色"那堵看不见的"价值墙"阻挡了其高升的机会。

"男女有别"所指的往往不仅是男女在"生理性别"（Sex）上的不同，也隐含了男女在"性别角色"（Gender）上的差异。很多人倾向用"心理性别"一词来区分男性与女性，意指性别角色是可通过教育或家庭等社会化的机制而习得，与以生理器官的差异作为男性与女性的区分标准，有所区隔。"性别"指的是男女的生物性状态，即男性及女性因先天生理构造的差异而有所不同，但"性别角色"则是通过非生理特征（如穿着打扮与人格特质）作为男女区别的判准。换句话说，性别角色的观点认为：社会角色的学习与性别息息相关，性别角色的分化也深受社会环境的影响，传统上的"男主外，女主内"即性别角色的一种。随着男女平权的倡导与女性自我意识的转变，社会上对于男性、女性的角色期待也有所转变，但传统男性/女性的角色价值观仍是影响现在生活的重要因素。因此，本章将先介绍性别角色的刻板印象，再探讨近年来社会对男女性别角色态度的转变，以此呈现现代性别角色价值观及其内涵，并进一步了解两性对于人际关系及爱情发展等态度的差异。

 ## 10.1　男女角色大不同?

因为性别角色的差异而让人对男性或女性的特质产生不同的界定与区

分，这是性别角色刻板印象及性别态度的展现，且这种性别角色的界定方式会通过教育与社会文化代代相传等机制成为根深蒂固的观念。

10.1.1　性别角色刻板印象

男女的性别角色刻板印象的形成，可追溯至以农、渔、牧为主的远古社会。随着先天体型与力量的差异，男性多被视为家庭经济的主要来源及扮演宗族延续的角色，且社会地位高于女性。而当此观念在人们心中成形，性别角色刻板印象也随之而生。因此，传统社会中，男性常被要求具备"工具性特质"（Instrumental Characteristics），如坚强、独立、勇敢、追求成就、适合在事业上打拼、竞争等，女性则需具备"情感表达特质"（Expressive Characteristics），如温柔、顺从、依赖、爱小孩，应从事照料家庭与小孩的工作。而这些性别角色的规范则可通过父母教养、学校教育或社会环境深植于人们的意识形态中。

日常生活中我们很容易因为刻板印象（如对性别、社会阶层和国籍的刻板印象），而快速的解读与回复信息。某些时候，刻板印象也许真能帮助我们在不确定的情况下，快速地判断与处理信息，但这样快速判断后的结果也容易产生错误的决策。例如，一般人普遍认为女性语文能力较好、数理能力较差；男性数理能力较好、语文能力较差。但不见得女生的数理能力、男生的语文能力就真的会比较差。例如，杰出科学家居里夫人不仅擅长物理学，对于化学也有卓越贡献。她不仅是第一个获得两次诺贝尔奖的得主，也是巴黎大学首位女教授。此外，诺贝尔文学奖的得主中则以男性为多数。所以，既有性别刻板印象不仅容易让人对于性别产生僵化的思考，也容易使两性因此产生自我设限，抑制个人潜能的发挥。举例来说，男性、女性常会为符合社会刻板印象的期待而选择男性/女性应该从事的职业，而非顺应个人偏好发展所长的工作。如男性多选择工程师、医师，女性多选择保姆、护士、老师等职业。

然而，性别角色刻板印象并不是不可撼动的。近年来，随着社会环境与价值观的转变，社会大众对于男女性别的刻板印象也慢慢在调整中。虽然幅度并不大，但女性在家庭的成就、男性在工作的成就不再是作为评论个人存在的单一标准，女性员工在工作上的优异表现也较容易获得社会及他人的肯定。

223

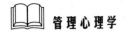

10.1.2 性别角色态度

性别角色态度（Gender-role Attitudes）通常指的是个人认为男女各自适合的角色或对两性行为期望的不同偏好。换句话说，性别角色态度指的是与性别有关的分工及特定的角色规范、取向或偏好。传统性别角色态度认为男性必须外出工作，是家庭经济的主要来源；女性则负责家务与照顾孩子，在经济上则扮演依赖的角色。现代的性别角色态度强调男女平等，认为男女不论是在工作与家庭领域中皆具有同等的地位。

过去研究发现，性别角色态度对男女性的成就动机有一定的解释力。举例来说，当女性的性别角色态度越现代化，越不容易有逃避事业成就的倾向，且也较会在结婚或生育后继续留在职场上工作，并积极争取高级工作的升迁机会。所以，我们可以发现过去与现代的女性因自身对性别角色态度的差异，而对职业选择与职涯发展有不同的结果。但有趣的是，虽然现在大部分女性对于工作的态度已渐趋向现代化的性别角色，她们对于家庭仍多偏向传统的想法，在面临事业与家庭的选择时，很多仍未能跳脱传统"男有分，女有归"的思考，倾向以家庭作为首要选择。

从前面的讨论，我们已经知道现代的性别角色态度已与过往有所不同。主要是因为，现今父母的子女教养观，已从"重男轻女"逐渐趋于"男女平等"；也从强调"男独立，女顺从"转变为"男女皆独立"。但除了父母对于儿女的教养方式改变之外，早期"男大当娶、女大当嫁"的婚姻观也有所改变，"盛女"（指工作上有所成就但未婚的女性）的人数也慢慢在增加中。即便婚姻不再被视为个人人生的依归，但这不代表个体不再需要人际关系。相反地，因为都市社会发展所造成的人际疏离，让人更渴望密切且稳定的关系。因此，本书将先说明什么是亲密关系，再介绍人与人之间是如何彼此吸引，又如何决定是否延续一段关系。顺着这个议题，我们将深入分析男性与女性看待友情和爱情的具体差异，一并探讨职场友谊与"办公室恋情"的种种。

管心任意学

互补的人好，还是相近的人好？

小茹，今年28岁，除了有着让人羡慕的美丽外表之外，还拥有一份稳

224

定的工作。简单来说，稳定的公职工作、美丽外表、与半熟的年龄让她总是不乏追求者，不管是公司内部同事或其他场合认识的朋友都有。看似一切都好的她，实质上却是情场上的败将，几段恋情都是在伤了又伤、不得不放手的情况下，忍痛结束。最近才又刚结束一段办公室恋情的她，难掩悲伤、泪眼婆娑地问着大家："究竟什么样的对象才适合自己？"因为为了避免前错再犯，她不断地修正自己择偶的标准，但始终难逃分手的结果……

"什么样的对象才适合自己？"相信曾是许多人困扰与好奇的问题，究竟是"物以类聚"好？还是"异性相吸"好？一直也是备受讨论的问题。从人际关系的"相似性"与"互补性"假说的立场来看，Byrne 认为我们与人交往时，倾向选择与我们志同道合的人，如相同性取向、相同信仰、相同兴趣等。相似性原则的假说也获得研究结果支持。研究报告大多指出：相似性（如两个人都喜欢粘在一起，或都不喜欢）的吸引力大于不相似甚至互补性（如一个独立，另一个依赖），而这个发现同时适用于情人或朋友的关系。例如，有研究发现相同依附形态的人，比较容易彼此吸引。当然，有时候相反也具有吸引力，你可能也碰过那种一个很安静，另一个却很聒噪的夫妻或情侣，这样的组合或许也行得通。但是就维持一段长期的关系而言，相似性似乎是不可或缺的，有研究发现，与相似的人结婚比与不相似的人结婚还要快乐。

所以，如果你还不知道该选择怎样的人做朋友或伴侣时，可以试着寻找与自己拥有相同特质的人，如相同工作、年龄、宗教、社会地位、教育程度、外表吸引力、能力、态度或个性等，也许能有更多话题与活动可以让你们共同参与、讨论，进而增加彼此的情谊与认识。

▶▶ 10.2　亲密关系的建立与发展

现代社会中，便捷的实体交通网络与虚拟的互联网，都提升了人与人互动的机会。不论是在学校、工作或大众场合中，每天都有好多机会可以遇见不认识的陌生人，也有好多机会可以创造新的人际关系，增加自己的朋友数量。但是，我们总会发现，在你的生活中，有些人是来去匆匆的过

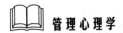

客，仅留下短暂的痕迹，有些人则会跟你知交一辈子。如果说恋人关系是一种亲密关系，那么恋人与朋友的差异在于两人关系的亲密程度，但什么是亲密关系呢？只有恋人们才能拥有亲密关系吗？

10.2.1 什么是"亲密关系"？

一般而言，亲密关系（Close Relationship）是指一段重要、相互依赖且较长远的关系。换言之，我们会花较多的时间和精力来维持这段关系，而且会互相受对方的言行举止所影响。你可能会注意到，亲密关系也会引发较强烈的情绪感受，不管是正面的（如热爱、在乎、关心）或负面的（如狂怒、吃醋、失望）。举例来说，公司要好的同事升迁了，你可能也会因此而替他（她）高兴。但如果原本要好的同事忽然都不理你而跟其他人互动密切时，你可能因此而生气、讨厌工作。

亲密关系除了情人间的关系之外还有许多不同的形态，如同事、家人、朋友间的情谊都是，有些是因为彼此可以分享私密的话题，有些则不是。除了家人，我们与周围的朋友都是从陌生人开始的，经过几次的互动与交往，大家彼此渐渐熟悉，建立情感，进而成为稳定的两人关系。对于"你觉得你和谁最亲密？"的问题，美国大学生有47%回答情人，36%回答某个朋友，14%回答某个家人，还有3%回答其他人（如同事等）。由此可见，并非所有的亲密关系都是以血缘或伴侣为基础的，但是什么样的因素会影响亲密关系的建立或存续与否呢？

10.2.2 影响亲密关系建立的因素

相信大家都曾有过"相见恨晚"的经验。有些人，虽然以前不曾接触过，但双方可能在第一次接触就会让人产生认识很久、彼此十分熟悉的错觉。尽管一见如故、一见钟情总是让人雀跃与惊喜，但这机会毕竟不多，大部分的人仍需经过一段时间相处，才能慢慢地建立两人的友谊（恋爱）关系。这种人与人之间相互欣赏、产生爱慕与关注的心理历程，可称之为人际吸引（Interpersonal Attraction），而接近性、熟悉度、外表吸引力、相似性与互补性等则是影响两个初次见面的人，后续是否会成为朋友（情人）的重要因素。

心灵专栏　—知己篇

心理测验：你的爱情风格

一、导言

你要的是轰轰烈烈的爱情？还是平平淡淡的？当每个人说"我爱你"时，心里想的"爱"可能都不一样。你了解自己对爱情的看法吗？完成下面的心理测验，帮助你看清楚自己的爱情风格。

二、做法

完成下面的爱情风格问卷，共有 30 个题目，请细读每一题，若你"同意"这样的说法，给自己"＋1"分；若你"不同意"这样的说法，则给"0"分。

爱情风格问卷

1. 长久的爱情必须基于理智的决定，而不是感情或情绪。

2. 当两人真诚相爱时，做爱成为一种表达爱的纯洁美好的方式，他们并不只为了快乐而做爱。

3. 每个恋人都必须寻找他或她的"另一半"，那个与之相配的，使之生命完整的灵魂。

4. 真正的恋人应共享每个秘密，即使可能妨碍他们的爱，也不隐瞒任何事情。

5. 如果爱是真诚的，就能克服所有障碍，爱会引导你。

6. 如果必要，恋人应该采取激烈的行动，甚至暴力威胁和自杀，以证明爱的深度。

7. 如果找到一次真正的爱情，但它凋谢了，活着便不再有意义。

8. 在真正的爱情中，你感受到一种强烈的无法解释的吸引力。如果这种吸引力不存在了，或过了一段时间消失了，你便再也不能让自己感觉到对方的爱了。

9. 真情的恋人永远不会满足于对方所给予的爱，他们也从不会厌倦彼此相爱。

10. 真情的恋人总是喜欢对方的抚摸、气味和声音。

11. 爱比我们更强大，爱是不能否认，不能抗拒的，哪怕所涉及的人已与他人结婚。

12. 两个人可以真诚相爱，纵然他们知道只有短暂的相会，就必须分离，永不能相见。

13. 没有人会期望恋人在恋爱中所说的句句是实话。

14. 只要你不伤害别人，假装你沉浸在爱河中并没有什么不妥之处。

15. 两个永远不可能成为好朋友的人，仍能真正相爱。

16. 几次陷入爱情，又几次失恋，只要不造成严重的伤害是完全可能的。

17. 如果分手在所难免，最好是丢下对方，而不要被丢弃。

18. 情场游戏，在几个爱你的人中选择一个，并没有什么不对。

19. 如果你想要的只是和他或她在一起玩玩，而对方却爱上了你，是很令人头疼的。

20. 对伤心的最好治疗是另找新欢。

21. 生活中还有与爱情同样重要的事情。

22. 即使双方都知道他们并不相爱，可能仍有理由结婚。

23. 结婚后，应准备对爱人有一定的失望。

24. 只有具有相似背景和共同兴趣的人之间的爱情才会持久。

25. 若你已习惯于依赖某人，可以发展成真诚的爱情。

26. 更重要的是找一个你真正喜欢与之相处的人，而不是一个好看、令人兴奋的人。

27. 要知道你的爱是否真诚，唯一可靠的方法是时间的考验。

28. 生理（性）的吸引不是爱情的一个重要部分。

29. 真诚的爱是在友谊中慢慢成熟的，它不会突然地、戏剧性地产生。

30. 真诚的恋人彼此尊重和赞赏，他们会认为对方似乎比自己"更好"些。

三、计分方法

将下面各类型所列的题目的分数加总，就是你这一个类型爱情的得分，每一类型皆为10题，所以你最高的得分为10分，最低为0分。至于这些类型代表什么意义，请见下面的解释。

1. 浪漫型：8~15分，18分，19分。

2. 游戏型：12~21分。

3. 伴侣型：21~30分。

4. 狂热型：3~11 分，30 分。

5. 奉献型：1~5 分，26~30 分。

6. 现实型：18~27 分。

四、解释

1. 浪漫型：爱情对你来说是一种强烈的情绪经验，你喜欢的对象对你而言具有致命的吸引力，通常你是重视外表与激情，会把情人或爱情过度理想化。

2. 游戏型：你的人生观是游戏人生，所以你也将爱情视为游戏之一。对你而言，爱情的重点在寻求刺激，因此在爱情关系中，你会比较以自我为中心。

3. 伴侣型：你觉得爱是在友谊中滋养出来的，通常你希望另一半也同时是你的好朋友，能陪伴你，一起聊天，互相关怀。

4. 狂热型：你的爱建立在占有与被占有的强烈情绪里，或许你对情感有强烈的饥渴，但强烈的嫉妒、痴迷可能令你的另一半觉得你有些神经质，甚至是个"危险人物"。

5. 奉献型：你觉得只要你爱的人快乐你就快乐，所以在爱情关系里，你永远是无怨无悔地奉献与付出，可能让另一半觉得很甜蜜幸福，但也可能会让他觉得颇有压力。

6. 现实型：你的恋爱对象通常是由理性来选择的，也有许多现实的考虑，在意的是跟这个人在一起有什么好处，这个人对我未来的生涯有没有帮助等实际的问题。

五、附注

1. 这六类爱情风格的分数没有绝对的高或低，你只需将你自己的数种分数做比较。每一个人都可能同时有几种类型的分数皆很高，这表示你的爱情是"混合型"的，同时具有这些风格。另外，你可能随着年龄的增长与人生历练而改变自己的爱情风格。

2. 如果是多数人同时进行，可以比较大家分数的高低，了解自己的风格与别人的异同。

3. 资料来源：

(1) Lee, J. A. The colors of love. New York：Bantam, 1973.

(2) Lee, J. A. Love styles. London：Dent, 1976.

4. Lee 教授常用几小时来诊断一个人的爱情风格，所用的测验题项高达1500 多题，此处仅摘录 30 题，意在让你对自己的爱情风格略有了解而已。

10.2.2.1 接近性

自古有云："近水楼台先得月"，这是决定两人关系是否可以向前迈进的重要因素，两人若不能在某个时间、某个地点碰在一起，不会有进一步的交往。接近性（Proximity）意指时间上、地理上、居住上或其他任何形式上的靠近。相较于距离远的人，我们容易与活动空间相近的人建立情感，也因此称之为"接近效应"。例如，同事、同学、邻居、教友、校友等，容易因为长期处在同一或相近的空间而互相吸引，所谓"办公室恋情"就是"近水楼台先得月"的最佳例证。虽然今日社会的流动性很大，但是许多人结婚的对象，仍然是生活周围的异性。这可能因为距离近而增加彼此互动的机会；也可能是本来就具有某些相似性，才可能被凑到距离相近的区域。譬如，因为所学或兴趣相同才会选择同一个工作，或者因为专长相似而被分至同一部门，自然就增加了互相吸引的可能性。

仔细观察生活周围其他人的互动就会发现，人们容易和他们住得最近、坐得最近、甚至编号或姓氏最近的人成为好朋友。Priest 和 Sawyer 的研究指出，大学生认为"室友"成为朋友的概率是"同层楼友"成为朋友的两倍，"同层楼友"成为朋友的概率是"异层楼友"成为朋友的两倍。当然，接近性并不是指人际关系的发展受到了空间限制。但不可否认，在日常生活中，比较熟的朋友或情人常常是住附近、一起工作、一起逛街或一起玩的人。因为，时空条件上可接近的两人，才可以实时地分享彼此的感受，即刻地响应彼此的想法。

10.2.2.2 熟悉度

如果说接近性增加了两人互动的机会，那么熟悉性则会增进彼此喜爱的程度。试想，每天去上班的时候，你可能会发现有些人好像常与你走一样的路。当你开始对这些人释放善意（点头或微笑）时，对方起初也许可能会愣了一下，但随后也可能会给予你礼貌性的回应。日子一久，可能不需要等你主动致意，对方就会热情地跟你打招呼，此现象是单纯曝光效果（Mere Exposure Effect）。单纯曝光效果是指因为不断地曝光而让人对某事物或某人的好感渐增，注意这里渐增的好感纯粹是因为很常见面，你们双方并没有任何实际上的社会互动。单纯曝光效果怎么会对一见如故、一见钟情有影响？道理很简单。一般而言，你对这个人越熟悉，你就越喜欢他，你越喜欢他，就越有可能找机会与他互动，才可能发展更进一步的关系。因此，一旦开始互动后（相对于只是单纯曝光），对彼此好感通常会因此而向上提升。不过，单纯曝光效果有一个限制，那就是如果你一刚开始就不喜欢那个人，那么曝光只会更增加你对他的反感。所以，如果日后遇到了不喜欢的下属或上司时，就尽量减少彼此碰面的机会，以避免增加彼此的反感或不好的情绪。

10.2.2.3　外表吸引力

外表吸引力（Physical Attractiveness）是让"生人"变成"熟人"的重要因素，因为外表吸引力决定两人初次见面时的第一印象。虽然我们常会以"人不可貌相"一语提醒自己不可因为他人外表而影响自己对他人的评价，但事实上是我们很难不受外表的影响！研究显示：个人的身材外貌，是决定人际吸引的重要因素，长得美的确比较有吸引力，不但容易获得他人的注意，也较容易获得工作面试或后续约会的机会。难怪许多年轻貌美的淑女或英俊高大的帅哥，会成为众人目光竞相追逐的对象。尤其在异性交往初期，外表是吸引对方的重要条件。但是，经过长期交往之后，随着对彼此各方面的了解愈多，对方外表的吸引力就会逐渐降低。而且，女性的外貌（身材、肤色、服饰或发型）对男性具有的影响力大于男性外貌对于女性的影响。因为，比起外貌，男性的社会地位、财富更容易影响女性是否进一步认识对方。

即便过去许多调查多显示男生对伴侣的外貌比较介意，但在行为上，不论女生或男生都一样重视外表，只是女生常会在被问时刻意掩饰。因此，有时候根据问卷调查而得到的性别差异，常常是不可靠的。虽然大家会刻意隐瞒对外表吸引力的迷思，但是不难发现，以此为交友前提的人不少。

10.2.2.4　相似性

俗语说："物以类聚"、"惺惺相惜"、"官官相护"，这些都说明性质相近的人相互吸引。许多学者研究发现，具有相同种族、年龄、宗教信仰、智力、人格特质、教育程度、社会地位者，越容易成为朋友。再者，配偶中，两个人的个性或价值观愈相似者，其婚姻愈幸福美满。上述众多相似性条件中，态度相似性（Attitude Similarity）是受人欢迎的重要因素。一般人都有排除异己的心态，以此推论，部属跟上司唱反调、学生向老师抗辩，都不容易得到长官或老师的欢心。这也是为什么许多公司的主管都喜欢或倾向选用与自己同一学校或有相同特性的员工，因为他们会认为员工跟自己很像，有一拍即合的默契。

10.2.2.5　互补性

个人为了弥补自己的不足或缺陷，因而对自身所缺而对方所长的人，产生示好的心理倾向，称为互补性（Reciprocal Effect）。譬如，学理工类科的人，可能喜欢学文、法、商的人；矮个子的女性喜欢嫁给高个子的男士；贫苦人家喜欢娶富有的太太；决策力佳的老板，可能会很喜欢执行力高的员工。因为每个人的能力有限，无法样样精通或万事俱全，因此，通过他人优点来弥补自己的短处，也是构成人际吸引的条件之一。

从上述内容我们已发现，人际吸引的历程中有许多是凭感觉或直觉。难道我们对他人印象的形成，没有比较理性的部分吗？其实是有的，研究发现，我们会根据与他人多次的互动，逐步修正自己对他人的印象，最后形成整体印象。不过，对他人形成整体印象的过程是将所有特质经过不同比重加权、求平均值而来的。造成各个特质比重不一的因素有以下几项：

（1）评价目的。随着评价目的不同，我们赋予每个特质的比重不一样。如在追求卓越工作绩效的目标下，我们会特别重视员工的工作与学习能力，并给予较高的评价比重，而较不在乎其家庭情况。但如果是要选择结婚对象，那么对方的家庭情况与工作能力可能获得相同的评价比重。

（2）负面效应。人们在形成整体印象时，会给予负面的信息比正面的信息更多的加权。在其他条件保持恒定的状况下，负面特质对整体印象的影响大于正面特质。这就是俗话所说的"好事无人知，坏事传千里"，也是为什么在公司中常有人因为一些早期的错误而影响其后续升迁的原因。

（3）核心特质与周边特质。有些特质对印象的形成有较大的影响力，且这些特质比其他特质隐含较多关于个人的信息，与其他特质也有高度关联性时，即可称为"核心特质"（如外向、聪明）；反之，则为"周边特质"（如手很巧、粗心）。

（4）月晕效应。一个人如果有些正向特质，则观察者就会假定他拥有其他正向特质；反之，如果有些负面特质，则观察者也会假定他拥有其他负面特质。譬如，工作能力强的人一定很聪明，话都说不清楚的人，一定很笨。

 ## 10.3　友情/爱情的男女观

人与人的相遇、相知、交往，至此已大致介绍完整。做朋友一段时间了，再交往下去，我们还是只会停留在男女间青涩的感觉的阶段？还是会往专长朋友关系发展呢？他是喜欢我？还是爱着我呢？这些问题相信是两

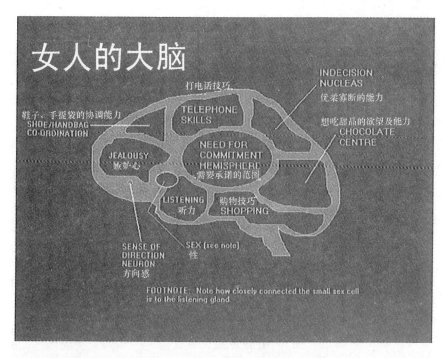

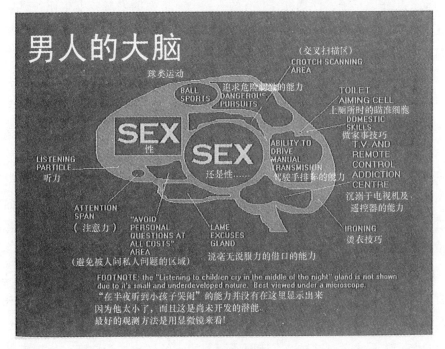

男女大不同

男女有别，是科学？还是刻板印象？

性交往时或多或少都曾面临的问题，且重复不断地出现在不同时代的生活中。友情与爱情是人际关系最重要的两种情感，但两者也时常让人难以捉

摸其界定、范围与内涵。

10.3.1　是友情?

男女生多半都有较多同性的朋友,但是因为传统性别角色和社会化的结果,男性与女性对友情的态度与行为也有所不同。

《六人行》与《欲望城市》是红极一时的美国影集,也是过去大家茶余饭后聊天的主题。从两部长篇影集中,我们不难发现:姐妹间的情谊多半是以情感为基础,而男生间的兄弟情则主要是建立于从事共同活动(例如美式足球)的基础上。虽然有些研究者不认同这样的看法,不过最近的一个研究显示,男生在一起通常都是因为有共同的兴趣或一起做事的关系,而女生聚在一起时则多半在聊天、寻求情感的慰藉与支持,内容也多是一些感情问题或人与人之间的关系。当然,女性朋友也会一起从事某种活动,不过她们一定会利用这样的场合聊天,同样地,男性朋友也聊天,但是内容要么是与即将进行的活动有关,要么是一些和人无关的话题,如运动、工作、车子、计算机等。有的研究也有类似的发现,女生比较喜欢正面解决朋友间的冲突,而男生则比较能忍受朋友之间存在一些紧张的气氛,且能泰然处之。

那么,男性情谊和女性情谊,哪一种友情比较亲密?这个议题最近引发不少的争论,有些学者认为两者的亲密程度应该是相同的,只是达成亲密感的途径不同(如男生通过共事,女生通过谈心),但是,大多数的专家则认为女生的友谊比较亲密,满意度也比较高。为何男性情谊的情感亲密性比较低呢?可能有下列因素:传统的性别角色鼓励男性将别人视为竞争者,怎么可以向别人示弱呢!且社会教育一再强调男性要"坚强且沉默",这些直接或间接的因素都使得男性较不愿意表露自己的情绪。此外,男性比女性更怕被误认为是同性恋,这也成为男性培养亲密友谊的障碍。

男性与女性友谊的差异在职场中有不同的表现形式。例如,男员工们常会因为抽烟或应酬关系,慢慢形成"烟友圈"或"酒友圈",三五人不时地在公司外面的地方或公司内部楼梯转角聚集,交换彼此工作上的相关信息与个人看法,而这样的友谊圈所涵盖的年龄层也较为广泛。相较于男性员工的以烟或以酒会友,女员工们则倾向寻找与自己年龄相仿的同事们聚在一起,就算跨部门也没关系。例如,新进或同期进公司的女生常会通过共进午餐、互吐苦水、一起逛街等情感交流的方式凝聚彼此的友谊。

双职工家庭，玩一场婚姻游戏吧！

　　大伟一早上班，就被王经理叫进办公室，他还在揣测凶吉之际，经理已将他前日提交的企划书丢了过来，不由分说，劈头就是一顿批评。一场"台风"过后，大伟被扫地出门，却依然愣在那里，丈二和尚摸不着头脑。王经理的秘书小莉见状，把他拉到一边，好心地说："你别在意啦！经理不是冲着你的。昨天下午快下班的时候，经理的太太打电话进来，口气很不好，经理一接电话，就慌忙叫我把门关上，两个人讲了好久啊。说不定啊，昨天晚上已经有'家庭革命'了哦！"原来如此！王经理极可能是把家庭的压力带到办公室了，周围的员工只是这波"低气压"的无辜受害者而已。不过，长期在不定时出现的"台风、低气压或冷气团"下工作，员工的工作情绪和工作效率必会大打折扣，受不了的可能还一走了之，白白浪费了公司的栽培和投资呢！

　　其实，现代人的生活压力，已毋庸置疑，若夫妻双方都工作，则工作和家庭相乘的压力更令人抓狂，在情绪上要保持工作与家庭之间的界限也变得越来越难，工作上的压力和挫折渗透到家庭生活之中，使"安乐窝"渐渐失控，变成了"杀戮战场"；家庭生活的压力又被带回工作，职场也充满愁云惨雾。身为一个现代社会中的双栖人类，如何从工作和家庭的连环套中解套呢？好好经营自己的婚姻，让家庭重新成为"安乐窝"和"避风港"，或许能成功地逆向操作，建立起一个正向循环的系统。那么，婚姻经营的第一步又要如何开始呢？就从玩"婚姻游戏"开始！

　　心理学研究发现，所有的人际关系都不过是一场游戏罢了，如果你懂得游戏规则，遵守游戏，虚心学习一些游戏技巧，并勤加练习，那么，不管你玩的是什么人际关系的游戏，都会给你无穷的快乐和无限的奖赏，这样的人便是人人称美的"关系高手"；反之，若你破坏了游戏规则，或缺乏游戏技巧，轻则"赔了夫人又折兵"，重则还可能受到社会的惩罚（如婚姻暴力的施暴者便要面对法律的责任）。

　　既然婚姻也是一场人际游戏，那么游戏规则有哪些呢？心理学研究发现，夫妻双方都应尽力遵守以下的 25 条规则，否则婚姻冲突和婚姻不幸福便会应运而生了。

1. 给予对方情绪性的支持，听她（他）诉苦，陪她（他）走过情绪低潮。

2. 与对方分享成功的消息，充分表露你的快乐，也要为对方的成功（不论多么微小）喝彩。

3. 绝对忠诚，包括情感上和行为上的忠诚，不要自欺欺人，精神出轨和肉体出轨都是"出轨"。

4. 努力创造并维持一个和谐温馨的家庭气氛，多一点"高质量"的共处时间，只是一起看电视还不够。

5. 尊重对方的隐私，幸福的婚姻并不需要完全的坦白，但却需要完全的信任。

6. 用名字称呼对方，连名带姓或用孩子的口吻称呼对方，都会破坏夫妻间的亲密感，淡化"夫"或"妻"的角色身份。

7. 为对方保守秘密，这有助于建立夫妻的亲密信任和一体感。

8. 维持和谐愉快的性生活，尊重双方的性需求和偏好，"性"是婚姻关系与其他人际关系最大的不同，要善加珍惜。

9. 记得对方的生日和重要日子（如退伍的日子），以及两人关系中的重要里程碑（如结婚纪念日，或第一次约会的日子），并赠送礼物或卡片以适当地庆祝。

10. 当他（她）不在场时，为他（她）说话，如在姻亲对配偶有误解时，充当沟通的桥梁。

11. 夫妻应共同讨论性与死亡的问题，婚姻中的话题应绝无禁忌，尤其是隐秘的、敏感的、会引起焦虑不安的话题，更要充分沟通，求取共识。

12. 向对方表露个人情绪和问题，不要把对方当"出气筒"，但也不要将对方拒在自己的情感世界之外，自我表露是对对方的由衷信托，寻求帮助则是给对方机会展现其能力和才识。

13. 告诉对方自己的时间安排和活动计划，事先知会是一种尊重，既减少误会，又省了不少事后解释。

14. 容忍对方的朋友，婚姻和友谊应该互相包容，除非你有原则性的立场反对配偶与某些人交往，否则的话，睁一眼闭一眼吧，你嫁的或娶的又不是那些朋友！

15. 不在公开场合批评对方，顾及对方的面子和自尊，也给了自己一个快乐的婚姻，何乐而不为呢？

16. 向对方寻求意见和建议。

17. 与对方讨论宗教和时事问题，信仰和政治偏好虽是个人自由，但谅解和包容总是要建立在充分的沟通和了解之上的。

18. 交谈时看着对方的眼睛，边看电视、边做家事的谈话，只能算是闲谈，认真沟通或真诚谈心的前提应是"专注"。

19. 夫妻共同讨论财务问题，家庭经济的日常支出和重大决策都应是夫妻共同讨论后的决定。

20. 有意地爱抚对方，身体接触是亲密和爱的表示，也有助于化解生活压力，消除不安全感。

21. 与对方开玩笑嬉戏，夫妻独处时间绝对必要，宁静祥和是一种恬淡之美，常保童心赤子情则是另一种迷人的风情。

22. 在公开场合适当地表达对对方的感情，爱并不一定要让全世界知道，但公开的感情表露却有助于确立夫妻的"一体感"。

23. 要求对方帮忙，"家事"是大家的事，帮助别人，尤其是帮助心爱的人，应是一种幸福。

24. 向对方表露痛苦和焦虑，但吐完苦水之后，别忘了做一些建设性的讨论！

25. 维持夫妻间的互惠性，对方为你做任何事情，即使是钉一颗纽扣、买一瓶酱油，都不是理所当然的，记得感谢，也要回报。

以上的婚姻规则若能遵守，美满婚姻便不是梦，双职工家庭也可能成为每个人生涯冲刺的后盾而非阻力了。现代的双职工夫妻们，愿你们的这场戏梦人生皆是喜剧和温馨剧。

10.3.2　还是爱情？

与"爱"议题有关的作品，不论是哪种形式的爱（如父母亲对子女的爱、朋友之间的爱、情人之间的爱），都较能吸引众人的目光与讨论，其中又以轰轰烈烈、惊天动地的爱情为最，这也是现今穿越剧的最大卖点。如《步步惊心》即以清朝雍正皇帝与现代女孩张晓两人的爱情故事为卖点。

虽然男女都一样需要爱情，但男性及女性对于爱情的态度与行为却有所差异。一般的刻板印象都认为女性比男性还要浪漫，但是，很多研究却都得到相反的结果。举例来说,有研究表明男性对爱情较容易抱持罗曼蒂克的信念,如"爱是天长地久"或"每个人一定可以在这个世界上找到一个最完美的另一半"。此外,男性比较容易坠入情海,而相对地,女性比较容易结束恋情。还有,女性比男性更容易说要与一个自己不爱的人结婚。尽管有上述的证据,证明男性比女性更浪漫,却也有几个研究发现,女性比男性浪漫。譬如,女性在谈恋爱时,会有较多的身体反应,觉得自己像"飘在云上"。此外,女性也比较容易在说话或动作上变得温柔。

浪漫虽然能促进爱情的加速发展,但也可能扼杀了爱情的进展。再者,浪漫的加分效果,会依据个人条件而调整。曾有研究发现女性在选择伴侣时比男性更为严苛与现实。站在社会文化的观点,这可能是因为女性经济上的劣势。因为,女性会为了自己后半生生活着想,倾向寻找经济收入或社会地位高的伴侣。也因此,男性比较能承担以浪漫的角度选择伴侣;相反地,对女性而言,这种奢侈的浪漫却是她们承担不起的。但是,这样的现象,会随女性的经济条件提升而改变。有的研究发现,女性在经济上越能独立,就越会去选择有外表吸引力的另一半。比如电影《爱情限时签》就是描写一个事业有成的职场女主管与英俊男助理的爱情故事。当然,职场中"麻雀变凤凰"的故事也时有所闻。

1990年,美国好莱坞电影《麻雀变凤凰》就是以"应召女郎数日内成为知名公司经营者情人"为剧情主轴,描述一般女性因为与男主管谈恋爱而成了贵妇的故事。

10.3.3 爱情三角理论

过去,大家总是像在雾里看花一样,探讨着爱情的本质面貌,所以爱情总带有几分甜蜜、几分神秘,令人既向往又害怕。然而,较近的爱情理论开始尝试回答爱情的现实问题。以下,我们将为大家介绍著名的爱情三角理论。

爱情三角理论是罗伯特·史丹博格(Robert Sternberg)所提出的,他认为爱情包含亲密、激情及承诺三个主要的成分。每个成分都好像三角形的一个顶点,撑起一个如图10-1所示的爱情三角,这也是该理论名称的由来。

238

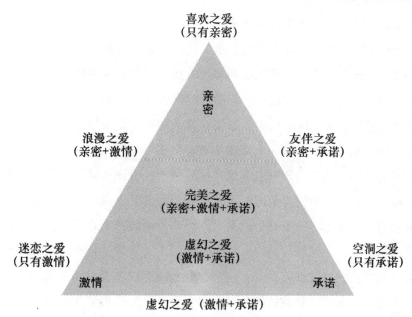

图 10 - 1　罗伯特·史丹博格的爱情三角理论

10.3.3.1　亲密（Intimacy）

亲密指在关系中让人觉得温暖、亲近、愿意彼此分享的感觉。亲密的指标有，提供或获得情绪支持、觉得对方值得爱、希望能帮对方多做些事、与对方分享好东西等。不论是罗曼蒂克或柏拉图式的爱情关系，"自我揭露"（Self - disclosure），如分享秘密，都是建立亲密感不可或缺的要素。

10.3.3.2　激情（Passion）

激情是在关系中强烈的情绪感觉（不管是正面或负面的），其中也包括性的渴望。激情与恋爱时的欲望相当有关系，如外表吸引力、想发生性行为等。虽然性的渴望可能是很多亲密关系中最常有的激情，但也会有其他激烈的情绪反应，如想要在关系中被照顾、想要有尊严、想要强势、想要柔顺或想要能实现自我等。譬如，当一个人吃醋时可能就会觉得自我尊严受到威胁。

10.3.3.3　承诺（Commitment）

承诺是指个人下定决心，愿意不计任何困难与代价的去维持这个关系。根据 Sternberg 的理论，承诺有短期和长期两种，短期承诺是指认定自己爱对方，长期承诺则是愿意去维系这个关系。虽然决定爱一个人通常在承诺之前，但有时也有先承诺才决定爱对方，如"先结婚后恋爱"的政治

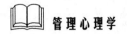

或商业联姻就有可能出现这种现象。

如图 10-1 所示,在爱情关系里,同时拥有这三种成分的爱情才是完美的爱,若缺乏其中一项甚至是两项,将成为一份不完美的爱。在关系的初期,很容易同时有三种成分,但随着时间的增加,激情、亲密与承诺的含量也会改变。Sternberg 认为:激情在关系的初期就会攀到最高点,然后快速下降;相反地,亲密和承诺则是随着交往时间越久而与日俱增,只是速率稍有不同。其他的研究也发现,被另一半吸引或触电的感觉会随着时间而减弱。但为何激情会消退?大致有三个因素可以说明其为何会一下子攀升然后又消失殆尽:第一个因素是幻想,爱情通常是盲目的,刚开始时对爱人都有许多的憧憬与幻想,对一个新恋人(通常是自己预期的理想情人)的渴望感,在彼此互动和了解后,就会减退。随着时间过去,爱人真实的面貌就会渐渐在完美的假象下浮出台面。第二个因素是新鲜,对一个新恋人的新鲜感,在彼此互动和了解后,也会减退。第三个因素是惊艳,一个人外表的吸引力不可能一直令你惊艳,而办公室恋情就是一个最佳例证。工作场合中,同事们常因为共事的关系,而彼此越看越顺眼,进而成为人人熟知的办公室恋人。虽然同一工作场合(接近性的关系)的确有助于两人感情的培养,但也正因为朝夕相处或工作上往来密切,很快就降低了对彼此的新鲜感,共事的冲突或情绪也会让两人间的情感快速降温、甚至分手。这也是为什么许多公司明文禁止办公室恋情或抱持着不支持的态度。虽然,恋爱可能会提升员工的工作士气与绩效,一旦分手之后,员工多半不是通过工作刁难彼此,就是选择离职或者转调部门等,都会伤害公司工作气氛,制造不必要的工作窘境。所以说,如果爱情的产生可以让人升天,那么爱情的陨落也可以让人一败涂地。

很多关系中的男女朋友或夫妻,不懂激情、亲密与承诺成分的增减是爱情的常态,反而以为激情消退就不爱对方了,因此选择分手。这种激情消退现象除了朝夕相处的办公室情侣,在学校中或社团情侣中也很常见,因为少了距离的朦胧美,反更容易让两人因为紧密相处而摩擦、吵架。但这其实是对关系经营的误解所致。因此,若要维持长远的关系,首先一定要够了解彼此,有深厚的亲密感为基础;其次是双方都要信守承诺,不轻言分手;最后是时时保持神秘或新鲜感,让激情感不容易消退,才能让关系长久下去。

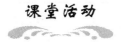

呼喊爱情

一、目的

1. 探索自己的爱情观。

2. 了解别人对爱情的不同追求，学习包容与接纳。

二、说明

1. 人数：不限，以大团体进行。

2. 时间：50~60 分钟。

三、程序

1. 老师说明活动目的与游戏规则，请每位学生先想好"理想的情人"应具备的条件，如"爱情大甩卖清单"上所列的项目，收集大家写的条件，准备进行一场拍卖会。每位成员都有 100 万元的预算可供运用，拍卖时每项条件起价 1 万元，每次加价最少 1 万元。

2. 请学生先仔细思考，并将初步预算分配填入列表。

3. 开始拍卖，由老师担任拍卖官，逐项竞标，记录每项成交的价码及得标者。也请得标的学生标记自己得标的项目，直至所有项目均卖出为止。

4. 老师带领大家讨论：

（1）你买到的项目是你在爱情中最在意的吗？为什么？

（2）哪些项目是你在爱情中很想要却没有标到的，为什么？

（3）哪些项目是你在爱情中并不在意却标到了，为什么？

（4）今天成交价最高的项目是什么？你觉得惊讶吗？为什么？

（5）今天成交价最低的项目是什么？你觉得惊讶吗？为什么？

（6）你在活动中有什么感受和想法？

爱情大甩卖清单		
项目	内容	预算
1. 性情	脾气温和、不轻易动怒、善解人意	
2. 家世	家世清白、家中亲戚无不良分子、身份地位显赫或与自己相配	

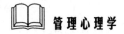

续表

项目	内容	预算
3. 学业	在校成绩优异、学历高	
4. 知性	能做心灵沟通、能跟我相互成长的伴侣	
5. 财富	很有钱或很会赚钱，使生活没有经济负担	
6. 才华	能出口成章，有文学、艺术或运动的天分	
7. 兴趣	与自己的兴趣相类似，能共同参与各项活动	
8. 外形	长相出众，身材姣好	
9. 感性	会制造浪漫，精心安排生活中的惊喜	
10. 口才	口齿清晰，善于沟通与表达	
11. 人际	关系有很多好朋友，善于维持良好的人际关系	

基础题

1. "性别角色刻板印象"的内涵是什么？

2. 什么是"亲密关系"？

3. 影响"亲密关系"建立的因素有哪些？

4. 什么是"单纯曝光效果"？

5. 请简述爱情三角理论中，内含的三个主要成分是什么？并绘图说明其强度随着交往时间而变化的情形。

进阶题

1. 传统与现代大不同，随着男女平等的强调与经济需求，女性投入职场的比例渐增，职场上成功女性的例子也越来越多。试问，现代女性与传统女性的价值观有何不同？

2. 办公室恋情对于员工工作表现孰好？孰坏？

第11章　心理测验与衡鉴

管心开心讲

心理学等于算命学？

不知大家有没有这样的经验：只要听到对方的所学与心理相关，马上就会露出惊讶又带点暧昧的眼神，冒出这几个问题"你是学心理的？那你说说我是什么样的人？"、"那你猜猜我现在在想什么？"、"你们一定很会看人？"、"那我不就被你们看透了？"如果你又很不巧地说中对方几个特质，例如脾气很好、急性子、活泼等，那么对方可能就会马上把他（她）现在面临的问题掏出来跟你分享，然后用迫切的眼神问你"怎么办？"，但这些问题大家有没有觉得很熟悉，很像是我们不知人生该如何是好时，常去庙里掷筊求签、算命小摊上问的问题呢？所以，"心理学就等于算命学？"

其实，"心理学决不等于算命学！"算命没有心理学那般的科学基础。在心理学的发展史中，"心理测验"是一种尝试用科学的方法来描述无法直接观察的人类特质。心理测验不像心理学其他学科强调理论构建，从一开始就注重实际应用，通过计量化或定量分析行为的各个方面。例如，1904 年法国政府授权心理学家阿弗列德·比奈（Alfred Binet）研究辨识智力缺陷儿童的方法，这一研究专题的结果便是著名的史坦福—比奈（Standford–Binet）智力测验，史丹福—比奈智力测验的发展开创了现代智力测验领域的研究，目前它仍被广泛用于全世界儿童的智能评估。在美国，因材施教的基础是应用常规测验，对儿童的发展进行直接的、连续的测量。事实上，有时候测验本身就是教育的一部分。在英国，有人提出恢复算术、语文基础技能的教学，并用标准化的测验来评定。我们通常会用形容词或是行为表现来叙述一个人给我们的感觉；我们也会用一些指标或比较来表达个人在某些方面与他人的不同；我们大概还会从行为表现的蛛丝马迹中推敲某个人的态度和智力。这些对人的了解与猜测大抵和"算命"相去不远——不需要太多的事实证据、在很短的时间内就给人很武断的评价。

其实心理测验本身并无好坏，只是在运用上我们必须了解测验使用的背景及应用的目的，才能避免被"武器"误伤。且记得心理学决不等于算命学！因为，算命缺乏透明化程序及可验证的科学基础。

现今的心理和教育测验都已进入了大规模的常规使用，在美国尤为如此。几乎所有人在一生中都接受过至少一次心理测验。在中国台湾，每年有30万名考生接受基本学力测验，15万名考生接受学科能力测验，对于一位中学生或高中生而言，参加入学考试这种能力测验几乎是理所当然的事了。事实上，测验正是一般人直接接触心理专业最常见的途径。心理测验其实只是观察的一种方式，心理学家在相似的条件下对人们提出标准化的问题，收集行为的样本以进行个体间的比较。由此，我们能尽可能获取对于人们行为的客观评定，而不需只依赖主观的解释。心理测验可广泛地运用在我们的日常生活中，除了上述的智力测验可用于学生天生资质的评估之外，工商心理学家也常运用心理测验帮助人们发现自己的职业倾向，也帮助老板们选择理想的员工。在职涯选择中，运用心理测验进行职业选择咨询是常用的方式。例如，对一位即将毕业的学生而言，面对各种可能的职业选择，心理测验也许能帮助他决定哪种职业是最适合他的。心理测验在职场的人事筛选以及生涯发展决策上也具有高度应用价值。所以，本章将为大家介绍心理测验的分类方式、使用原则及常见的心理测验工具。

▶▶ 11.1　心理测验的分类方式

2003年，在英国出版的《心理测验年鉴》（第十五版），收集了目前已有的上千种心理测验及其具体描述和评论。就测验的目的来区分，可将测验分类为典型表现测验与最佳表现测验；若以测验运用的方式区分，则可将测验分为个别测验与团体测验；就测验的性质来看，可分为特殊测验与一般测验；根据数据源的不同，可区分为自我报告与他人报告。

11.1.1　典型表现测验与最佳表现测验

最佳表现测验是测量人们全力以赴时的最优能力表现，常见的运用是能力测验和教育测验；典型表现测验是测量人们的典型行为，而非极限工作表现，主要的运用有人格、兴趣和态度等测验。工作场合中常用的测验有员工的工作态度、工作价值观或人格等，而公司可以通过了解员工的个人特性，挑选最适合的人才，或为员工安排适切的工作，譬如，公司在招募业务人员时，可通过人格量表了解应征者的特性，并可从中挑选较外向且开放度较高的人。因为，业务人员通常需要具备外向、活泼、开放等特质，才较容易与陌生人（客户）建立良好关系。

11.1.2　个别测验与团体测验

为了节约时间、提高效率，许多能力测验和教育测验往往以团体测验的方式进行，如个人对组织的承诺、团队整体效能或是个人学习成就等测验，都可通过集体施测的方式，大规模的回收问卷并节省时间。但是有些测验并不适合采取团体方式进行，仍维持传统的个别测验方式，例如，临床测验或者诊断性质的测验。

11.1.3　一般测验与特殊测验

测量的内容属于一般的能力、特性等涵盖范围较广或属性较普遍的，通常称为一般测验，如整体智力测验、对组织的忠诚度、个人的工作价值观等；而注意力测验、脑伤鉴别诊断测验、音乐能力测验、社会焦虑量表等则属于特殊测验。

11.1.4　自我报告与他人报告

多数的测验使用自我报告，即由当事人填写问卷、接受访谈或操作某些程序；但也有些测验因为测验的限制或实施目的等原因需要用他人报告，例如儿童发展评估常需邀请父母和教师协助提供信息。同事、主管或其他专家也常是测验信息的提供者。例如，现今企业流行的度评量，就是通过不同角色（如主管、同事、客户等）来评量员工个人的工作绩效，期望能由综合的评估获得一个较客观的评分结果。

11.2 心理测验的基本原则

随手翻开报纸，"12 星座——谁会是好主管！"这个标题马上吸引了我。仔细看了一下内容，说道："双子座主管聪明伶俐、擅于理性分析、尊重员工个人的需求，会是员工心中爱戴的'花椰菜'！"一整段根据双子座特性所给的建议，似乎挺有道理的，再瞧瞧别的星座怎么说："射手座主管个性热情大方"、"牧羊座主管缺乏耐心"等的确是这些星座的典型特征，不过我有时候好像也会这样。

心理学家 Bertram R. Forer 在 1949 年曾进行一项研究，他告诉学生将进行一项人格测验，并依照得分，发给每人一张专属的"人格分析说明"。接着请学生在 5 点量表上勾选"测验结果的准确程度"，平均结果为 4.26，表示大家觉得测验的结果很准！但其实 Forer 给每个人的说明是一样的内容，而且相当含糊。这便是巴南效应（Barnum Effect），当人们接收到广泛、模糊的形容词来描述自己时，人们往往很容易就接受它，认为描述的内容与自己相当吻合。

民间的"心理测验"多少都存有巴南效应，但心理学所谈的"心理测验"则不会有这个状况。心理测验在管理心理学中的应用相当广泛，了解心理测验的必要性自不待言。在接下来的内容中，您或许会觉得进入了心理学的世界，但若对心理测验有一定程度的了解，相信它会成为您在职场上的一大利器。心理测验有很多重要的功能，包括让教师或有关单位依据能力水平将儿童分类以促进教学、确认特别优异或迟缓的学习者、对学生进行适性教育及职业咨询、企业人事甄选及分类的重要参考、军中的人事甄选与分类、个人咨询，心理学基础研究等。因此，正规心理测验会交由符合资格的主试者使用，并对测验分数进行适当的解释，以防一般人得知测验内容，因而降低效度。正规心理测验是测量行为样本的客观及标准化的工具，为达此目的，测验需具备标准化、常模、信度、效度等条件。下面将一一介绍这些概念，当你了解后，你就能明了日常生活中我们在网络上、报纸上所做的趣味心理测验都不具备这些条件，因此，并不能算是心理测验。

246

11.2.1 标准化

标准化（Standardization）是指在编制或实施测验时，必须遵循的标准程度，其内涵简述如下：

11.2.1.1 决定测验内容

测验内容必须与测验目标相符合，而命题方式也需考虑受试者的年龄和教育程度。此外，题目的用字应遵循由简而难的顺序，编制成测验题本初稿。

 心灵专栏 —知己篇

心理测验：你适合什么样的组织文化？

一、导言

从 20 出头到 60 多岁，从周一到周五，每天至少 8 小时在工作，其实人生的黄金时间都在职场上度过，你选择为之效忠甚至效命的组织是否适合你的个性和价值，足以决定你的人生幸福与否，这一点也不夸张。那你适合什么样的组织呢？是捧个铁饭碗，当一辈子默默无闻的小公务员？还是放手一搏，自己创业当个自在随性的 SOHO 族？抑或是……？做个心理测验，再想想吧！

二、做法

下面有七个题目，可帮助你做一个初步的自我分析。请细读每一题，若你"非常同意"这样的说法，给自己"＋2"分；若你还算"同意"这样的说法，给自己"＋1"分；若"不确定"这样的说法，给"0"分；若你"不同意"这样的说法，给"－1"分；若你"非常不同意"这样的说法，给"2"分。

1. 我喜欢在团队中工作，并以我对团队的贡献来评量我的工作表现。

2. 不应该牺牲个人的需求来达成部门的目标。

3. 我喜欢冒险的刺激和兴奋。

4. 如果一个人的工作绩效不佳，他是否努力根本就是无关的问题；换言之，没有"功劳"，就谈不上"苦劳"。

5. 我喜欢周围的事情稳定，可以预测。

6. 我喜欢主管能详细理性地解释他的每一个决定。

7. 我喜欢没有压力的工作环境，同事之间也能和平相处。

三、计分方法

先将第 1、2、3、4 和 7 题反向计分，即将"非常同意"的"+2"分变成"-2"分，同样地，将"+1"分变成"-1"分，"0"分不变，"-1"分变成"+1"分，"2"分变成"+2"分。

再与其他题的分数一起累加，你的总分应在"+14"～"-14"分。这个分数是什么意义呢？

分数越高（正的分数），表示你越适合在一个正式、机械式、有制度、有结构的组织文化中工作，如大组织和政府部门。

负的分数则表示你较喜欢非正式、人本的、有弹性、有创意的组织文化，如研发、广告，高科技公司。

11.2.1.2　选定代表性样本进行测试

从施测对象的母群体中（如全台湾省的高中生），依抽样原理选定具有代表性的标准化样本（Standardization Sample），并根据此测验结果，修订为正式的测验题本或测验卷。

11.2.1.3　施测程序标准化

施测人员应详阅测验指导手册，充分了解有关规定，仔细清点核对测验题本、答案卷以及受试者编号是否相符。场地条件、测验时间、作答方式以及测验情境等限制，各个试场都应保持一致。

11.2.1.4　记分方法标准化

为了使评分客观、正确及快速，最好各题皆有标准答案，题本与答案卷分开，并且以计算机阅卷计分。假如试题没有标准答案，应由多名专家共同评分，以便建立评分的公信力。

11.2.2　信度

信度（Reliability）是指对于测验分数的可信程度的考验，包括一致性与稳定性的考验。信度指标一般分为测量"一致性"（Consistency）的克朗贝克 α（Cronbach's α）系数、折半信度、库李信度等，以及测量"稳定性"（Stability）的再测信度、复本信度及评分者信度。

简言之，信度指标让测验使用者了解接受测验者在测验题目间的作答一致性，或者各个题目间的作答反应与测验总分的一致性，以及测验分数经过时间的改变之后能保有多少稳定性等问题。一个好的测验应该具备良好的一致性与稳定性，才表示测验题目所测的是同一种行为特质，且不会受到太多测量误差的干扰。

11.2.3　效度

效度（Validity）是指测验能有效测量到所欲测特质的程度，简单说是这份测验的准确性如何。通常，正式的心理测验多会提供构念效度（Construct Validity）和效标关联效度（Criterion Prediction Validity）等资料，这些指数经过不断的改良更新，加上统计技术的进步，目前可从多种指标观测到。比如，构念效度可以采用发展曲线的比对、因素分析的计算、各分测验内部相关的分析、聚敛效度及区辨效度的计算等方式得知，在方法上相当多样，可符合不同测验内容的需要。

11.2.4　常模

常模（Norm）是心理测验解释时重要的参考标准。一般而言，常模是一份测验的编制者在确认了信、效度之后，然后进行的步骤，此时通常需要选择能代表母群的样本进行数据收集。样本的数目通常很大，因为必须选择到够多的样本以反映母群的分配状况，通常是达到常态分配（Normal Distribution）的程度。

一般使用的常模有发展性常模和标准化常模两种。发展性常模是将测验的分数转换成发展理论所标示的年龄水平或发展阶段，比如，智力测验常以测验分数转换的心理年龄表达个人状况；标准化常模则是将测验分数转换为某种容易理解或可比较的分数，比如目前大学入学考试采用百分等级（Percentile Rank，PR）转换学生测验的原始分数便是标准化常模的一种做法，其他常用标准化常模的表示方式还有智力商数 IQ、标准分数等。

心灵专栏　—知彼篇

扬长避短，创造成功领袖

全球金融风暴如瘟疫般令人胆战心惊，经济萧条如低气压的阴霾挥之不去，一个个国家加入濒临破产者的行列，一家家公司度日如年，咬牙苦撑。不过，一片低迷之中，偶闻某些企业不仅坚如磐石，屹立不摇，还扩大业务，抢攻市场，精神不禁为之一震，何以同样的大环境下会出现如此不同的际遇和前景呢？成功的领导统御绝对是一个重要的因素。决策主管的领导方式不仅会左右企业的发展方向，决定企业内部的组织文化和工作气氛，影响员工的工作态度和工作表现，更会直接决定企业的财务健康和荣枯存亡。那么，怎样的领袖才是成功的呢？

在纽约进行的一项研究发现，领导风格约略可分成四种：①创造型，这样的主管疾思敏锐，创意无穷，奉行"变化乃生存之本"，推动企业内部改革创新不遗余力；②协调型，这样的主管逻辑清晰，思考缜密，重协调但坚持原则；③实践型，这样的主管以实用主义为本，凡事以达成目标为根本考虑，工作取向浓厚；④激励型，这样的主管充满理想，魅力四射，其言行如磁铁般吸引员工，如阳光般感染部属。

确实，在部属的眼中，"创造型"和"激励型"的主管最具开创性，有清晰的愿景，又能充分授权，还能用热情感召周围的人，果然是魅力无敌。不过，部属也认为"协调型"和"实践型"的主管属稳健型，虽指挥性、掌控性较强，但稳定中循序渐进的作风也带给部属踏实和安全感。若再辅以适时的鼓励，则刚柔并济，收放之间也有另一番魅力。

既然每种领导风格皆有其优点，也有其潜在的危险，那么，适人适所地配置主管也许比寻找一个无所不能、无人不爱的领袖更现实可行一些。所谓的"适人适所"又可从两方面去思考：主管工作的内容和所辖部属的特性，就主管的工作内容而言，企划部门可能较适合"创新型"和"激励型"的主管，他们旺盛的活力和敏捷的思维、狂热的激情和敢作敢为的干劲，定能让开创性的工作如鱼得水般顺利推展。而生产部门和品管部门则可能较适合坚持原则、讲究实效、一丝不苟的"协调型"或"实践型"主管。就部属的特性而言，一群活泼好动、满怀憧憬、又爱搞怪作祟的新新人类无疑会被"创造型"或"激励型"的主管所吸引。而受教育程度高、资质聪慧、崇尚自主、不安于现状的部属则较适合充分授权，平等互动，奖赏创意的"协调型"或"实践型"主管。不过，有些人的美食佳肴很可能是另一些人的"砒霜毒药"，民主自由也会使某些人不知所措。所以，对于服从性强、独立思考能力差、惧怕承担决策责任与风险、不求有功但求无过的部属，"协调型"或"实践型"的主管正合他们的胃口，安全感、依赖感均得到满足，可谓幸福美满！

虽然领导风格各有优劣，也各有其挥洒的空间和适用的对象。如果每一位主管都能尝试兼容并蓄，糅合各种领导统御的要素于己一身，因时因地因人而随机应变，用狮子的权威和强势指导来推动决策和实务工作，安于现状心甘情愿当追随者的部属，但同时辅以狐狸的狡黠和敏锐来启迪创意，诱导改变，驯服好动思变不安于室的部属。

领导其实不难，难的是认清自己的习惯风格，接受这些风格的优势和劣势；难的是看准自己所处的际遇和挑战，而以最适合的方式去面对；难的是保持开放的心胸，让自己融百家之长，练就狮子的勇猛和狐狸的狡黠。智勇兼备有情有义，动静皆宜，收放自如的主管定是人见人爱，也会给企业带来无限的生机。

 # 11.3　心理测验—智力测验

在了解测验应具备的条件后，我们首先向读者介绍智力测验的演进及其内涵。智力测验在心理学中起步相当早，因此也累积了许多相当知名且重要的量表，在各行各业中广为应用。

11.3.1　智力测验的演进与重要量表

11.3.1.1　高尔登的研究

第一个尝试发展智力测验的是 18 世纪的高尔登爵士（Sir Francis Galton）。高尔登相信某些家族在生物学上较为优秀、强壮也较聪明。高尔登曾对 9000 多人实施一组测验，但非常失望地，他发现英国杰出的科学家和一般百姓在头颅大小、反应速度和智力测验上并无不同。虽然高尔登的测验不太具有实用性，但他所发明的相关系数众所周知，且在心理学上占有重要的一席之地。

11.3.1.2　比奈的贡献

第一个类似近代智力测验是由法国心理学家比奈（Alfred Binet）所设计的。比奈假设测量智力的作业需要推理和问题解决能力，而非知觉和动作技能。他与另一位法国心理学家西蒙（Theophile Simon）合作，于 1905 年出版了《智力量表》，1908 年修订，1911 年再次修订。

在测验上，发展迟滞的儿童表现像年龄较小的正常儿童；而较聪明的

儿童心智能力则表现出较大儿童的特征。比奈设计了一个测验难度逐题增加的量表，其难度通常反映出与儿童成长有关的智力改变。一个小孩在量表上答对的题数愈多，他的心理年龄（Mental Age，MA）也较高。心理年龄的概念在比奈的方法中是很重要的，由此我们可以比较儿童的 MA 与由出生日期决定的实足年龄（Chronological Age，CA），以判断一个人是否有"超龄"的智力或"智能不足"的问题。

11.3.1.3 史比智力量表

比奈原始发展的测验题被美国史丹佛大学的特曼（Lewis Terman）应用于美国学童。他将测验的实施标准化并用数千名儿童的数据来发展年龄常模。1916 年，他出版了比奈测验的史丹佛版本，即现在所称的《史比量表》，曾先后在 1937 年、1960 年、1972 年修订，最近一次是在 1986 年修订。不管年代多久，史比量表仍是使用最广的心理测验之一。

特曼保留了"心理年龄"的概念，并采用德国心理学家史登（William Stern）所建立的更为方便的智力指标。这个指标是智力商数（智商）（Intelligence Quotient），即一般所说的 IQ。它表示智力心理年龄和实足年龄的比率：

$$IQ = \frac{MA}{CA} \times 100$$

用 100 来当乘数，当 MA 和 CA 相等时，IQ 会是 100。假如 MA 比 CA 小，则 IQ 会小于 100，假如 MA 大于 CA，则 IQ 会大于 100。

11.3.1.4 斯比量表

最新的斯比量表使用标准年龄分数代替智商（IQ）分数，也可用百分位数来解释，显示受试者的得分数是在标准化团体中的某个百分位置。现代心理学主张智力为一种不同能力的混合体，因此 1986 年的版本，即将测验分为四个大的智力领域：语文推理（Verbal Reasoning）、抽象/视觉推理（Abstract /visual Reasoning）、数量的推理（Quantitative Reasoning）和短期记忆，每个部分皆有单独的分数。

11.3.1.5 魏氏智力量表

1939 年，魏斯勒（David Wechsler）发展了一个新的测验，因为他认为斯比量表太着重语文能力，也不适用于成人。魏氏成人智力量表，简称 WAIS（1939，1955，1981）分为语文量表（Verbal）和实作（Performance）量表，可分别得到两个单独的分数及总量表 IQ。之后他又发展了一个类似的儿童测验—魏氏儿童智力量表（简称 WISC，1958，1974，1991）。

11.3.1.6 实作量表

实作量表是指需要操作或排列积木、图片或其他东西。魏氏量表可求得每个分测验的分数，施测者可以清楚地知道个体的长处与弱点。例如，由语文和实作分数间的差距，即可发现施测者特殊的学习问题，如缺乏阅读能力或有语言障碍。

11.3.1.7 团体能力测验

团体能力测验是由一个测验者对一大群人实施，且通常是纸笔测验形式。学业成就测验（SAT）和美国大学测验（ACT）两者都是团体施测的例子，是多数美国大学生熟悉的一般能力测验。实际上，所有四年制的大学都要求申请者参加其中一个测验，以为来自不同课程和评分标准的高中生设定一个共同标准。

11.3.1.8 因素研究取向

斯皮尔曼（Charles Spearman，1904）是因素分析的创始者，他认为一般智力因素（称为 g）是智力测验表现主要的决定因素，特殊因素（称为 s）是特殊能力或测验所特有的。例如，算术与空间关系测验各自会有一个独立的 s。一个人在数学方面的表现为其一般智力与数学喜好的函数。

11.3.1.9 Thurstone 的理论

后来学者赛斯通（Louis Thurstone，1938）反对斯皮尔曼强调一般智力的看法，他利用因素分析找出了七个因素，以建构他所谓的基本心智能力测验（Test of Primary Mental Abilities）。他的修订版本仍广为使用，但其预测力并比不上魏氏量表等一般智力测验。

11.3.1.10 信息处理取向

直到 20 世纪 60 年代，智力的研究仍是因素取向占优势。然而由于认知心理学的发展及其强调信息处理模式（Information – processing Models），出现了一种新的取向。信息处理取向的基本概念是试图由我们从事智力活动时的认知历程来了解智力。

11.3.1.11 多重智力

加德纳（Howard Gardner，1983）对先前的测验有诸多批评，他相信至少有六种不同的智力是彼此独立的，它们是语言的、逻辑—数学的、空间的、音乐的、身体—运动知觉的、人际的。前三种是大家熟知的智力要素，并可由标准智力测验测量。加德纳相信后三种应有更高的地位，但西方文化过度强调语言的、逻辑—数学的、空间的三种智力，而忽略了其他的智力。

在这个部分中我们介绍了许多知名的智力测验，实证研究的结果显示，传统 IQ 测验对大学成绩有很好的预测力，但对预测后来的工作或生涯升迁则较无效。不论好坏，标准智力测验只聚焦于狭隘的范围，正反映出当今社会大众仍只偏狭的看重少数能力。

11.3.2 智力测验的目的

11.3.2.1 筛选与诊断

许多机构或组织以智力测验来筛选新进人员，不少学校也以智力测验作为诊断学生能力的工具。譬如，早期台湾地区中学实施的能力分班，便是依据智力测验分数，将学生分为前段班或后段班。有些中小学则通过智力测验，诊断学生学习适应的情形。

11.3.2.2 甄选与安置

在职场上，大多数的组织经常通过智力测验来选拔人才，或作为安排职务的参考。有些学校则是以智力测验的分数作为甄选资优生或智能不足学生的依据。

11.3.2.3 评量与研究

智力测验有时被用来当作评量学生能力的工具，由评量结果决定应采取何种教育措施。有些机构将智力测验分数作为职务训练或职务安排的参考。此外，有许多学术性研究将智力测验的分数当做一个重要的变项，再分析此变项与其他因素之间的相关，例如，智力与人格、性别、创造力等变项之间的相关。有些临床心理学家，以个别智力测验的结果判断受试者是否有心理异常或大脑受伤的现象。

练习（一） AH4 智力测验中的一部分

测验要求：

下面是一些测验问题，请依要求完成。只写下数目，不写文字。

测验问题：

1. 1，2，3，4，5，6，7，8，9 其中最大的数是_____。

2. 1，2，3，4，5，6，7，8，9 这些数中当中的一个数是_____。

3. 迟到是_____的反义词。

　（1）约会　　（2）早到　　（3）后面　　（4）推迟的

　（5）立即

4. 大是_____的反义词。

（1）高　　（2）大　　（3）地方　　（4）小　　（5）高度

5. 1，4，7，10，13……

下一个数是_____。

6. 2，4，8，16，32……

下一个数是_____。

7. 鱼游，鸟_____。

（1）人　　（2）飞　　（3）走　　（4）飞机　　（5）麻雀

8. 低对高，坏对_____。

（1）罪恶　　（2）红　　（3）尝试　　（4）好

（5）正确

9. 这里有3个数：3、2、5，将两个大的数相加，其总和除以最小的数，则得出____。

10. 这里有3个数：5、9、4，将最大的数减去最小的数，将结果与最大数前面的那个数相乘，则得出____。

11. 年轻与_____意思相同。

（1）青春的　　（2）古代的　　（3）精力旺盛的　　（4）热

（5）婴儿

12. 礼物与_____意思相同。

（1）包裹　　（2）玩具　　（3）生日　　（4）头

（5）礼品

11.3.3　智力测验分数的涵义

各种智力测验的最高分并非是一致的，有的智力测验极限分数为180，有的为140，有的则高达200。因此智力测验所得的分数，应从统计的观点来解释。在常态分配的智商分数中，将个人分数与平均数相减，再除以标准偏差，就可得知个人分数高于或低于平均数几个标准差。再查统计图表相关数据，就可知个人智力在团体中所占的相对位置。以下进一步讨论什么是智力优异，什么是智能不足，以及智力测验分数与个人未来成就的关系。

11.3.3.1　智力优异

智商在130以上，通常称为智力优异者。根据美国心理学者特曼研究1500名智商在150以上的少年，结果发现其身高、体重、身体健康情形、情绪适应、社会成熟度以及体力等方面都优于同年龄的一般少年。这些少年的创造力与成就动机也比较高，他们长大以后大多成为社会上杰出的人才。可

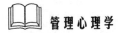

是也有一部分高智商者，学业与事业失败，后来沦为智能型犯罪者。

11.3.3.2 智能不足

　　智能不足又称心智迟滞（Mental Retardation），根据美国心智迟滞学会（American Association on Mental Retardation）的定义，心智迟滞是指在18岁以前，心智能力低于正常人，以致缺乏自我照顾、人际沟通、家庭生活、社交、小区活动参与及健康等方面的基本能力。智能不足是指智商在70以下，这种人缺乏日常生活的能力。由于语文、数字运算能力的缺陷，因此无法正常学习，学业成就相当差，需要接受特殊教育。智能不足可以进一步分为轻度、中度、重度、极重度等四级。

不倒翁　　　　　　　拐杖　　　　　　　　不倒拐杖

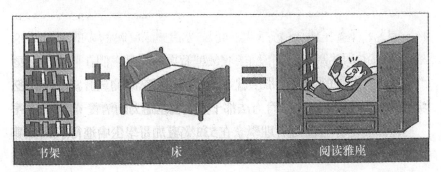

书架　　　　　　　　床　　　　　　　　　阅读雅座

　　创造绝非"如此而已"，从观察、组合及联想中跳脱惯性的思考方法，增添生活的另一番兴趣。

11.3.3.3　智力测验分数与个人未来成就的关系

　　一般来说，个人在智力测验上得到高分，其未来所从事职业的职位比较高，因为智商高的人接受教育的年限较长，所取得的学位也比较高。但是，个人未来事业的成就，并非完全决定于智商，个人的家庭背景、工作动机与态度、情绪稳定性、人际关系以及机遇等因素，也都会影响个人事

256

业的成就。爱迪生曾说："一分天才,加上九十九分努力",就是这个道理。

 11.4 心理测验—创造力测验

在本章的最后,我们要向大家介绍的是"创造力"。全球化下市场竞争的激烈自不待言,因此如何出其不意、吸引消费者目光、抢先占领先机,便是决胜的关键。要具备这样的能力除了与我们上述提到的"智力"与"人格"(第 3 章提及)有关之外,"创造力"更是其中不可或缺的要素。

在向下继续阅读前,请先完成练习(二)。对"物体功用"的第一个问题较普遍的回答有,砖可以用作台阶、锤子或武器。回答这样的问题需要想象,需要大量的想法,这种能力被称为"发散性思考",是从一个给定的出发点开始,思维向外发散。这种"创造性问题解决"的技巧能诱发新想法,提高工作效率。相反,练习(一)中所要求的思维技巧则是问题解决,或称"收敛性思考",回答必须聚合到问题的一个正确答案上。有时人们将收敛性思考和发散性思考分别与"智力"和"创造力"等同起来,那么这一等同是否正确呢?

练习(二)创造性小测验

1. 物体的功用。

(1) 你能想出多少种砖的用途?

(2) 你能想出多少种回形针的用途?

(3) 你能想出多少种毯子的用途?

(4) 你能想出多少种果酱瓶的用途?

2. 相似性。

想出下列每对物体的所有相似之处:

(1) 苹果和梨。

(2) 电话和收音机。

（3）小提琴和钢琴。

（4）猫和老鼠。

3. 图案的意义。

想出右边每个图案可能代表的东西：

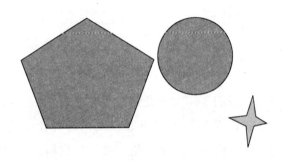

11.4.1 创造力的涵义

心理学家由于不满意对"天赋"概念的解释，开始研究创造力。1950年，美国心理学年会的主席报告就是以"创造力"为主题，因为学者们已开始意识到，传统考试无法反映个人的创造性能力。如果这些创造性能力不同于收敛型智力，而且它们在儿童的发展和教育中有重要的作用，那么不应该忽略对它的测量。当时，许多以儿童为中心的非常规教育方法均十分重视创造力的培养。

1962年，两位美国心理学家在 533 名芝加哥学生中进行了一项颇有争议的研究：探讨智力和创造力之间的关联。他们将学生分为两组：一组是"高创造力组"，这些学生在创造力测验上得分高，IQ 测验上得分低；另一组是"高智力组"，分数偏向则刚好相反。令人瞩目的发现是，这两组学生的学业成绩测量得分同样好。这似乎说明创造力和智力一样，在学校教育中是很重要的。

由于这一研究存在着方法和实际设计上的问题，因而结论悬而未决。不过，它还是引起了许多进一步的研究，证实了创造力的重要性。现在，创造力已成了心理测量学中的一部分，发散性思维的测量也已被纳入一般能力测验。我们可以推断，收敛性思考和发散性思考是不相同的，但又都是一般智力的组成部分，有时它们表现出正相关，两者都可用来预测教育是否成功。

创造力其实也是能力的一种。Guilford（1959）曾以因素分析法发现创造力涵盖流畅性、变通性、独创性和精密性等。一般人以为艺术家、作家、音乐家及科学家比较有创造力。事实上，各行业人员都需要有创意，不断创新、革新或发明，方能立于不败之地。所谓创造力不只是研发新的产品，还包括各种创新的观念、新的做法，譬如，想出新的法规、办法、章程、制度等，也都属于创造力。

创造力与发散性思考有密切关系。例如，某公司发明一个新产品，如何命名才能够获得消费者的喜爱。发散性思考只是创造者常用的思考方式，并非发散性思考就必然具有创造力。

11.4.2 创造力的测量

创造力的测量方法，通常对受试者提供一些题目，让他们在规定的时间之内，尽量想出各种可能性。创造力测验的题目包括：

（1）想出某一物品的各种可能用途，例如，报纸可以做哪些用途？

（2）思想流畅性，例如，有哪些液体可以做燃料？

（3）字汇流畅性，例如，写出 20 个火字旁的字。

（4）想象一些假设性问题，例如，假设人类不会死，世界会变成怎样？

（5）组合简单图形成为有意义的东西，例如，以圆形、正方形、三角形、长方形四个图形，组合成一棵树、一个台灯、一张脸等。

（6）想出将来可能从事的工作，例如，念心理学系，将来可以从事哪些行业？

（7）遥远联想（Remote Association），例如，旧衣服可做哪些用途？

11.4.3 创造力与智力、人格的关系

创造力高的人，其智商大都高于同年龄者的平均智商，但是有一些高智商的人，其创造力不见得高，这种现象在填鸭式教育之下最常见。高智商的学生，如果完全接受教师或教材的观念、思想，但不能对那些见解加以批判、独立思考，其创造力就难以表现出来。此外，创造力高的人，大都具有独立性、自主性、自信心、耐心、不从众、幽默等人格特质。他们比一般人更具有容忍不确定性、矛盾以及复杂性的特质。此外，高创造力者成就动机比较强的人，他们具有自我成长、冒险以及克服困难的个性。

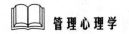

课堂活动

我喜欢自己的地方

一、导言

心理学研究一再告诉我们：低自尊和自我否定是忧郁症的前兆，也是许多心理痛苦的根源。肯定自己、提高自信，则是抗压的良方。面对人生起伏，阴晴圆缺，记得要常做这项自我激励的练习，你一定能走出低谷，迎向阳光。

二、做法

想想你在下列各方面最得意的事，或最喜欢自己的地方。请尽量逐题完成，不要跳过。

1. 我在学业或工作上的表现。

2. 我为家人所做的事。

3. 我为朋友所做的事。

4. 我最近所想的、说的、写的或做的事。

5. 我所拥有的技能。

6. 我历尽艰辛所达成的事。

7. 我的个性特质。

8. 我的身体特质。

9. 我的人际关系。

10. 我的兴趣爱好。

11. 我的优点。

12. 我得过的奖励、肯定。

13. 我参加的团体。

14. 我所达成的改变。

15. 我为自己所做的事。

16. 我所拥有的东西。

17. 我为帮助社会、保护环境、救济不幸者（老年人、残障者等）所做的事。

18. 我所克服的恐惧。

19. 我为维护/促进自己的健康所做的事。

20. 我保持积极正面的时候。

21. 我原谅别人的时候。

22. 我挑战成功的时候。

基础题

1. 心理测验的基本原则是什么？请简述。

2. 什么是典型表现测验与最佳表现测验？

3. 请列举出两种常见智力测验，并说明其用途。

4. 智力测验的目的是什么？

5. 什么是"创造力"？

进阶题

1. 正式的心理测验与算命有何不同？

2. 除了智力测验之外，职场上常用来衡量新进员工的量表有哪些？

第12章 心理疾病与治疗

管心开心讲

他们怎么了？

案例一

柯经理是个爽朗、健谈的人，遇到公司同仁总是会亲切地打招呼，也不忘在工作忙碌之余关心部门内员工的工作与生活情况、参与部门聚餐与庆生活动，这就是为什么有柯经理在的部门总是充满着欢笑与和谐的工作气氛。一转眼，柯经理退休两年了，回顾着过去，今年过年后小明与其他同事一起去拜访柯经理，但他们看到的柯经理已不复当年雄风。当天只见到柯经理在小区中两眼无神地四处闲晃，有时还会拿走邻居家门前的扫把说是自己的，甚至还会随地大小便，最糟的是当小明及同事呼唤他时，柯经理总带着"我认识你吗？"的诡异眼神回望着他们，对于以前的部属似乎已都不认识。最后从柯太太那边证实柯经理得了"老年痴呆症"。

案例二

平时乖巧安静的美美是公司主管看好的潜力新星，不但工作认真负责、人缘佳，说话轻声细语，让同事和主管都很喜欢她，但是好脾气的她也常常让人纳闷，天底下怎么有修养这么好的人，从来不发脾气。但随着公司年终绩效考核的接近，美美一天比一天安静与沉闷，美美的同

262

事们发现她开始有些奇怪的行为，比如，话说到一半忘了自己要说什么、简单的文字处理工作做得很焦急又慌乱、开始会耐不住性子生气。隔一阵子，美美更奇怪了，她每天像个金丝雀一样话说个不停，每天都很兴奋、有很多点子、想做很多事，但都跟工作内容没有关系。更夸张的是，有一天美美竟然烫了时下最流行的大爆炸头，脸上化了浓妆，穿着性感套装出现在公司，没说几句话就往外跑了，要去实现她环游世界的梦想，一堆人追着她把她带到医院。经过诊断后，大家终于了解近来美美一连串的怪异行为，这都是因为"躁郁症"所致。

对许多人而言，心理疾病像是蒙着神秘面纱的外星访客，让人畏惧又让人好奇。在早期，很多人普遍会将"心理疾病"与"精神病"画上等号，并对心理疾病患者抱持着排斥与隔绝的态度。然而事实上，"心理疾病"并不是那么的少见与奇特，当你了解了什么是心理疾病时，你会发觉它和其他身体上的病痛一样那么普遍，且并非单独眷顾某些人。

一般常见的心理疾病有精神分裂症、躁郁症、忧郁症、焦虑症、失眠等。除此之外，心理疾病的种类与表现形态相当复杂，可谓琳琅满目、不胜枚举，反以"失眠"问题为例，临床上有诊断名称的就有近百种之多，更不要说症状表现复杂许多的精神病与精神官能症。所以，一般习惯上为了沟通方便，医疗人员会以《精神疾病诊断与统计手册》（Diagnostic and Statistical Manual of Mental Disorders，American Psychiatric Association，DSM）或《国际疾病分类》（International Classification of Diseases，ICD）的分类架构来描述病人的问题及给予诊断。从上述的例子中，我们发现心理疾病不仅会影响个人的日常生活外，也会影响其在工作上的表现。况且随着社会竞争的盛行，员工所承受的工作压力也日益增加，失眠、焦虑及躁郁症等也是工作场合中常见的压力反应。所以，本章内容将以概要的方式将其中主要的类别作一介绍，并以案例说明，让读者更容易理解疾病的样貌，期望读者能因为了解而提早预防心理疾病的生成或调整自己对于心理疾病的态度与适应方式。

 **12.1 全人发展观：从正常到异常**

"异常"的定义

什么是正常？什么是异常？这个问题不能主观地界定，不然便称为偏见或歧视了。在心理疾病中，我们通过光谱（Spectrum）的概念来说明正常与异常的关系，如图 12 - 1 所示，正常与异常在于某些特质上程度的差别，如怪异行为太多、恐惧感过高或者负面情绪过强等。然而，光谱的概念并不能涵盖所有心理疾病的现象，复杂的症状表现有时只是有出现或没出现的差别，所以难以对所谓"异常"有一标准定义，以下是在心理疾病领域中较常使用的判断标准。

轻微（正常行为）　　　　　　　　　　　　　　　强烈（异常行为）

图 12 - 1　正常与异常行为光谱

12.1.1.1 少见多怪

如果多数人会发生的现象或行为称为正常行为，那么只有极少数人会有的现象或行为便称为异常行为。以统计上的常态分配概念解释这样的说法，较为容易理解，所谓常态分配（Normal Distribution）是指在统计上以平均数（Mean）为 0、标准偏差（Standard Deviation，SD）为 1 的分配，转换为百分比便是在平均数左右 1 个 SD 的面积占总面积的 68.26%，而在 1~2 个 SD 的左右两块面积则只占 27.18%，而离中心更远的 2~3 个 SD 的面积加起来就只有 4.3%，大于 3 个 SD 的面积则只有 0.26% 而已。多数时候当我们考虑某一种特质或行为在全人口群的分布时，它们的分配状况就趋近于这样的分配，以智商（Intelligence Quotient，IQ）作为例子，68% 的人智商介于 90~110，是我们所谓的一般智商，而不到 3% 的人是天赋优异，智商 120 以上的，而也有不到 3% 的人是倾向智能不足，智商低于 80。

所以，如果多为美、少为怪，那么在常态分配图（见图 12 – 2）两端的少数便会被称为"异常"。

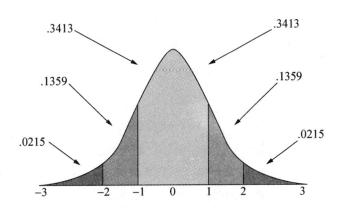

图 12 – 2　常态分配

12. 1. 1. 2　社会规范尺度

有时候所谓的"异常"并非只有少数人有，当与法律、组织规范抵触或与社会习俗有所违背时便被视为异常，这种情形有时可能是一群人共同出现的行为，也可能是某些地区普遍出现的现象。比如，"穿制服"对许多员工而言是公司规范的一种，如果今天有员工不穿制服到公司上班，就会被其他员工视为反常、异常的行为，需要接受主管的训诫或组织的惩罚以纠正其奇装异服的行为。又如，"闯红灯"因被视为反常、异常的行为，所以需要接受交通罚款以纠正，然而有相当高比例的人都有过闯红灯的行为。

12. 1. 1. 3　改变

有时"异常"的定义并不在行为出现的多寡或者一般习俗的规范如何，而是以个人而言，行为的频率有所改变时称为异常。通常可分为两种状况："常常做的不做了"和"不常做的却常常做"，前者指一些个人日常习惯或者兴趣、嗜好的改变。如忧郁的人容易出现的症状之一便是原本喜欢做的事不做了，或者话量减少、活动量减少、精神体力下降等。后者则是一些平时没有的行为习惯变得常常出现，如上述美美的例子即是。原本个性、穿着文静端庄的她，开始变得聒噪，打扮也变得火辣、性感。又或者是上瘾者出现频繁使用某物质的行为、躁郁症患者出现意念飞跃、精力

265

旺盛、点子特多的反应，这些都是明显的行为"改变"，这些"行为灯"可作为"异常"的观察指标之一。

12.2 什么是"心理疾病"

心理疾病顾名思义便是"心理上生了病"或者"心理处于生病状态"，以前述"正常"与"异常"的区分而言，心理疾病可以说是个人的行为有别于多数人的行为方式，与一般社会习俗或社会规范所认可的行为模式不符，或者与此人过去惯有的行为表现不同。对于心理疾病的认知，目前普遍以 DSM 系统或 ICD 系统的分类方式来表达，大致区分为器质性心理疾病、儿童期常见心理疾病、精神病（包含精神分裂症、躁郁症、重郁症等）、情感性疾患、焦虑性疾患、身体化症与心身症、饮食疾患、睡眠问题、人格疾患等。有时以诊断探讨治疗方式是较为便利的做法，但在心理治疗上则未必能如此清楚的分类。因而，心理治疗师可能会以某些特质的出现与否，或者行为表现如何来作为心理疾病的界定。

12.2.1 疾病的来源

人的一生，自母腹开始，便存在许多危机，让一个人可能面临心理疾病的威胁。如受精时便决定了的基因形态、怀孕期间母体的健康与饮食状况对胎儿的影响、产程不顺利对胎儿脑部的损伤、养育与教养方式的影响、心理创伤的发生、生活经验中所承受的压力、脑部受创、疾病或中毒所造成的功能失常等。对多数人而言，心理疾病应不是太遥远的经验，许多人或许自己，或许亲人，或许朋友、同学都可能有过罹患疾病的经验。

近几年来，一个发展最快、最振奋人心的领域便是心理学应用于治疗生理疾病。这类研究使我们打破了心理与身体之间的分界，进而认识到心理与生理是以微妙又复杂的方式相互作用的。人们越来越意识到，心理因素在生理疾病的形成中有重要作用，而反过来，疾病又对个体造成了心理问题。

一般在病因学上，临床心理学家与精神医学家习惯用一个统整的模式来看待疾病的发生原因，此模式称为"生物心理社会模式"（Biopsychosocial Model）（见图 12 - 3）。此模式由乔治·恩格尔（George Engel）所首创，认为无论健康或疾病都是由生物（Bio）、心理（Psycho）和社会（Social）三方面因素的交互作用所构成，而这三因素同时也会被个体的健康和疾病所影响。从生物心理社会模式来看待心理疾病的来源，我们可以发现三因素缺一不可，在各种心理疾病中扮演着不同分量的影响角色。

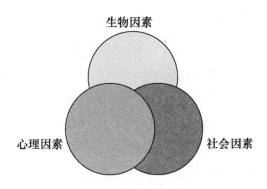

图 12 - 3　生物—心理—社会模式的病理观

12. 2. 2　生物因素

大脑是功能与结构均复杂的身体器官，心理功能的表现与大脑功能分化息息相关，如语言、记忆、学习、情绪等，均受先天脑部功能与后天环境塑造影响，而基因遗传决定了我们大脑功能的绝大部分发展。从父亲与母亲的遗传基因当中，我们继承了父母亲体质的某些特色，也就是所谓的遗传。而因为显性与隐性基因的竞争表现，某些特质被强化而某些特质被弱化，我们的体质便与父母亲有些不同。较特别的例子是在基因分裂、复制或转译的过程中发生所谓的"突变"，突变基因的表现即我们所谓的异常甚至疾病，如唐氏症以及一些罕见疾病等。此外，在儿童期发展性心理疾病当中有许多与大脑功能的细微缺损有关，如自闭症、亚斯伯格症以及一些语言和学习障碍等。

其他的生物因素包括生理疾病的影响，比如，脑部肿瘤或中毒干扰了脑部功能的表现，而长期慢性疾病的存在影响了老人的自尊和生存意识，另外与心理疾病有关的重要生物因素还有某些药物的长期使用，如抗高血压药物的长期使用易产生失眠的心理困扰，而类固醇药物与干扰素的使用常常连带产生忧郁症状的副作用。

此外，身体构造中的细胞、组织、器官等，一旦产生健康上的危机，便可能威胁个体的心理健康，比如，久病不愈让人忧郁、突发的心悸让人产生恐慌症状等。身体健康会影响个体的心理适应，同样的，个人心理健康状况也会影响到生理健康的表现，好比中国传统医学情志疾病论的说法：怒伤肝、忧伤心、思伤脾、悲伤肺、恐伤肾。

12.2.3　心理发展

从疾病与健康的观点看待个人的心理发展，已有许多精湛的理论论述，从西格蒙·弗洛伊德（Sigmund Freud）提出潜意识观点以及性心理发展与人格假说开始，后续理论如雨后春笋般纷纷从不同人格观点论述人如何健康、如何生病以及如何治疗等话题。如认知—行为理论派别从个体的想法、行为中探讨个体的内在思维或外显行为如何影响个体适应，并从中找寻治疗策略，著名理论如伊凡·巴夫洛夫（Ivan Pavlov）、约翰·华生（John Watson）、博尔赫斯·史金纳（Burrhus Skinner）的行为制约理论，亚伦·贝克（Aaron Beck）的认知治疗理论和艾尔伯·艾利斯（Albert Ellis）的理情行为治疗法；人本—存在理论派别强调重视个体的主观经验与自主性，认为人有能力寻求最佳的生活方式，达到自我实现的理想，著名理论如卡尔·罗杰斯（Carl Rogers）的个人中心学派、维特·弗兰蔻（Viktor Frankl）的意义治疗、弗兰德瑞克·波尔斯（Frederick Perls）的完形治疗学派等。

心理因素是否确实与疾病的发生有因果关系，是一个争论已久的问题。然而许多事实的存在，让我们不得不正视心理因素的重要性。心理因素对健康所造成的威胁有许多层面，我们首先讨论其中最明显的一部分，即许多疾病是由"问题行为"所引起的。在过去的80年中，随着医药和卫生条件的进步，实际上已消除了由结核病、麻疹、疟疾等严重传染病所引起的死亡，但是心血管疾病、肺癌、药瘾、酗酒以及与酒有关的意外死亡却在持续上升。问题行为越来越严重地影响人体的健康，从生活形态（Life Style）来看，在饮食上暴饮暴食、不重视营养与规律饮食的重要性、长时间处在压力下或工作时间过长，都容易导致心血管疾病或其他慢性疾病的生成。而一些成瘾物质的使用常常也是不良生活形态导致健康问题的主因，如吸烟、喝酒、吸食毒品等行为，都有害个人的身体健康。

再者，个人的情绪、动机和人格特质等层面与健康及疾病也有密切关系。如正负向情绪的影响是一个常被探讨的心理特质，一般研究发现：拥有正向情绪的人比较关注与照护自己的健康，从生理疾病中复原的速度比较快。反之，负向情绪容易引起干扰生理健康的反应，如愤怒使血压上升、忧郁使注意力下降易发生意外。此外，情绪会影响个体寻求医疗协助的意愿，如容易焦虑有逃避倾向的人害怕就医，常会延误治疗或无法得到所需要的医疗资源。

性格是另一个重要的心理特质，特定的疾病可能存在相对应的"典型性格"，即某些性格容易引起某些特定疾病，例如，高血压的人是压抑型的、气喘病人是焦虑型的。如第 3 章曾提过多年累积的研究证据显示，有一种性格类型的人可能容易发生冠状动脉心脏病，这种个性被称为"A 型性格"（Type A personality），它的特征是成就动机强、时间压迫感重、好竞争、工作狂、易怒、容易对人产生敌意等，对于心血管疾病有高度的预测性，也就是说，有这一类性格特征的人容易有心脏病。美国一项研究调查了正常的中年男性，发现 A 型性格的人心脏病发作的可能性是其他人的两倍，这一现象与吸烟、高血压和胆固醇等已知的危险因素无关。这一发现导致多种治疗方案的产生，以帮助 A 型性格的人改变他们不健康的生活方式。然而，A 型性格与心脏病之间的关系在其他国家中是否也像在美国一样强烈？还有，A 型性格的特点其实是一些不同的行为所组成，它们彼此之间是否一定存在必然的关联性？这个理论也受到了许多批评，但它确实有某些真实性存在，许多研究仍持续探讨它。

12. 2. 4　社会影响

社会影响首推生活压力。有两类生活事件会造成严重的心理压力，它们是丧失亲人和生活变化。许多病人的发病是在丧失亲人之后，幸存的亲属得病率和死亡率都较一般没有经历类似事件的人高。这一效应是如何产生的，仍是一个谜，是人们的悲痛影响了生理健康，如俗话说的"伤心而死"；还是丧亲者无心怜惜自己？有一种观点认为，丧失亲人的经历可能会在心理脆弱的人中造成一种无望和"投降"的心态，而这种心态又引起生理变化，使人对某些疾病特别敏感。

并非每一位经历了严重生活变化的人都会生病，这样的个别差异使得心理学家更仔细地研究生活压力所引发的现象。有些人可能并不把丧失亲人或生活骤变看成是痛苦的，因为他们认为自己能够应付，对于某些有"坚毅性格"的人，变化是一个受欢迎的挑战，而不是威胁。那些容易受生活变化影响的，是找不到适当调适方法的人，他们坠入绝望之中，而

且，无法从朋友和亲戚中寻找到适当的"社会支持"。

与健康和疾病有关的社会因素还包括人际关系、工作和文化等层面。人际关系理论学家一再强调关系发展对于个体健康的重要性，如波比（Bowlby）的"依附理论"（Attachment Theory）提到儿童因为社会互动与情感需求的缘故，至少需与1名主要照顾者发展出亲密关系，否则将造成其心理与社交功能长久性的缺损。对大部分人而言，最密切与最长久的人际关系便是家庭，在个人成长过程中，家庭发挥了极大的影响力，儿童从他们的父母、兄弟姊妹和亲人身上，学习到许多与健康有关的行为、信念和态度。此外，父母亲的期待常是个体一生中主要的动机或压力来源。

工作是个人实现自我与获得社会地位的来源，不幸的是，它也是职场工作者主要的压力来源之一，许多研究职业压力的学者发现，工作者的压力主要来自领导方式、自主性/权力的分配、工作中的人际关系以及职业与家庭生活的冲突等，工作压力常常成为其生活不满意的抱怨来源。然而研究心理健康的学者却也发现，有工作的人通常心理健康较佳。

后文我们将提到一项整合生理、心理、社会三层面观点的致病理论模式，此理论模式提出40余年以来，已获得理论与实务界的普遍认同，即所谓"体质—压力模式"（Diathesis – Stress Model）。

管心任意学

我会是下一个被裁员的人？

2009年底的金融海啸与新兴市场的兴起，对中国台湾地区内部的就业市场造成莫大的冲击。据数据（2009）统计，当年11月的失业率为5.86%，失业人数高达64.5万人，较2008年同期增加13万人，创下历史的新高。在失业率屡创新高、企业倒闭与裁员的消息不断下，工作不安全感的气氛四处扩散，对组织与员工都产生极大的影响与不安。其中，员工更是承受极大的压力，陷入了随时可能没有工作的焦虑中。担心未来可能会被裁员、没有工作的心理状态就是所谓的"工作不安全感"（Job Insecurity）。员工对于工作的不安全感在失业率的急遽上升、组织精简与再造的时候会特别明显。

综观过去工作不安全感及其结果反应的相关研究，验证了工作不安全感对个人工作态度与健康状态的影响关系。如工作不安全会对员工的身体与心理健康造成伤害，且对员工的工作态度产生负向的影响，如降低员工工作满意、组织承诺，及其对组织的信任及忠诚感，同时也会增加员工的工作退却与离职倾向。但并非每一个人对于工作不安全感都会有相同的反应，譬如，有的人认为可以通过裁员而休息一下；但有些人却因为害怕被裁员而失眠。学者们也发现，员工对工作不安全的知觉与反应的确会因为个人特性、个人所接收到的社会支持及个人对工作的依赖性等因素的差异而有不同。例如，工作不安全感对于女性员工工作态度的影响大于男性，员工的负向情绪会增强他（她）对工作不安全感的不好知觉，降低其生理健康。此外，员工所获得的外在支持越多（不管是情感上或经济上），则较容易舒缓工作不安全感对其工作及生活产生的负向影响。换句话说，当我们发现朋友、同事、家人正因为担心没有工作、找不到工作的时候，我们可以多给他们一些心理上或行动上的支持，如陪伴或帮忙他们寻找其他新工作以降低他们的紧张与害怕。

另外，从组织的立场来看，裁员或组织重整的时候势必会对内部员工产生冲击。就短期反应来看，员工可能只是改变其工作态度，减少自身对工作涉入，或是降低其对组织的承诺及信任感而已。但长期来说，工作不安全感除了会影响员工的工作态度之外，甚至会对员工的身心健康产生负向的影响，并且会增加人力资本的流失、降低组织总体的工作绩效。所以，面对这群较容易因为工作不安全感而对其工作态度产生负向影响的员工族群，组织可以提供适当资源予这些员工（如工作层面的社会支持或工作控制等），以降低员工对于工作不安全感的知觉与反应。

12.2.5　体质—压力模式

曼佛瑞·布鲁乐（Manfred Bleuler）和戴维·罗素（David Rosenthal）在 20 世纪 60 年代提出"体质—压力模式"来说明精神分裂症的多重病因，在心理治疗理论中也常借用此模式，来说明体质与环境的互动影响在心理疾病的病因学上所扮演的角色。

体质—压力模式指的是当一个人在基因或生理上有某些脆弱因子存在（比如发生重大身体疾病、先天智能不足等），而后天上又遇到不良的生活环境或面临生活压力（如工作过多、疏于照顾、人际关系不良）时，两者间会产生的交互作用，加剧了产生心理疾病的可能性。这个模式巧妙地解

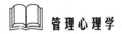
释了许多疾病发生的个别差异，如面临亲人过世的家庭，有些人因而患上忧郁症，有些人却能安然渡过哀悼期。事实上，此模式虽然受到重视与广泛运用，但是关于体质与压力之间的作用机制仍不清楚，如体质与压力的交互作用是累加或者减损的关系，当体质不良时，些微的压力便会导致疾病，或者体质不佳又压力大时才会产生疾病，也或者沉重的压力导致体质虚弱，而让后续压力成为压垮骆驼的最后一根稻草？

心灵专栏 —知己篇

心理测验：什么是心理健康？

很多人听到"心理健康"都会联想到心理疾病，其实心理不健康不等于有心理疾病。心理健康只是大家都希望拥有的健康状态，它决定于"你对自己的感觉如何?"、"你对别人的感觉如何?"以及"你如何处理日常生活中的种种需求"。但是，你知道你的心理健康吗？

完成下面的"心理健康自我检查表"，对每一项叙述，同意的打"√"。

心理健康自我检查表

1. 自我满意	2. 与人相处	3. 生活调适
□我能愉快的面对每天的日常事务	□我以负责的态度待人	□我能面对问题，就事论事不逃避
□我觉得我可以解决大多数的问题而不会为情绪所困扰	□我有能力爱他人且能为他人着想	□若有可能，我会创造环境来面对生活的挑战
□我能克服生活中的不如意	□我拥有良好而持久的友谊	□我行事有计划，不怕面对未来
□我以宽容平和的态度对待自己和他人	□我能和他人建立友谊	□我能担当责任
□我对自己的能力有适度的评价和期待 □我可以接受我自己的短处，也可以自我解嘲	□我不占别人的便宜，也不让别人占我的便宜	□我乐于接受新的挑战，也会制定实际的目标

上述的"心理健康自我检查表"中，若越多项被打"√"，表示你拥有越多的心理健康特质。但是，心理健康状态有很多不同的向度，没有单一的特质能代表心理健康状态是良好的，也不能说缺了哪一个特质就是有心理疾病，更没有人能在一生中永远保有所有的良好心理健康的特质。重要的是，如果你觉得自己或认识的人有心理健康的问题（打"√"的项目少得可怜），请与当地的专业心理卫生或咨询辅导机构联络，寻求进一步协助。

 ## 12.3 心理疾病的分类

依目前对于心理疾病的了解，分类架构较能"简单"而清晰地说明这些疾病，但是即便做了分类，这些架构仍然是十分庞杂的，而且彼此之间有症状重叠与共病两种或以上疾病同时发生的问题存在，使得临床心理学家与精神科医师必须具备优秀的鉴别诊断能力，厘清患者的主要困扰，以求对症下药。以下仅就几个常见类别的心理疾病做简要介绍。

12.3.1 器质性心理疾病

由哈里逊·福特主演的电影《意外的人生》（Regarding Henry）中描述一位精明干练、无往不利、为赢得官司一向不择手段的成功律师亨利·巴尔的故事。在他事业处于巅峰时，却因一次意外的枪伤，使他丧失了记忆，于是由一位事业有成的律师成为一位茫然无所适从的普通人。在影片中，男主角在家人与朋友的帮助下因祸得福，找回夫妻间的热情，也学会了与人真诚、互爱的相处方式，现实中，能如此幸运人的可能不多。

一般常见的器质性心理疾病包括谵妄、痴呆症、失忆等，通常发生于脑部的损伤、功能退化或药物的影响。谵妄是指短时间内发生意识障碍及认知能力变化的情形，比如语无伦次、时间感混淆、无法辨认家人等，老年人较常发生；痴呆症是因脑细胞的退化、疾病侵害或外伤所致，患者会有包括失忆、失定向感等多重认知障碍发生，一般发生在 75 岁以上老年族群；失忆症的特征则较单纯为记忆功能的缺损，较无其他认知功能的障

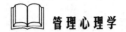

碍，一般病因多为脑部创伤、中风或神经毒素导致。

因中毒或者脑伤所产生的器质性心理疾病或许在医疗处置与复健疗养之后，功能可大致恢复，但因脑细胞的萎缩与功能退化而产生的痴呆症则无法恢复，只能运用药物减缓退化速度。

12.3.2 精神分裂症

精神分裂症（Schizophrenia）属于较为严重的心理疾病，在认知功能上有逐渐退化的现象，因而早期以痴呆症状视之，然而两者并非同样病症。知名电影《黑天鹅》（Black Swan），剧情内容生动传神地描述精神分裂症患者（女主角）与自己的妄想、幻觉对抗与相处的过程。电影内容大抵是：

"妮娜（女主角）是一名芭蕾舞者，最大的梦想就是希望能成为团内知名舞台剧《天鹅湖》的台柱。努力付出果然没有白费，妮娜成功地从众多杰出舞者中取得白天鹅一角，但妮娜随后发现自己虽然已获得白天鹅的位置，舞团中还存在另一个强劲的竞争对手莉莉（女配角）。因为这部《天鹅湖》的主要卖点在于，白天鹅与黑天鹅都是由同一舞者扮演，意即女舞者不但要诠释天真纯洁的白天鹅，也要扮演性感、邪恶的黑天鹅。就舞者本身的个性来看，妮娜的个性较贴近白天鹅，而莉莉的个性则较贴近黑天鹅。然而，剧团总监希望生性拘谨的妮娜，能尽力揣摩黑天鹅热情奔放的内涵，以符合一人分饰两角的要求。尽管妮娜不断地练习，但始终无法达到总监的要求。随着挫折的不断积累，她的压力越来越大，渐渐影响她的生活。压力大的时候妮娜会不自觉地抓背脊即便背后已经伤痕累累，且原本是母亲心中柔顺乖女儿的她愈来愈无法忍受母亲对她的控制，开始出现夜归、抽烟、对母亲咆哮等不良行为，也无法分辨现实和梦境中的不同，常常堕入害怕被取代的幻想之中……以致最后出现自我伤害、死于舞台上的遗憾结果。"

精神分裂症的主要症状有妄想、幻觉、解构的语言、混乱或紧张的行为等，多数患者在初发病时并没有病识感，因为他们的症状便是现实感不佳，然而在跌跌撞撞让自己与他人陷入一片混乱之后，患者仍然还是会回到长期治疗的途径。精神分裂症的盛行率估计有 0.2% ~ 2.0%。多数患者终身需要吃药控制，属于慢性化的心理疾病。

心灵专栏　—知彼篇

一念之差，解放自己

某天晚上，家人相约去大卖场购物，为了读完手上的这本推理小说，你决定独自一人留在二楼的书房。听着众人出发、大门关上的声音，之后一切归于平静，你也再度陷入书中错综复杂的情节之中。不知过了多久，忽然从一楼的客厅传来一阵玻璃破碎的声音，是那只放在沙发桌上的水晶花瓶！怎么回事？这虽然只是一个虚拟情景，但你若是身临其境，定会有所思、有所感及有所为的。在课堂和演讲时玩过许多这样的游戏，答案还真是不一而足。有人说"有小偷！"有人则怀疑是灵异现象！也有人认为是老鼠撞到了桌子或者野猫偷溜了进来，还有人觉得自己可能看小说太入神了，居然没有听到家人回来的声音，而花瓶极可能是家人不小心打破的……凡此种种，当然都有可能，但关键是，做了上述的猜测之后，我们又会有什么感觉呢？

担心遭小偷的人不禁紧张起来，赶紧将书房门反锁，打电话报警；当然也有艺高胆大的，拿了棒球棍要下楼教训窃贼；怀疑自己"撞鬼"的人则不仅紧张，简直是心惊肉跳，完全不知如何是好，只能将自己心中的神仙请出来护驾了；认定老鼠或野猫是罪魁祸首的人则常觉得惋惜和懊恼："该死的老鼠（猫）！这只花瓶可不便宜，我还得去清扫。哼，看完这节再说吧！"认为家人已回来的人大概只有惋惜花瓶，倒不必懊恼自己还要清理残局了。

这个小小的演练，说明了很重要的一个现象，即人有所念，始有所感，方有所为！

简单说，一件事发生后，是我们对它的解释（"念"）决定了我们的"感受"，再引发我们的"行为"。但是，日常生活中许多事情其实是暧昧不明的（如上述的花瓶事件），几乎都有不止一种的可能性。而换一种解释，便换了一种心情，也可能换了一种行为模式，简直是易如反掌！其实，生活中诸多的"烦恼事件"、"压力事件"、"挫折事件"不也正同此理吗？事件是人界定的，那么一念之差，你也可以解放自己，所需的只是换一种思考方式而已。

你不妨通过下面这项小测验来辨识自己习惯性的思考模式。这项测验共有5题，每题均是一个常见的生活情境，请你依自己的情形，从A和B中选一个你偏好的解释。

1. 你忘了男（女）朋友或配偶的生日。
   A 我总是记不住别人的生日。
   B 我最近烦恼的事情多，所以忘了。

2. 你借图书馆的书，逾期未还，被罚了500元。
   A 我常常忘记还书，真要命。
   B 我最近工作太忙，所以忘了。

3. 你觉得心情不佳。
   A 我从来没时间放松一下。
   B 我这个星期真是特别忙。

4. 某个朋友的话令你很难过。
   A 他从不考虑别人的感觉，老是随便发作。
   B 他今天可能心情不好，拿我出气罢了。

5. 你在假期中变胖了，又瘦不下来。
   A 长期来看，节食好像没什么用。
   B 我尝试的节食方法没有用。

以上的5个答案中，如果你选：

A 少于B，则你是"乐观型思考"的人；若是你A选多于B，则你是"悲观型思考"的人。两者最大的差别在于，乐观者认为困难和挫折是暂时的、外在的、可以克服的；而悲观者则认为困难和挫折是永久的、内在的、无法改变的。但是，正如开始的"花瓶事件"，压力常常是暧昧事件，是可以做多种诠释的，而"开心"或"忧心"皆在一念之间。或许当悲观的人试着做些乐观思考时，他（她）的主观世界也就随之改观了。可以说，谈笑间，压力灰飞烟灭！

12.3.3 情感性疾患

情感性疾患中较为众所周知的要属忧郁症和躁郁症，两者间的主要差别在于后者有躁郁症发作（Manic Episode）的时期，前者没有。

12.3.3.1 忧郁症

忧郁症的类别颇多，依忧郁症状发生的严重度与持续时间可分为重郁病、低落性情感疾患、精神官能性忧郁症等。

忧郁症的特征主要为食欲改变、体重明显改变、睡眠障碍、动作变迟缓、活力降低、无价值感或罪恶感、专注力或决断力有困难、反复想到死亡或有自杀意念等。近年来，由于自杀问题受到重视，忧郁与自杀的关联性被一再讨论，研究发现约有 87% 的自杀尝试者都患有忧郁症。

联合国世界卫生组织（WHO）曾表示在 2020 年全世界有三大疾病需要重视，即心血管疾病、忧郁症与艾滋病。显然，忧郁症问题有日渐加重的趋势。依据美国流行病学研究的结果，每五位女性就有一位在一生中有一次或一次以上的忧郁症发作，其中女性的终身盛行率为 10% ~25% ，男性为 5% ~12% ，女性的忧郁风险为男性的两倍。治疗忧郁症可采药物治疗和心理治疗两种方式。其中，药物治疗以三环抗忧郁剂为主，心理治疗则以认知行为治疗的效果较为显著。

12.3.3.2　躁郁症

躁郁症是一种周期性情绪过度高昂或低落的疾病。这种情绪波动因起伏较正常人大，持续时间亦长，因而会影响一个人正常的生活适应功能和人际、学业、工作等能力。目前，造成躁郁症的原因有许多，其中以生物病因较受重视，这与一般人以为的情感型精神病必然是情感受了什么创伤的概念有很大的差距。躁郁症的病因至今大多人认为与大脑内神经传导物质的失衡有很大的关联，研究也显示此症有颇高的遗传性。躁郁症的治疗方式以药物治疗为主、心理治疗为辅。通过锂盐等情绪稳定剂，以调节患者情绪的激烈变化。

12.3.4　焦虑性疾患

M，30 岁，是一位普通的上班族，住院之前，她也有过一些严重的心理问题。她生长在一个传统的中产阶级家庭，有两个姊姊，虽然她一直都知道自己是"神经质的"、"多愁善感的"，但从不认为自己有什么严重的问题。一年前，她总是最早上班、最后离开公司的认真员工，但有一次她自认为已十分认真的备妥明天开会数据，最后却在所有同事的面前被主管数落得一无是处，当时她虽然有些挫折与沮丧，但并未达到十分严重的程度。几周后的一个晚上，她接到家里电话，告知她父亲病危的消息，但她当时又必须留下来准备明天的报告数据。反复犹豫之后，她选择先完成报告，延后去医院的时间。结果，隔天的报告她依然未获得主管的认同，也错过见到父亲最后一面的机会。在以后的几个月中，每当她知道自己要做报告时，就常常感到焦虑、头晕、双腿颤抖，迫不及待想离开办公室。每当这种"恐慌"发生时，她就会开始找各种理由请假、拒绝出席会议，最后她不得不放弃工作。因为，只要想到有关上级主管的要求就会令她十分痛苦与紧张。

12.3.4.1 焦虑性疾患的类型

焦虑性疾患包含特定对象恐惧症、社会恐惧症、惧旷症、恐慌症、广泛性焦虑症等，以下分别介绍恐慌症与惧旷症两种焦虑性疾患。

（1）恐慌症。20世纪60年代至70年代初，许多临床心理学家，特别是行为主义心理学家的日常工作，就是对付上面描述的这种恐慌和焦虑的问题。今天，尽管临床心理学家的工作范围已大大扩展，恐惧和焦虑仍是人们找心理学家咨询的一个普遍问题。恐慌症的主要症状为一些身体的或认知的反应，如心悸、冒汗、呼吸困难、胸闷、头昏、恶心、害怕失去控制等，常同时伴有危险迫近与即将死去的感受及脱逃冲动，如前述M女士的反应。女性比男性容易发生，终身盛行率在1.5%～3.5%。

（2）惧旷症。惧旷症患者主要是18～35岁的女性。引起恐惧的情境可能是离开熟悉的家、身处于人群当中，或被局限在某一空间中（如搭公交车或电梯）等。正如其他恐惧症一样，患者常常躲避自己害怕的情境，导致生活和工作受到相当大的干扰。当惧旷症患者处在所害怕的情境中，常常感到恐慌，表现出心跳急促、头晕、出汗或各种不适的感觉，这些恐慌症状看起来很像真正的生理疾病，如心脏病一样，因而患者常常奔波于各大小医院之间，做了许多生理检查，在心态上他们非常担心自己会发狂或死去。

依焦虑的时间来看，惧旷症的恐惧感与恐慌有所不同。恐慌是突发的，且时间较短，而在惧旷症患者当中，恐惧的感觉持续时间很长且无特定的起因。

12.3.4.2 恐惧与焦虑的起源

心理学中已有许多解释焦虑疾患病因的研究，下面是一个心理学史上著名的病例，我们以此来研究和解释儿童的恐惧症。

（1）小阿尔伯特。1902年，美国行为主义心理学家约翰·华生（John Watson）报告了他如何用古典条件制约让一个11个月的男孩（小阿尔伯特）形成恐惧症。简单地说，华生试图让男孩对一只小白鼠产生反射性恐惧，每次他把小白鼠放在小阿尔伯特面前时，就在旁边用锤子敲金属条，发出极响的噪声。阿尔伯特被响声吓坏了，经过几次这样的配对，他开始害怕小白鼠，而这种恐惧感也扩展到兔子、棉花、毛线及其他有类似特质的东西。

（2）学习与再学习。有一个小女孩，当她还是婴儿时，有一段时间只要大人提到"热"这个字眼，她就很不安地哭出来，这令许多来访者大惑不解。其实这里有一个十分简单的条件反射过程。在几个月里，她花了很多时间在房子里"探险"，用手触摸每一件新奇的物品，当大人发现她试图摸一些可能烫手的东西（如加热器）时，他们就厉声警告道："别碰，这是热的！"因而，"热"变成了象征可怕的条件反射刺激。

（3）恐惧的传递。社会模仿可能是传递恐惧的一个重要因素。在实验室研究中，从未见过蛇的小猴子，通过观察它们的父母对蛇的恐惧反应，也会形成强烈的恐惧感。不难看出，人可能也通过这种观察学习形成惧旷的恐惧反应。对疾病和其他威胁物，父母可以用直接示范的方法让儿童产生恐惧感，以避免受伤或生病，而用语言来传播这种经验也能产生类似效果。

（4）谁是脆弱的。在解释比较复杂的恐惧症，如惧旷症或一般的焦虑症时，制约理论就不那么可行，在惧旷症中并没有一个明显的条件制约过程。心理学家认为有三种脆弱因素使人们容易产生惧旷症。一是早期家庭环境。不稳定、过分溺爱或漠不关心的家庭可能增强儿童对他人的依赖，并且容易有躲避困难的倾向。二是来自基因遗传的焦虑气质。三是遭受环境中的各种压力。因此，一个有着不良家庭环境、易焦虑的人在遭遇了心理压力（冲突、家庭危机等）之后，这些压力引起了焦虑感受和生理激起。以后，当他处在一个刺激过多的环境中（如惧旷症患者在拥挤的购物中心或大卖场），生理激起会增加，导致患者恐慌发作。如果他将恐慌归因于外部情境（拥挤的场所），而不是内在因素（压力感受），他就可能变成惧旷症患者。一旦惧旷的习惯形成，且躲在家里的行为受到家庭及朋友的包容，并因害怕再度发生恐慌而不敢出门，那么，这个习惯就会保持下去。

（5）寻找危机。现在，心理学者还不能完全解释为什么生活压力只使某些人产生焦虑。最新的一个研究指出。焦虑的人"选择性地加工"与个人危险有关的信息，对这些人而言，"危险"可能是社交性的（如遭到拒绝），也可能是生理性的（如传染疾病），焦虑的人在"认知—焦虑循环"中自我增强，此循环为感知到的危险会对个人造成焦虑，而焦虑则使人更意识到与危险有关的想法和记忆，这样的循环就造成了痛苦感受的上升，严重时甚至会产生恐慌状态。如经济衰退、公司裁员的时候，员工开始担心自己会成为下一个被裁的人，因而开始留意电话，生怕因为自己一小心错过电话就会被裁员，进而对工作产生焦虑与恐慌。

12.4　治疗与预防

12.4.1　药物治疗

心理疾病的药物治疗种类繁多，随着医药技术的发达，新药不断推出，降低了副作用，也使不同体质与症状表现的患者有了更多选择性。在精神科门诊中，寻求开药的患者比例远多于寻求心理治疗。就经济层面而言，费时且收费高昂的心理治疗确实让许多人却步；就疗效而言，须长期治疗的精神病问题（如精神分裂症、躁郁症等）则离不开药物。所以，就某个层面来说，药物治疗的进步也是患者的福音。

然而，有些心理疾病不能只依赖药物，如忧郁症、心身症以及焦虑症等人格疾患的治疗则几乎对药物无反应，反而需要长时间、深入的心理治疗协助，才能有效改善病人的状况。因此，目前在治疗策略上的普遍共识是药物与心理治疗并行的做法，依患者症状表现适度调配两者的角色与比重。

12.4.2　心理治疗

心理治疗给生命一个"允许继续生长"的空间，许多因为压力、遭遇不幸或者缺乏成长发展过程正向条件的个体，在人生中某些阶段产生了适应不良症状时，便需要心理治疗师的协助。一般而言，身心症状的心理治疗效果与药物治疗效果相当，甚至有些疾病的心理治疗效果优于药物治疗，而在医院精神科普遍认为不易处理的人格疾患，则非常需要心理治疗的帮助。

所谓心理治疗是指由受过专业训练的心理治疗师，依据各心理治疗理论取向与技巧，提供病患者洞察、学习、改变等功能的治疗方式。目前常见的治疗理论取向有动力学派、存在主义学派、个人中心学派、完形学派、行为学派、认知学派、认知行为学派、女性主义学派等，采用的治疗方式有个别心理治疗、团体心理治疗、家庭和婚姻治疗等，依患者的症状以及病因、病源等因素，可以实行的治疗方式相当多样化，而这些理论与技术至今依然不断改良与推陈出新。我们以焦虑问题为例来说明心理治疗的进行。现代心理治疗对于恐惧与焦虑的治疗相当成功，在过去的 30 年中，大量的研究评价了各种治疗方法的有效性，研究一致指出，行为治疗法提出"接触恐惧情境"的方法，在减少恐惧反应中的确是有效的。以下为大家说明行为治疗在此观点中最常用的两种技术——系统减敏感法和暴露疗法。

12.4.2.1　系统减敏感法

20 世纪 50 年代，约瑟夫·沃帕（Joseph Wolpe）发明了系统减敏感法（Systematic Desensitization）来治疗恐惧症患者，时至今日仍为心理治疗师广泛使用。此方法分为三个阶段进行：①放松训练阶段；②设定焦虑阶层表；③进行系统减敏感程序。首先，教导患者学习肌肉放松技巧，训练其能产生深度放松效果，以达到身体松弛、没有焦虑感的状态。其次，协助患者找出使其焦虑的情境或对象，编制成一份标示不同焦虑等级的焦虑阶层表，焦虑最高级的就是患者最害怕的情境，也是行为训练的目标；最低焦虑等级的是患者几乎不害怕的情境。表 12 - 1 以一位害怕蟑螂的 A 女士为例，设计出她的焦虑阶层表。

最后，进行减敏感程序，让患者在放松的状态下，从焦虑程度最低的一级开始，逼真地想象焦虑情境来引起焦虑，想象时间 10 ~ 15 秒。当感觉到轻微焦虑时便停下来做放松练习，一直到焦虑感消失，之后再不断重复想象与放松的步骤，直到焦虑感不再出现为止。此时可将焦虑克服的目标移至下一焦虑阶层，如此一层一层克服后，患者便能克服对于蟑螂的恐惧感，以及减少因为害怕蟑螂而来的一些逃避行为。

表 12 -1　A 女士的焦虑阶层表

焦虑程度	焦虑情境
10	蟑螂飞到身上
9	看到一群蟑螂飞过视野
8	摸到一只蟑螂
7	蟑螂爬过脚边
6	摸到死蟑螂
5	拿拖鞋打蟑螂
4	看到蟑螂出现在墙角

续表

焦虑程度	焦虑情境
3	看到死蟑螂
2	看到蟑螂模型
1	想到蟑螂

病人需要同理与陪伴

让自己"进入"他人的角色，在彼此同在的交流中体会对方的想法与感觉。

12.4.2.2 暴露疗法

这一疗法要求患者立刻想象可能发生的最坏情境，并完全体验它，没有一个渐进的过程。现在，研究人员已广泛认为，系统减敏感法和接触疗法要成功的话，必须真正接触所害怕的环境。在大多数情况下，虽然患者在治疗结束时仍留有某些问题，但疗效显著，且持续长久。在临床心理学中，为什么接触法有效，以及如何解释它的效应仍颇具争议。看来，这很难用机械的条件反射来解释。更可能是患者在"面对"恐惧情境的过程中，改变了想法、期望以及对自己与情境的评价。一般性的焦虑因不存在可鉴别的诱发因素，心理学治疗方法要落后得多，有效地治疗还有待我们对所涉及的心理过程有更深刻的理解。

12.4.3　身心灵整合

人的一生，自母腹开始，即充满了许多危机，让一个人可能无法健康地成长，而人生过程中所遭逢的种种苦难，加深了成为一个健康个体的困难度。当生命无法具备适当的成长环境，心理治疗给生命一个可以暂时安全生长的替代空间。然而无论如何，生命本身的健康发展还是你我之间关系的调和与互持，仅以以下心得与你我共勉：

爱与关怀是孵育生命的温床，肯定与接纳则是生命成长的营养。

你不能……但你可以……

你不能决定生命的长度；

但你可以控制它的宽度！

你不能左右天气；

但你可以改变心情！

你不能改变容貌；

但你可以展现笑容！

你不能控制他人；

但你可以掌握自己！

你不能预知明天；

但你可以利用今天！

你不能样样胜利；

但你可以事事尽力！

课堂活动

心灵转个弯

一、目的

1. 认识自己的低潮情绪，并分享情绪经验。

2. 找出低潮情绪背后的非理性想法。

3. 探索如何通过想法的改变，让自己走出低潮。

二、说明

1. 人数：不限，5～6 人一组。

2. 时间：50~60分钟。

3. 材料：每组一张大型海报纸，一支麦克笔。

三、程序

1. 老师先解释什么是"非理性想法"，以及想法（或信念）在情绪体验中的重要角色。

2. 将学生分组，分发材料。请每组将海报纸分成左右两半，分别在最上方标上"事件"和"想法"。

3. 请每位学生回忆一件自己最近遭遇的情绪低潮事件，概述记录在海报纸左边"事件"标题下。再以箭头引到右边，写下当时自己心中的想法或信念。

4. 每位组员轮流进行，每人至少完成一件低潮事件与想法的记述。

5. 每个事件的当事人向组员介绍事情的经过，说明自己的想法与信念。组员进行回馈，共同讨论当事人的想法或信念是否为"非理性想法"，若是，则在海报上打个"✓"并思考有无其他替代的想法，可以舒缓负面情绪，并记录在海报上。

6. 完成所有"事件"与"想法"的讨论后，公布各组的海报纸，带领全体学生讨论：

（1）哪些是最常见的"非理性想法"？为什么？

（2）如何有效地改变这些"非理性想法"？

（3）想法不同后，情绪感受是否会不同？

（4）团体讨论与分享的感受如何？

基础题

1. 什么是"异常"？请说明心理疾病领域中较常使用的判断标准。

2. 心理疾病的成因有哪些？

3. 常见的心理疾患有哪四类？请简述。

4. 什么是体质—压力模式？

5. "系统减敏感法"和"暴露疗法"是常见的两种行为治疗法，请择一说明。

进阶题

1. 除了身体健康之外，心理健康也是近来社会广为重视的议题。职场中，许多公司为降低员工承受的心理压力，尝试设立并提供相关的政策与帮助，请收集并讨论现行企业提供的具体帮助有哪些？

2. 面对压力的时候，每个人对于压力的知觉与反应不尽相同。有的人微笑以对，有的人怨天尤人。试问，哪些人较容易因为外在压力而有心理相关疾病？

心灵笔记

第13章　工作压力与调适

化压力为动力

　　"人"只要是活着，就不免会感受到压力，尤其现代的人加班或超时工作现象频繁、生活步调又快，且职场竞争激烈、所面对的环境变化也越来越大，"工作压力"这个名词在我们的生活中也就越来越常听到，随之而来的，"过劳"与"职场忧郁"也渐渐成为现代文明的流行病、各行各业必须面对的新焦点！

　　世界上大概没有一件工作是没有压力的吧，只是程度多寡而已。面对工作压力，工作者必须懂得适时舒解。当面临工作压力时，员工可以选择消极逃避问题，或者自怨自艾；也可以选择勇于接受挑战，针对问题采取行动；若工作压力持续增加，有些员工更可能选择直接离职或开始找其他工作。工作压力除了会对员工个人造成影响外，也会影响企业组织的经营管理。如果员工在工作上持续感受到很高的工作压力，长期下来可能会使得员工的身、心健康造成严重的伤害，例如，增加罹患心血管疾病的概率或情绪沮丧等，此外更可能影响员工的工作行为，造成工作绩效变差，企业无法达成经营目标。当工作压力造成员工离职率上升时，企业在招募、训练等各方面所需投入的成本也大量增加，在"时间"即"金钱"的现在商业环境中，"等待员工成熟"无疑是折损企业的竞争力、错失竞争时效的。所以，工作压力不仅是员工个人的问题，更是管理者不可忽视的重要

287

管理心理学

议题。企业若能有效地协助员工适应工作压力，便能创造员工与企业双赢的健康职场，让员工乐在工作，进而发挥所长，展现高绩效的工作表现。因此，我们将在本章介绍心理学领域中有关工作压力的理论与研究，帮助大家理解工作压力的本质与历程，进而了解工作压力的来源，并说明工作压力对个人的影响，再从企业管理的角度来探讨如何协助员工适应工作压力，让你在职场上成为一个带人带心的卓越领导者，让员工能在健康的职场中追求自我成长。

13.1 工作压力的本质与历程

13.1.1 一般压力的本质

压力是什么呢？压力又是如何产生的呢？心理学者肯农（Walter Cannon）是最早对人类心理压力（Stress）作系统研究的人。他认为在面对压力时，个人常会产生攻击或逃避的行为，以适应或减低压力对个人带来的影响。其后，心理学者薛黎（Hans Selye）通过观察压力对人类行为的影响，提出了一般适应症候群（General Adaptation Syndrome，GAS），他认为，个人在面对各种压力时，会产生包含警觉、抗拒与耗竭三个阶段。这三个阶段有不同的特征：

个人在遇到各种压力的初期，即进入了警觉阶段（Alarm Stage）。在这个时期，个体的交感神经系统的运作会更加亢奋，肾上腺分泌也会快速地增加，个体在生理上处于备战状态，随时准备对压力作出实时的反应。假如压力继续存在、无法排除，则会进入抗拒阶段（Resistance Stage）。此时期，个体的注意力会集中在造成压力的来源，个体会将大部分的生理功能用来对抗压力，生理功能处于高昂状态。假如该压力仍然持续存在，个体无法抗拒压力，则会进入耗竭阶段（Exhaustion Stage）。此时期个体丧失适应能力，可能导致体能消耗殆尽而感到精疲力竭。

然而上述的"一般适应症候群理论"，只能用来说明人类适应生活压力的部分现象，却未能解释每个人为什么会对压力有差异性反应。在日常

288

生活中，在相同压力之下，个体对压力的认知不同，自觉拥有的抗压资源不同，就会产生不同的压力感受，也会有不同的压力反应。心理学家现已发现，压力的产生是源于人和环境间的某种特殊关系，它是一个复杂的动态历程。因此，压力是一种具个别性的现象，是个人历经评估和适应过程的结果，在面对压力的历程中，个人会评估自己所拥有的资源（包含内在与外在的各种资源）是否足以应付环境需求，并以认知和行动来适应压力，以期重新回到压力未出现前的身心平衡的状态。

13.1.2 工作压力的历程

回到工作的情境，和日常生活压力相似，若我们假设人有各种不同的需求和能力，工作也有各种诱因和要求。当个人的需求和工作诱因无法兼容，或个人的能力和工作的要求不适合，则个人就有可能会感受到工作压力。在工作压力的历程中，工作者的动机和能力同样有显著且重要的意义，无论是能力还是动机的不足，都可能导致工作者在面对工作要求下，感受到工作压力。在管理实务上，若管理者能辨别何者为引发工作压力的原因，则工作压力管理的方案应可更具特异性，也可能更有效。工作压力若源自工作者的动机问题，工作无法带给员工工作成就感，则管理者应考虑重新设计工作内容，使其职务丰富化且具挑战性。此外，管理者当然也可以设计不同的激励制度，增强员工对工作的投入感。同时，工作压力若源自员工的能力不足，无法达到工作目标的要求，则企业可提供适当的员工训练，以提升员工的专业知识与技能。若无法通过训练来改善个别员工的能力，管理者则可考虑个别员工的技能水平，再重新指派不同的工作任务。这些都可降低工作者的工作压力感受。

然而，所谓的工作要求与个人能力的平衡与否，并非指客观、真实的工作要求，也非指客观真实的个人能力，而是个人"知觉"的工作要求及自身能力。正如前文所述，压力是一种具个别性的现象，每个人对压力的认知不尽相同。因此，工作压力最适合通过个人对环境事件及个人适应能力间平衡性的认知评估来描述。另外，人们会不断地评量自己所处的环境，评估环境对自己的要求，并试图运用各种可能的资源去重建个人与环境之间的平衡。工作压力的完整历程可参考图 13 – 1，以下分别概述其主要成分与内涵。

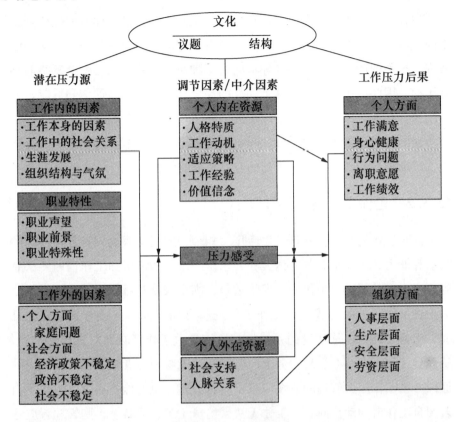

图 13-1 工作压力模式

13.1.3 工作压力的常见来源

工作中的各种要求都可能对工作者造成压力，最常见的工作压力来源可分为三类：工作相关、组织相关与人际相关。来自工作本身的因素，主要包括工作任务、工作角色和工作酬赏。其中与工作任务有关的压力源包括个人的工作设计（如自主性、变化性、心力和体力的负荷）和工作条件（如作业环境、上班时间、工安保障）。而角色负荷、角色冲突、角色模糊、角色认同和角色歧视（如对女性工作者的歧视甚至骚扰）均是与工作角色有关的压力源。另外，薪酬、福利、工作保障、升迁机会则是与工作酬赏有关的压力源。来自组织相关的主要是组织结构与气氛对工作者的影响，包含"硬件"的组织制度及"软件"的组织文化。前者如组织分化、阶层、规章、纪录、决策过程、沟通渠道等；后者如领导风格、组织气候等。来自职场的人际相关因素，主要是因工作所需而与组织内外的人所发生的关系（如客户、供货商、政府或其他机构的人员等），包含个别关系与结构关系。其中个别的社会关系是一对一的，如与上司（主管）、同事和下属，或与组织内其他部门同人的关系；而结构性的社会关系则指华人文化特有的泛家族主义、人脉经营和"圈子文化"等内隐或外显的结构性、规范性因素，在组织内部运作所造成的潜在压力源，如台面下散播谣言、组成小圈圈等。

此外，任何组织都不可能脱离其社会脉络，任何工作者也不能脱离其生活背景，因此，工作之外的因素也可能直接或间接地渗透到组织和工作中，成为另一大类潜在的工作压力源。若从个人与社会两方面切入，个人方面的压力源几乎都可归结为家庭因素，如个人或家庭生活中正常或不正常的重大事件（如结婚生子、离婚或重大伤病等），特殊家庭形态的要求（如双职工家庭、单亲家庭、两地分居家庭等），持续存在的紧张（如自尊低落、夫妻不和、财务困窘等）。社会方面的因素则包括经济、政治和社会三层面：经济景气循环、经济政策变化、全球经济竞争等均属经济面的因素；政治不安定、政府的腐败无能贪污、政治上的不平等（如两性不平等、劳资不平等）均属政治面的因素；而社会治安的恶化、社会价值的沦丧和社会正义的缺乏则构成社会面的因素。

13.2 工作压力的影响

压力是身心健康的隐形杀手，长期处于压力下，会对个体的心理、生理与行为产生极大的影响。压力可能引发的症状与疾病不胜枚举，轻者如头痛、背痛与胃痛等，重者如心脏病、中风、糖尿病、肝硬化、溃疡等。以下我们分别以压力的心理、生理与行为反应来说明。

13.2.1 压力的心理反应

压力的心理反应包含情绪和认知两部分，一般人对过大的压力会产生不愉快的情绪，且随着压力的程度增强，情绪会越恶劣，若压力持续的时间很久，则情绪也会持续相当长的时间。大多数人对压力产生的情绪反应，可以分为四类：①烦恼、生气、愤怒；②焦虑、害怕、忧虑、不安；③沮丧、悲伤、忧愁；④罪恶感、害羞、嫉妒、讨厌等。

在认知方面，若处于强大的压力情境之下，员工的个人注意力可能会降低，无法专注于原有的工作目标，导致工作表现不佳。长期存在的压力，会使员工产生疲劳、无力感、无助与无奈，进而产生倦怠（Burnout）。此时，员工可能会觉得工作毫无意义，仅是机械化的执行工作，导致工作满意度下降，绩效表现也随之恶化。此外，个人若长期处于高度压力之下，或突如其来的巨大压力降临，都可能会使个体产生心理失常问题，如失眠、做恶梦、神经官能症，严重者可能导致精神崩溃。

管心任意学

轻松减压，就从日常生活做起

生活中每个人都难免遇到不如意的事。个人要永远保持身心健康，至少有以下几个原则可供参考：

1. 建立正确的自我观念，充分了解自己、接纳、肯定自己，改进自己的缺点。

2. 生活有适当目标，鼓起勇气面对各种挑战，发挥自己的潜能，从工作中获得成就感及乐趣。

3. 妥善管理与运用时间，工作、休闲与运动并重，做事用科学方法，提高效率。

4. 培养良好的人际关系，广结善缘，结交知心的朋友；多接纳、关怀以及赞许他人，多学习他人的长处。

5. 主动积极参与社会活动，扩展生活层面，多去助人与服务人。

6. 凡事往好处想，培养积极乐观、开朗进取的性格；不怨天尤人，常自我反省。

7. 培养正当的娱乐、爱好以及艺术欣赏能力，充实精神生活。

8. 做好生涯规划，不断自我充实与自我成长，对环境做有效的适应。

9. 凡事尽力而为，不必讲求完美，但求清心寡欲、淡泊名利、知足常乐、感恩惜福、与世无争。

10. 培养高度幽默感及稳定的情绪。

下次若感到工作压力很大的时候，别忘了先停下来做几次深呼吸，接着运用上述技巧，让自己成功减压。

13.2.2 压力的生理反应

个人若处于心理压力之下，大脑会将感知到的压力信息传递至内分泌系统，进而促使各种荷尔蒙分泌。压力会刺激大脑的下视丘，激发自主神经系统交感部分，继而诱发肾上腺分泌增加。在这样的生理机制运作下，个体处于攻击或逃避的反应状态，结果会导致心跳加速，呼吸急促、流汗增多、血液快速流向肌肉，使得肌肉力量大增、心智活跃及注意力集中。

压力同时会使脑下垂体分泌增加，刺激副肾皮质分泌荷尔蒙，结果导致蛋白质与脂肪消耗，使个体瞬间的力量大增。此外，压力也会改变身体的免疫力，降低抵抗疾病的能力，造成个体容易感染疾病，例如，压力大时，个体容易有上呼吸道感染的症状。另外，压力也会影响大脑神经传导物质的正常运作，进而产生忧郁、失眠等现象。

13.2.3 压力的行为反应

压力除了对个体的生理与心理会造成影响外，更会改变个体的外显行为。一般人在压力之下，会表现出肢体或言语的攻击行为。心理学的挫折攻击假说（Frustration – aggressive Hypothesis）认为人类在遇到挫折之后，会产生攻击行为。通过攻击行为可以使个体发泄不愉快的情绪。然而在工作场所中，员工若因压力而攻击他人会造成人际之间的冲突，反而因此升高心理压力，可能更恶化个人在工作上的压力适应。压力除了可能造成与他人肢体上的冲突外，有些人处于巨大压力之下，会表现一些自暴自弃的行为，例如酗酒、使用禁药、暴饮暴食等。而在人际互动方面，有些人遭遇压力，就从社会人际关系中退缩下来，表现恐惧、沮丧、自闭或企图孤立自己的行为。在职场上，若工作者因压力而产生人际退缩，可能损害与客户、同事及主管间的关系质量，长期则会导致个人的工作满意度低落、工作绩效不佳，更甚者可能会因此离开职场。

13.2.4 压力与工作绩效的关联

在工作中，无论是管理阶层或一般员工，都不免感受到工作压力的存在。适度的工作压力可能会让工作者自我督促，进而达到工作目标；然而若工作压力过大时，工作者却可能因无法妥善适应压力，阻碍了工作效率与工作目标的达成，导致工作表现受到影响。

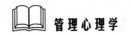

心灵专栏 ——知己篇

心理测验：你的压力破表了吗？

一、导言

　　对大多数人而言，工作是民生必需品，在激烈竞争的职场上，压力在所难免，但可千万别让工作压力终结了你的幸福人生！走出"压力锅"的第一步，先来看看你目前所承受的工作压力究竟有多大吧。

　　压力是主观的，职场上每一件大小事都可能是某个人的压力来源，但也可能是另一个人奋发向上的动力。压力就是这么奇怪，如人饮水，冷暖自知，所以，问你自己吧，下列的15项工作事件，是"你的"压力吗？

二、做法

　　请依照你的工作情况，圈选出适当的数字。请以过去3个月的工作情形来作答。

	非常肯定不是压力	肯定不是压力	一般而言不是压力	一般而言是压力	肯定是压力	非常肯定是压力
1. 缺乏升迁渠道，大材小用	6	5	4	3	2	1
2. 主管的领导不当，支持不足	6	5	4	3	2	1
3. 主管缺乏咨询和沟通	6	5	4	3	2	1
4. 随时要学习新的技术或观念	6	5	4	3	2	1
5. 必须长时间的工作	6	5	4	3	2	1
6. 必须承担工作上的风险（如决策的风险）	6	5	4	3	2	1
7. 常要到外地出差并过夜	6	5	4	3	2	1
8. 工作影响到我的私生活及社交生活	6	5	4	3	2	1
9. 常常被主管要求做本分以外的事情	6	5	4	3	2	1
10. 必须应付暧昧不明或不确定的情境	6	5	4	3	2	1
11. 工作上必须扮演黑脸（如拒绝别人的请求）	6	5	4	3	2	1
12. 公司的士气低落，组织气氛不佳	6	5	4	3	2	1
13. 缺乏个人生涯发展的机会	6	5	4	3	2	1
14. 必须牺牲家庭（个人）生活去追求事业	6	5	4	3	2	1
15. 公司的制度妨碍了工作任务的达成	6	5	4	3	2	1

三、解答

将你对上述 15 题圈选的数字加总，你会得到一个介于 15～90 分的"压力指数"。如果你的"压力指数"是：

1. 介于 45～66 分，放心啦，你的工作压力完全在可忍受范围之内，应该说，你对工作要求还能应付自如，甚至游刃有余！

2. 介于 67～76 分，小心，你的工作压力好像有点大，水深及胸了，光硬撑是不行的，停下来想一想：问题究竟出在哪里（回头看看哪些题目你的分数最高）？有比现在更好的解决方法吗？还是可以改变想法，换个心境再出发？

3. 77 分以上，你的压力实在太大了，快灭顶了吧？赶快找人谈一谈，或者认真思考一下：真的还要撑下去吗？

4. 45 分以下，别高兴得太早，压力确实没有找上你，但没有压力也就没有成长的动力了！为自己加点压吧，人生会更有趣！

一般人可能会猜想，压力越大，绩效越糟；而压力越小，绩效越佳。然而在面对压力下，个体差异扮演了相当关键的角色，每个人评估解读压力的方式会影响工作压力与工作绩效的关系。假如工作者能够正面的解读工作压力，将之视为工作上的"挑战"（Challenge），则会企图克服压力，较可能对工作绩效产生正面的影响。相反地，工作者若将压力视为阻碍工作目标达成的"障碍"（Hindrance），则会影响其克服压力的意愿，进而可能影响工作表现，造成绩效下降。此外，个体适应压力的方式也会影响工作压力和工作绩效的关联。若个体面对压力时，经常采取"消极逃避"（Avoidance）的因应方式，则工作压力对工作绩效的负面冲击可能会更加恶化；反之，如果员工能积极面对压力，采取"主动行动"（Active Action），则可能会降低压力对工作绩效的不良影响。所以，工作压力和工作绩效的关系并不能一概而论，而要考虑情境因素与个体差异，压力的感受和反应都是因人而异的。身为一个管理者，要先了解员工特性与压力情境，以协助员工采取有效的因应行为，克服工作压力，并降低压力适应的不良后果，才能避免不当的压力降低了员工的工作表现。

13.3　工作压力的管理

如果一个企业长期让员工处于缺乏挑战性目标的工作环境，则员工丝毫没有感受到工作压力，觉得整天无所事事，无法从工作中获得成就需求的满足。若企业又缺乏有系统的绩效考核管理制度，那么这样毫无压力的工作环境，只会让员工逐渐缺乏工作动机，甚至离开组织。但是，物极必反，若企业给予员工很大的工作负荷或难度很高的工作目标，员工可能因此感受到过高的工作压力，导致生理、心理与行为都产生适应不良的反应，也可能影响工作绩效，危及企业经营的效能。所以，企业和个别员工要如何适当地管理工作压力呢？以下分别从个体与组织层面来介绍工作压力管理的方式，让员工适当地缓解压力，创造企业与员工都得利的双赢结果。

13.3.1　个体层面

在压力情境中，个人在认知、情绪与行为上所用的各种策略，只要是用以减缓压力感受，皆可称为适应努力。这样的适应努力大致可分为"问题解决取向"（Problem – focused）与"情绪处理取向"（Emotion – focused）两类。前者是指个人的努力焦点在于确认问题，制定可行的、适当的目标，企图解决问题；后者则是以降低焦虑的方式来控制压力，例如，寻求他人情感支持来降低压力感受。一旦压力产生，个体会采取各种适应策略减轻压力所引发的负面影响，而每个人因其人格特质、生活经验及文化价值的不同，也会有不同的压力适应之道。人是具有主动性和韧性的，面对工作压力时，工作者应采取自我监控和自我管理的技巧，帮助自己逐渐恢复到在压力出现之前的状态。现在我们就来分享几个能协助减轻工作压力的方式。

13.3.1.1　生理调适

通过生理调适技巧，可有效地协助工作者放松，减少压力带来的紧张与焦虑。最常见的生理调适技巧有放松、沉思与运动等，工作者可以找到一个安静且舒适的环境，试着闭上眼睛、舒缓呼吸，接着就会感受到肌肉

压力差异反映了生活的喜乐悲苦，有时在于所持的心境观点而定。

逐渐放松，通过这样反复的吸吐，就能让身、心回到压力出现之前的正常状态。有时候适度的放松，会带给工作者意想不到的效果，例如，当工程师面对一个难解的质量问题时，一直在机器前面烦恼，倒不如离开生产线一会儿，到办公区域以外的场地散步，让自己暂时放松一下，反而可能灵光乍现，想出解决质量问题的对策。所以，下次当你觉得压力很大的时候，别忘了练习深呼吸，适度的休息才能更有元气面对工作任务。

还有一个减轻压力的生理调适方法是做运动。定期从事有氧运动（Aerobic Exercise）（即任何可增加心跳率及氧气消耗量的持续性活动，例如慢跑、游泳或骑脚踏车）的人，比不规律运动的人，在回应压力情境时，其心跳率及血压明显较低，意即抗压力性较佳。由此可知，运动不仅可以让体格强壮，更能促进心理健康，是舒缓压力的好伙伴。此外，充足的睡眠更是相当重要，可以协助个人暂时遗忘紧张焦虑的情绪，睡眠是一种生理与心理的松弛机制，不失为一种舒缓压力的方法。

13.3.1.2　认知调适

压力管理方式的重点是改变个人对压力情境的认知反应。"认知行为

297

治疗法"（Cognitive Behavior Therapy），即试图帮助人们确认造成生理或情绪症状的压力情境种类，并改变他们适应这些情境的方式。大家可能都有过这样的经验：有时候你会一直担忧一件事，尽管这件事还没发生或结果还不确定，还是无法停止这样的担心。可是，如果能理性地分析思考，就会发现，这样的担忧其实是庸人自扰，这个事件可能不如想象中的重要，或者是我们根本无法控制事情的结果。认知调适正是在我们无法改变外在环境时，缓解压力的好方法。认知调适的原理很简单，就是通过调整个体对外在环境与事件的感受，例如，我们无法掌控所有的因素，我们更不可能追求绝对的完美，不要让不理性的焦虑打乱了原有的工作步调。我们应该更积极地面对压力，针对可以掌控或改善的部分，采取有效的行动对策来解决问题，这样才能有效适应压力所带来的负面冲击，从而减轻无谓的压力造成不必要的焦虑。

13.3.2　组织层面

前面我们提到个体如何去减轻压力感受，然而组织也可以通过相关的制度与员工协助方案（Employee Assistance Program）帮助工作者管理工作压力，积极营造一个健康的职场。负面的压力对员工的绩效和工作福利皆具有破坏性，因此，管理者应积极主动地善用组织中的各种制度与管理工具确保压力维持在最适水平，以下分别介绍组织可使用的压力管理方式。

13.3.2.1　工作再设计

"工作再设计"（Job Redesign）是用来降低工作者因工作本身而产生的压力，根据心理学研究发现，工作的复杂度、自主性与工作意义会影响工作者的工作满意与压力感受。当工作的复杂度过低时，工作者长期重复相同的工作流程，则可能会感到枯燥乏味，而产生厌烦或沮丧的感受；相反地，如果工作的复杂度过高，工作者无法达到工作要求，可能因此感到挫折。所以工作复杂度必须与员工的知识技能相符，才能使员工感受到适才适所，能在工作岗位上发挥所长。身为管理者，必须经常检视工作复杂度与员工的适配，并适时调整以配合员工在专业知识技能上的成长。

"工作自主性"（Job Autonomy）对专业工作者的影响更甚，工作自主性指工作者拥有对自身工作的决策权，例如，组织授权员工在特定的业务范围内有裁量权，员工能依据自身的专业判断，在工作中有权做决定，员工由此可主导自己的工作，增加员工对工作满意的感受。反之，若工作缺乏自主性，员工则无法掌控自己的工作，久而久之会对工作产生无力感。

298

因此，身为管理者，必须适度地授权，让员工拥有决策权，因为当员工拥有对工作的控制权时，其压力感受较低，也能对工作更加负责，有助提升工作绩效。

在"工作意义"（Task Importance）方面，若能让员工感受到工作的价值，进而产生对工作的认同与使命感，员工则会更乐在工作。例如，当餐厅的服务人员了解自己的工作不仅仅是点餐与送餐，而是能通过亲切服务带给顾客一次愉悦的用餐体验，或协助顾客在亲朋好友及家人相聚时能享有一段欢乐时间，服务人员就会认为介绍菜色与送餐的工作是具有价值与意义的，进而对自己的工作产生使命感，在工作中拥有较佳的抗压能力。

13.3.2.2 咨商辅导与教育训练

组织可提供员工相关资源协助员工在面对压力时的适应行为。例如，越来越多的企业开始设置员工咨询服务，或与外部组织合作员工咨商辅导转介等。当员工感觉压力过大时，可以通过这样的资源，获得心理上的支持。此外，企业的人力资源部门也可以通过举办教育训练来提升员工的压力管理能力，教导员工学习多元的缓压技巧，更有企业积极鼓励员工从事休闲活动，在工作之余成立员工休闲社团，不定期举办员工运动会或员工旅行等，让员工可以取得工作与休闲的平衡，降低工作压力带来的负面影响。

心灵专栏 —知彼篇

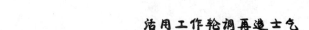

活用工作轮调再造士气

地区经济不景气，在美国金融危机和区域性经济衰退的推波助澜之下，不仅延宕多时，还有愈演愈烈的隐忧。无怪乎各行各业的员工惶惶不可终日，社会大众也频频诉请政府拯救经济，保障投资人权益，更期待经济兴衰后能重见幸福时光。

在不景气的"低气压"笼罩下，员工自动离职的流动率自然会下降，但一波波的裁员风潮也让饭碗尚存的员工人人自危，惶惶不可终日；组织重整后的人力短缺，迫使保住工作的员工不得不身兼数职，疲于奔命。学术研究发现：工作中缺乏自主性、控制感，以及工作任务超负荷是工作士气和工作效率的两大杀手，这应验了不景气时裁员政策只会造成员工工作压力骤增，士气低落，因而生产力大打折扣，反而产生公司营运雪上加霜的情况。那么，在不增加额外成本的情况下，能否有效地提振士气，让员工安于工作，乐于工作呢？

有一种士气良药便是活用"工作轮调"。所谓的"工作轮调"就是在组织内的"换工作"，即平行调动，以同等位级、同样的薪酬，转战其他工作部门。最近的研究发现，"工作轮调"若应用恰当，可有下列十大功用：

（1）奖励员工。小慧在大学时主修心理学，进公司后即被"适才适用"地安排在顾客服务部，从事顾客抱怨处理的工作。小慧的志向其实是从事人力资源管理的工作，如员工甄选、训练和分发。不过，她认为初进公司，不管什么工作都是一种历练和对组织熟悉的过程。于是，工作上任劳任怨，踏实负责，果然很快在新鲜人中脱颖而出。小慧曾适时地与主管沟通过自己的志趣和生涯规划。半年下来，主管对小慧的表现看在眼里，喜在心里，便主动为她争取到工作轮调的机会，让她终得夙愿以偿地进入人力资源管理部，不仅奖励了小慧，也为公司留住一位死心塌地的明日之星。

（2）提升工作技术能力。有些工作需要多项能力，工作轮调就提供了极好的学习和提升能力的机会。

（3）改善员工人际关系。现代大公司中"去个人化"的现象相当普遍，员工众多，又分属各个部门，就如一座座孤岛，最多只有同办公室或必须有工作往来的部门成员间互动多些。久而久之，疏离感和孤独感便会侵蚀工作情绪，甚至激化部门间的冲突。工作轮调则能打破办公室或部门的隔离，促进组织内部良性人际互动。

（4）将功补过。人非圣贤，孰能无过。一个健康的组织能够包容员工的错误，而工作轮调正给了这些员工一个自我补救的机会。

（5）储备新职人选。通过工作轮调发现最适任的工作人选，很像是"试用期"的作用。另外，工作轮调也可以当作训练储备人力的方法。

（6）培养团队精神。现代组织分工细密，但许多工作仍需跨部门的整合，"组织内部服务"（Internal Services）的观念应运而生。工作轮调提供了员工熟悉各不同部门的工作及次文化的良机，不仅有助人际互动，也有利打破部门的本位主义，进而培养团队合作精神。

（7）训练新进员工。让新进员工最快地进入状态，对组织有一个整体概括的了解，能有效地帮助他们适应新工作和新环境。工作轮调正能达到这样的目的。

（8）了解业务。管理人员尤其需要对组织各部门有准确的了解，方能避免"见树不见林"的局限。

（9）学习各种技能。不同部门的工作要求不尽相同，需要的技能也不同。让员工在组织内游走，正可培养各种能力，使他们成为全方位的人才，也提升了员工的可用性。

（10）传授公司价值与处事方法。每个组织都有自己的文化和价值，员工要适应良好，必须认同组织的价值。工作轮调提供了员工一个亲身经历不同工作环境、工作任务和主管领导，而去发现其后共通的组织价值的机会。

综上所述，不景气当前，若能善用工作轮调，是可以事半功倍、提振士气，又创造高生产力的良方。

13.3.2.3 营造支持性的企业文化

管理者除了可以运用管理制度与工具，协助员工面对工作压力外，也能通过塑造软性的组织文化帮助员工拥有较多的心理性资源来适应工作压力。越来越多的企业开始重视"支持性的企业文化"（Supportive Organizational Culture），强调员工是公司最重要的资产，通过管理阶层的领导风格让员工感受到来自企业与主管的支持。当面对工作压力时，员工知道可以向主管或同事寻求支持与协助，自然可以降低工作压力带来的负面影响。此外，以团队形态进行工作是当今的趋势，若管理者能引导团队成员相互支持，在团队成员遇到压力时，能提供实质上或心理上的支持，也有助于工作者适应压力。来自人际间的社会支持可有效降低高压情境下的不安与焦虑，让员工拥有更佳的抗压性。

 ## 13.4　职场健康管理的挑战

心理学家在 19 世纪末便开始关注工作者的身心健康，并将焦点集中在现今社会职场安全与健康相关的议题上，而工作压力一直是职场健康管理的最关键主题之一，无论是工作者个人或身为企业组织的管理者，都必须学习如何与工作压力共处，进而缓解伴随压力而来的负面影响。现代人平

均寿命不断延长，但退休后可用资源仍嫌不足，此时，尽可能地留在职场上，或退休后谋求第二春的就业机会，都是当今无法避免的时代趋势。于是，如何让工作质量提升，生活幸福感提升，延长专业生涯年限，这些都是迫切的需求，也是职场健康管理的终极目标：创造"健康的职场"（Healthy Workplace），让工作者乐在工作。

一个健康的职场要能够让每一位员工充分发挥潜能，使工作成为自我实现的舞台。此外，回归企业经营方面，健康的职场必须追求组织整体的卓越成效，将员工个人的才能、努力和快乐转化为企业的永续经营与成长。要达到企业与员工双赢的局面，管理者必须协助工作者将工作从追求温饱的"生计"（Livelihood）转化为具有使命感的专业生涯（Career），创造和滋养"为工作而工作"的内在动机，再以高度的工作满足感维持和延续这样的内在动机和自发性的工作投入，创造出良性的工作成就感循环。同时，组织才能协助个人创造幸福人生，工作是人生价值的彰显，当我们能同时将工作成就与家庭经营、社会责任、灵性修养有效地统合协调时，人生圆满就指日可待了。

当今管理心理学家所关注的工作压力、职家互动、情绪劳务、生涯发展等诸多议题，多出于一种专业责任感，一种响应社会发展要求的迫切感。不过，职场健康管理仍是一个新兴的跨科际整合领域，现有的知识断层也是未来研究发展的重要趋势，值得我们持续关注。全球化的发展浪潮下，未来企业将会更关注区域性、文化性的差异，每个地区的经济、市场、劳动力特色都不同，每种文化的价值、规范、追求也不同，职场健康管理必须反映这些特色，才会对当地社会产生实质性的正面影响。迄今，关于工作压力的理论研究已十分丰硕，但实务层面上压力管理方法的研究仍较少，因此管理者如何设计出切实有效的方案，实际施行并评估其成效，是现今最迫切的需求。当今社会中，职场已不是一个孤立的角色场所，工作与家庭的交互影响，乃至大社会环境对职场的渗透都必须进一步深入探讨。近年来，随着经济结构的蜕变与组织变革的推行，劳动市场已发生了明显的改变（如短期聘雇、工作外包等），职场健康管理应关注这些新现象，尤其是处在劳动市场中弱势位置的工作者福利。若想成为一个知人善用、带人带心的管理者，则不可忽略员工的健康与压力管理议题，能有效协助员工缓压，将工作情境维持在最适压力平衡的状态，才能合宜地激发员工潜能，使其展现最佳的工作绩效。

302

走出"压力锅"

一、目的

　　1. 练习有系统地整理压力经验。

　　2. 学习有建设性地适应压力事件。

　　3. 练习正面思考，寻找压力经验中的正面意义。

二、说明

　　1. 人数：4~6 人一组。

　　2. 时间：20~30 分钟。

三、程序

　　1. 在每个小组中征求一位自愿者，请他（她）回想一件最近发生的令人心烦的事，并详细回答下列各项：

　　（1）这是一件什么样的事情？（what）

　　（2）事情涉及哪些人？（who）

　　（3）事情发生在何时？（when）

　　（4）事情发生在何处？（where）

　　（5）这件事为何让你心烦？（why）

　　（6）你当时如何处理这件事？（how）结果如何？现在的你如果在面对相似的情况有其他处理方法吗？

　　2. 主诉者在描述事件时，小组成员应注意倾听，适当地询问事件的相关细节，并提供回馈和建议：

　　（1）如果你遇到这样的事，你会怎么做？这样的做法是否会更好？为什么？

　　（2）这件事有"好"的地方吗？为什么？

四、附注

　　1. 可引导学生讨论此活动是否达到重新审视压力事件和学习新的因应方式。

　　2. 宜先简介同理性倾听，可使活动更顺畅。

基础题

1. 请概要一般适应症候群（General Adaptation Syndrome）。

2. 请简述工作压力的常见来源。

3. 请简述工作压力对心理反应的影响。

4. 请简述工作压力对生理反应的影响。

5. 请简述工作压力对行为反应的影响。

进阶题

1. 请简述企业与管理者可通过哪些方式来降低员工的工作压力？

2. 请简述工作压力与工作绩效的关联。

心灵笔记

第14章　幸福与职场健康

打造幸福企业

有幸福的员工，才有一流的竞争力。如何让员工有幸福感，已是现代企业最重要的课题之一，因为员工投入工作的热忱，决定了企业的竞争力。身为管理者要如何协助组织打造幸福企业呢？当员工遇到工作或健康问题，可以寻求哪些协助？如果员工遭遇家庭危机或职涯发展瓶颈，作为企业主管，怎么做才能陪伴员工渡过低潮，安心发挥潜能及创意？诸多组织为了应对上述问题，开始投入大量资源发展"员工协助方案"（Employee Assistance Program），是指由企业主导来协助员工解决其可能影响工作表现的个人问题，一般包含社会、心理、经济与健康等方面的问题。

根据《天下》杂志公布的台湾幸福指数调查，在五大项指标中，"家庭生活"、"身心健康"、"社群关系"、"工作状态"、"政经环境"，"工作状态"高度重要、低度满意，是造成台湾民众幸福感落差最大的地方。在工作状态部分，管理者若能通过员工协助方案的执行，有效解决员工在工作与生活中所遭遇的各种问题与困扰，使员工能以健康的身心投入工作，提升工作绩效并促进员工发展。对企业来说，更能由此降低员工流动，增进劳资和谐，进而提升生产力。近年来，各企业组织无不致力于幸福职场，台湾地区劳工委员会也多次举办幸福企业遴选，以奖励企业关注员工福利。此外，幸福企业的头衔，更是对企业用人有加分效果。随着社会文

306

化的变迁发展，工作者不再仅关注企业所提供的物质或经济性诱因，更加在意软性结构因素与心理层面的感受，仅有高薪奖励，不再是留才的万灵丹。若员工无法在工作与个人生活间取得平衡，则员工终究会因冲突或压力感受过大，而无法维持绩效表现，甚至离开组织。因此，管理者的当务之急是检视企业的软硬件环境，并了解员工的工作感受，将组织资源分配在最适水准，创造员工的最大幸福感，即同时为企业创造难以模仿的竞争优势，让人力资源发挥最大效益。

为什么管理心理学越来越重视职场健康的议题呢？现代人生活中最重要的两个部分莫过于工作与家庭，一个人一天当中的心力和时间大多分配在工作和家庭生活。由于现代经济社会蓬勃发展，个体为了追求更进一步的物质生活，不得不投入更多时间和精力于职场中。然而当个体在工作中需要投入较多时间和精力时，势必会连带影响到家庭生活，反之亦然。因此，如何塑造健康职场与维持工作与家庭的平衡，是现代人非常重要的课题之一，更是身为企业管理者的一大挑战。

管理心理学是一个帮助工作者适应职场的学科，更是协助管理者善用心理学的理论与知识，引导员工乐在工作，进而创造卓越的绩效。近年来，职场健康已是企业与工作者最关注的议题之一，工作不仅仅是追求温饱，员工更渴望在健康的职场中得到幸福，而幸福的员工更能发挥一己之长，有更佳的工作表现，提供给顾客更好的服务与产品，创造一个正向的双赢循环。

为了让你更了解职场健康的重要性，我们以正向心理学为起点，将分别来介绍如何将正向心理学运用于管理实务中，协助员工在健康的职场上得到幸福。

▶▶ 14.1 正向心理学

传统心理学多半把研究焦点放在负面的或偏差的行为，与偏重矫正治疗的取向，这也是一般人对心理咨询的认识，认为心理咨询都是在解决心理不健康的问题。然而近10多年来，心理学领域开始出现不同的观点，将关注的焦点转移到正向感受与经验。这样的趋势可运用于管理领域，管理

者在工作场所中所接触的多数员工皆为一般心理状态属于正向健康的大众，且正向心理学所强调的优势观点，更能启发管理者以员工的正向特质为出发点，知人善用，激发员工的最大潜力的发挥。

正向心理学的起源

"正向心理学"（Positive Psychology）是20世纪后期心理学领域发展的热门议题，不同于过去心理学领域偏重于负向或心理症状的研究，正向心理学更强调通过研究正向经验与感受，关注正向特质，强调预防胜于治疗，积极创造人类的福利。"正向"（Positive）是源自拉丁文"Positum"，表示具有建设性的，故正向心理学通过研究要传达的意涵是心理学对人类发展是具有积极建设性的作用。传统心理学是以提供治疗为出发点研究负面感受，例如焦虑，企图找出消除焦虑的方法，以降低或消除负面症状。正向心理学则会通过研究正面特质，例如乐观，了解乐观对焦虑的影响，更进一步通过培养乐观心态来预防焦虑，所重视的是正面力量的作用。

1998年，当时担任美国心理学会会长的沙利文（Martin E. Seligman）特别注意到过去心理学的研究多半专注在解决问题和消除偏差，却长时间忽略了个人所经历的正向情绪，例如喜悦、快乐和正向人格特质，例如乐观或主动性人格。沙利文认为这些正面的情绪和正向的人格特质具有特殊的作用，能为个人生活带来正面的影响。简单来说，快乐的人可能会正向地解读外在环境，而乐观的人可能在面对压力的时候，产生较好的适应与调适。所以这些正面的情绪和正向的人格特质对个人的态度和行为可能具有正向影响或催化效果。在沙利文的推广下，正向心理学开始积极提倡重视个人正向经验、情绪或特质，这不仅是心理学研究典范的转移，更是补足了过去传统心理学长期发展的限制。

由于沙利文在1998年担任美国心理学会会长期间，提倡正向心理学不遗余力，并安排多场研讨会与专题研究发表，使心理学领域的研究重心有所转变。其实早在沙利文之前，就有不少学者默默地投入正向经验或特质对个人的影响，例如，20世纪50年代起，少数学者已开始注意到正向感受或特质对个人行为的作用，然而这些研究却仅是当时的少数，未能受到当时多数心理学者的关注和重视，直到沙利文正式提出正向心理学一词，且大力疾呼学者们应关注正向经验，后续才逐渐确立了正向心理学的定位。回到工作场所的运用上，企业应善用正向心理学的理论知识于日常管理中，引发正向循环，让员工发挥潜力，进而贡献一己之长，乐在工作。接下来，我们将针对正向心理学的主要范畴一一说明，包含正向经验、主观幸福感、正向特质，并了解如何在日常管理中善用正向心理学。

14.2　正向情绪与幸福感的作用

在沙利文的大力疾呼下，为数众多的心理学者相继投入正向心理学的研究，以下就针对近年来正向心理学发展的范畴逐一介绍，并回顾正向心理学在日常生活中的运用。

14.2.1　正向经验

相信很多人都有这样的经验：早上出门刚好搭上公交车，进到教室又领到考了满分的考卷，还被老师称赞了一番，心里一定感觉"今天真幸运，一整天都是好心情"。相反地，有时候也会有另一种情况发生，一出门就发现公交车刚开走，好不容易等到下一辆公交车，进到教室的时候已经迟到了，老师又刚好点名要发考卷，成绩还惨不忍睹，心里忍不住念着"好倒霉的一天，今天准没什么好事"。研究发现：从频率来看的话，如果一个人拥有越多的正向经验，相对地在未来的生活会比较快乐，较能适应各种状况。例如，压力适应状况、婚姻状况与健康等都会明显地比拥有较少正向经验的人好。也就是说，正向经验是一种有助个人适应未来环境的资源，如果在生活中累积很多的正向经验，经常觉得快乐或满足，就能在未来面对各种情况时，有比较好的适应能力。因为这些正向经验会增加个人的正面信念，当下次面对困难的时候，先前的正向经验就能帮助个人拥有信心，相信自己努力就会有办法解决的，这就是正向心理学所关注的正向力量。

为了了解什么可以带来正向作用，许多研究者开始探讨情绪的影响，在进一步了解情绪的作用之前，我们先来看看心情与情绪有什么不同。

14.2.1.1　心情与情绪

心理学对心情与情绪有明确的界定，心情（Mood）是一种较为普遍、常见的响应环境刺激的方式，维持的时间比情绪长，比如说有的人常常看起来就是很开心的样子，这就表示这个人经常拥有正面的心情，反之有的

正向转念

一念之"择",你是"境随心转"还是"心随境转"呢?

人总是愁眉苦脸,就是经常处于负面的心情。而情绪(Emotion)则是一种较为短暂且强烈的反应,经由特定的事物引起的主观感受,且常伴随生理反应和行为表现。例如,观看感人的电影时,因为感动而想哭的情绪,或是欣赏喜剧的时候,忍不住开怀大笑,这些都是相当短暂且由特定原因引起的。心情与情绪的比较如表14-1所示。

表 14-1 心情与情绪的比较

	心情	情绪
原因	无特定事件	特定性事件
时间	持久	短暂
强度	较弱	强烈
范例	乐观	大笑

14.2.1.2 正向情绪与负向情绪

如前所述,我们已经了解心情和情绪的差异,相较于心情,情绪是一种强烈且短暂的情感反应。心理学者将情绪依其属性分为正向与负向两大

310

类。正向情绪包含快乐、喜悦或满足等心理反应，处于正向情绪的个人会觉得自己和别人都是正向的，对外在环境的解读也会偏向正面的思考。相反地，负向情绪包含生气、愤怒或害怕，处于负向情绪的个人容易觉得沮丧或有攻击行为，对外在环境的判断也会偏向负面思考。

回顾心理学的发展，研究者们在负向情绪的研究方面较多，这可能是因为负向情绪会导致偏差行为或忧郁，严重的话更会影响个人的心理健康。然而正向心理学的出现，使得心理学者开始探讨正面情绪的力量。接下来，我们将介绍正向情绪是如何对个人产生正面的影响。研究发现，拥有正向情绪的人，除了本身因为正向情绪的作用，容易产生帮助他人的行为之外，也因为自己快乐的形象让周围的人感觉比较容易亲近，所以容易结交到朋友，在遭遇困难的时候，也容易得到别人的帮助。简单来说，从社会交换的观点来看，出于正向心情而乐于帮助别人的人，自然容易获得他人的回报，所以产生正向的循环。另外，也有研究发现，正向情绪除了让人正向解读环境之外，也可以提升思考问题的广度与弹性。拥有正向情绪的人较容易跳出问题的框架，提出创新的问题解决方式，这样的正向作用在面对新的挑战时可能是一个成功的关键。关于正向情绪是如何影响思考的机制，还需要未来更多研究加以深入探索。

承袭正向心理学的脉络，弗莱德克桑（Fredrickson）提出"扩张—积聚理论"，用以解释正向情绪对个体与其行为的影响。他强调不同的正向情绪，包含喜悦（Joy）、兴趣（Interest）、满意（Contentment）、自豪（Pride），以及爱（Love）等，虽各有不同内涵与表现，但都拥有一些相同的特性，可以扩张个人在思考上的广度，同时建立个人所拥有的心理与社会资源。

扩张—积聚理论认为，正向情绪主要有四项重要的效果：

（1）扩张（Broaden）效果。相较于负向情绪会窄化个人的思考与行为倾向，正向情绪具有扩张思考广度的效果。例如，兴趣会促使个体想要尝试新的事物或获取新知，进而去探索未知的领域。在学习与工作情境中，兴趣可以激发个体接受新的学习与工作目标及挑战，诱使个体有更高的意愿去学习新的技能与展现创新，对个体的学习与工作表现具有正面的帮助。

（2）积聚（Build）效果。在过去的研究中发现，负向情绪对行为具有直接的影响，然而正向情绪却是通过其他方式对行为间接产生作用。正向情绪可以激发个体的行为意愿或持续其行为展现。正向情绪可以让个体

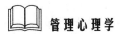

主动去融入环境，产生长期的适应效果，同时逐渐累积个人资源以适应未来的威胁。例如，快乐的情绪助长个人在工作团队中与同事合作的动机，进而促进良性互动，提高与同事间的关系质量，建立个人在工作情境中的社会资源。在未来面对威胁或需要协助时，个人即可运用这些经由正向情绪累积的资源，产生较佳的适应行为。

（3）抵消（Undo）效果。正向情绪可以减轻或消除负面情绪带来的影响，具有正面情绪的个人可以在经历负向情绪后较快速的做出适当调整，并及早恢复原本的生理与心理状态，摆脱负面情绪的影响，也可以协助个人尽早准备好，面对下一次的负面情绪或外在压力。

（4）上升螺旋（Upward Spirals）效果。弗莱德克桑主张正向情绪的影响具有持久性，他认为正向情绪会增加个体的资源，这样的资源又有助于下一次面对环境的挑战时进一步产生正向的表现。例如，正向情绪的人会有较开放的对应策略选择，而这样的对应策略有助于产生较好的适应后果，又可进一步预测未来的正向情绪与正面表现。

综合扩张—积聚理论与正向情绪的研究，我们可以了解正向情绪是如何通过扩张与积聚对个人产生正面作用。简单来说，正向情绪会先扩张个人思考的广度，连带地让人产生正面的评估。例如，"我现在做得很好，所以接下来我可以做得更好"，进而创造一种持续性的正向发展。因此，在工作场所中，正向心理学的理论与知识可协助工作者与管理者在工作中有更好的适应、更佳的绩效。当员工拥有较多的正向情感时，也能创造一种正向的循环，在工作中投入更多，产出的绩效更高。

心灵专栏 —知己篇

心理测验：你的幸福指数有多高？

一、导言

你幸福吗？有点难回答吧？在你迟疑的片刻，请记得：幸福是主观的，只有你知道；幸福是属于心灵的，有钱有势不保证幸福，当然温饱难求的人也不会幸福；幸福是正面的，忧郁、烦恼绝对是幸福的杀手。如果你还是不知道自己有多幸福，那么就做做看下面这短短10题的心理测验！

二、做法

　　下列每道题目都有一组句子，请逐题选出最能描述你最近 3 个月的感受的句子。

　　1. a 我只是在混日子。

　　　 b 我喜欢我的生活。

　　　 c 我非常喜欢我的生活。

　　　 d 我热爱我的生活。

　　2. a 我并不觉得生命有意义、有目标。

　　　 b 我觉得生命有意义、有目标。

　　　 c 我觉得生命很有意义、很有目标。

　　　 d 我觉得生命非常有意义、非常有目标。

　　3. a 我的工作不能带给我成就感。

　　　 b 我的工作偶尔能带给我成就感。

　　　 c 我的工作常常能带给我成就感。

　　　 d 我的工作总是能带给我成就感。

　　4. a 过去生活并没有特别愉快的记忆。

　　　 b 过去生活中发生的有一些事情是愉快的。

　　　 c 过去生活中发生的所有事情似乎都是愉快的。

　　　 d 过去生活中发生的所有事情都是非常愉快的。

　　5. a 我觉得我不快乐。

　　　 b 我觉得快乐。

　　　 c 我觉得相当快乐。

　　　 d 我快乐得不得了。

　　6. a 我对现在生活中没有任何事感到满意。

　　　 b 我对现在生活中的一些事感到满意。

　　　 c 我对现在生活中大部分的事感到满意。

　　　 d 我对生活的每一件事都很满意。

　　7. a 我不感到有活力。

　　　 b 我感到相当有活力。

　　　 c 我感到我非常有活力。

　　　 d 我感到我有无穷的活力。

　　8. a 我对未来感到不乐观。

　　　 b 我对未来感到有些乐观。

  c 我对未来感到乐观。

  d 未来对我而言充满了希望。

9. a 我从来没有过喜悦兴奋的感觉。

  b 我有时感到喜悦兴奋。

  c 我常常感到喜悦兴奋。

  d 我随时都感到喜悦兴奋。

10. a 我不能理解生活的意义。

  b 我偶尔能理解生活的意义。

  c 我常常能理解生活的意义。

  d 我总是能理解生活的意义。

三、解答

  上述 10 题，每题答 a 得 0 分，答 b 得 1 分，答 c 得 2 分，答 d 得 3 分，将 10 题的分数加总，你就会得到一个介于 0 ~ 30 分的"幸福指数"。如果你的幸福指数：

  1. 大于 27 分，真是不得了，这个世界上很难找到比你更幸福的人了！不过，古有明训，小心别乐过了头，以免乐极生悲！

  2. 介于 23 ~ 26 分，恭喜你这个幸福的人，老天对你真是太好了，有求必应，你一定常常觉得幸福得不得了。

  3. 介于 5 ~ 22 分，你和大多数人一样幸福，至少对人生没有太多抱怨，也还觉得过得去啦！

  4. 小于 5 分，你真的是很不快乐吧！别灰心，赶快做另一个"你的幸福清单"的自我探索活动，把悄悄溜走的幸福找回来。或者，鼓起勇气，找个专业人员深谈一下！

管心任意学

创造自己的正向循环：正面解读

  相信不少人听过"半杯水"的寓言故事，把杯子装了一半的水放在面前，有人说：真可惜，只剩半杯水了；也有人说：真好，还有半杯水。同样的半杯水，却因为不同的想法产生不同的感受，究竟是半空还是半满，要看个人采取负向或正向思考。细想在日常生活中，面对相同的事件经验，每个人的感受却不见得相同。如果你仔细观察：秉持负面思考的人，常常挂在嘴边的是怎么那么倒霉，正在抱怨的同时，又发现遇上更多不如意的事，结果成天闷闷不乐，总觉得自己是全天下最悲惨的人。相反地，抱持正面思考的人，碰到困难当成挑战，遭遇失败当成学习，反而越挫越勇，不让埋怨的情绪影响生活，总是能乐在生活。在职场上也是如此，当你学会以正面思考解读工作上的事件，把压力当作挑战，就能创造自己的正向循环，在压力中表现得更好，克服各种挑战，并因此得以自我成长。下次，工作上再碰到难题时，试着换一个角度来思考，就能拥有更多的自信面对问题，进而解决问题。

14.2.2　幸福感

在正向心理学的研究范畴中，幸福感是近年来相当受瞩目的一个概念，原因在于幸福感所带来的正向力量呼应了正向心理学的宗旨，以提升个人与社会福利为终极目标。下文中，我们将一起来了解幸福感的定义与来源，进而思考如何提升自己的幸福。

14.2.2.1　幸福感的定义

幸福是一个抽象的名词，人们对幸福都有自己的定义与感受，尽管千年来哲学家与宗教思想家不断地提出各派观点，至今仍众说纷纭。不过正向心理学家对于幸福有一个较为明确的定义，他们感兴趣的是个人主观认定的幸福感受。西方学者对幸福感（Well-being）定义做了系统性的整理，包含四个阶段：①以收入、年龄、教育水平等因素作为衡量幸福感的依据，例如"有钱就是幸福"，然而每个人对幸福的认知不尽相同，因此难以找出一致的客观外在标准；②以主观的感受与情绪的测量为焦点，评断正负向情绪总和带来的幸福感，例如快乐情绪越多的人越幸福，但此阶段的研究并未考虑认知活动对幸福感的影响；③第三阶段的研究则认为，幸福感来自人们对过去一段时间的生活评估而得的整体感觉，纳入了认知活动对幸福感的影响；④最终的阶段则进入整合研究的状态，同时评估对生活的满意程度，并考虑正负向的情绪强度，包含了认知与情绪对幸福感的影响。

承上发展的脉络，幸福感具有以下三大特点：①个人主观的感受；②包含了高正向情绪，以及低负向情绪；③人们对生活质量所做的整体评价。因此，当个人对整体生活满意、拥有较高的正向情感与身心健康时，

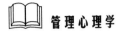

便能得到幸福。在了解幸福感的定义后，下文将介绍幸福感的来源有哪些。

14.2.2.2 幸福感的来源

究竟是什么让人觉得幸福呢？这个问题自古以来就受到很多研究者的关注，然而始终缺乏一致的共识与结论。例如，有人觉得只要有钱就会幸福，有人说健康才是幸福，更有人说有金子、房子和儿子，有了"三子"就是人生最大的幸福。但这些真的就能带来幸福吗？在正向心理学的倡导下，研究者开始进行大样本的调查，希望了解影响个人幸福感的因素。从目前累积的研究结果大致发现，与幸福感最相关的因素包含性格、爱与亲密关系及工作。

（1）性格。我们常说一个人过去的行为最能预测这个人未来的行为。在幸福感研究上也是如此。最能预测一个人未来幸福感的是他过去幸福感受的程度，如果从前这个人一直都有很高的幸福感受，那么未来他觉得很幸福的概率也会随之提高。相反地，倘若从前就一直觉得不幸福的人，未来幸福的概率也就不会太高。实际上，已经有许多方面的研究证据显示，幸福感并不会随着外在事物改变太大，例如，获得加薪或是买了新车，反而是受到个人的内在因素影响较大，也就是性格对幸福感具有关键性的影响。甚至有学者用长期追踪研究证明：主观幸福感是一种相当稳定的心理状态。例如，拥有乐观性格的人，对生活的感受总是正面多于负面，即便遭遇困难与挫折，还是乐观以对，所以乐观的人多半拥有较高的幸福感受。此外，也有研究发现，外向人格是幸福的重要预测因子，外向、社交技巧好的人往往比较快乐，推测可能是因为外向的人对生活的态度比较积极，且朋友多、支持多，因而对幸福感受产生正向影响。

（2）爱与亲密关系。自古以来，爱就被视为产生幸福感的重要因素之一。研究结果也证实了这点。研究显示，婚姻状况一直是幸福感的一个重要相关因子；不论男性与女性，已婚的人都比未婚或离婚的人在主观感受上来得幸福。爱与亲密关系对个人来说，是生活层面与心灵层面的支持，当个人遭遇困难时，可以向亲密的伴侣寻求具体的协助，例如经济上的支援或家务上实际分担，更可以借此得到心灵上的慰藉，例如倾听或安慰。这些物质和精神层面的支持，都是提升个人幸福感受的重要因子。亲密伴侣还会在日常生活中督促维持健康的作息，例如，太太的手像一把尺，帮助家人维持体重，也传达爱与关怀，让"家"洋溢着暖暖的幸福感。

（3）工作。对现代人来说，工作占据了一天至少 1/3 的时间，工作对我们日常生活的影响更是与日俱增。研究也发现，工作满意和幸福感之间有着强烈的关联，若个人对工作的满意程度较高，他的幸福感受通常也就较高，然而其中的因果关系或作用机制还有待更多研究加以厘清。另外，其他研究也显示，失业对于个人的幸福感有巨大的冲击，个人的幸福感受会因为失去工作而大幅下降，推测可能是因为伴随失业而来的改变造成生活压力，例如，顿失经济收入、生活秩序突然改变或社会形象受到伤害等，从而造成个人主观的幸福感受下降。

 ## 14.3　职家平衡的挑战

随着女性劳参率的提升及工作负荷的增加，男女工作者都面临兼顾工作与家庭角色的强大压力，而常有工作与家庭彼此冲突的感受。工作—家庭冲突（Work – family Conflict）（或称职家冲突）是无法兼顾工作角色与家庭角色所形成的角色间冲突与压力。工作家庭冲突是一种双向概念，包括"工作对家庭冲突"（Work – to – family Conflict）及"家庭对工作冲突"（Family – to – work Conflict）两种冲突形态。前者是指因工作角色的需求使员工无法满足家庭角色的需求；后者是由于家庭角色的需求使员工无法满足工作角色的需求。由上可知，职家冲突是个人工作角色的需求与家庭角色的需求无法同时满足，而产生的角色冲突与压力。职家冲突属于职场健康心理学（Occupational Health Psychology，OHP）的研究领域，且大多采角色压力理论的观点，此观点的基本假设为管理多重角色很困难且不可避免的会产生"压力"。根据角色压力理论，个人对不同角色的预期所产生的冲突，会影响个人的幸福感（Well – being）。上述的职家冲突定义是一种角色间的冲突，当工作与家庭两个不同角色彼此不兼容与竞争时，角色压力就会产生，而不兼容是指工作与家庭责任与要求的不兼容。

然而，工作与家庭之间，并非仅有冲突的一种可能性，最近研究更发现工作与家庭也可能存在一种正面的相互促进关联。已有研究发现，工作与家庭角色间相互有正向的影响，目前学者对于工作与家庭间的正向关系采用的概念很多，如正向外溢（Positive Spillover）是指某领域（角色）的正

317

向经验（如心情、技能、价值与行为）移转至另一个领域（角色）。职家促进（Facilitation）则是一种综效（Synergy）的形式，某个领域的资源（如影响力、技能、自尊、金钱利益）能使个人在另一个领域更容易表现。故学者将职家增益（Work – family Enrichment）定义为某个角色的经验可以促进另一个角色的生活质量，以统一整合正向外溢与促进等。此外，增益具有双向性，当工作经验会促进家庭生活的质量时，工作对家庭的增益（Work – to – family Enrichment，WFE）发生；而当家庭经验会促进工作的质量时，家庭对工作的增益（Family – to – work Enrichment，FWE）就产生。若此两重要角色——工作与家庭角色能相互促进，则不论是工作强化了家庭角色的成功，还是家庭增进了工作角色的效能，对成年人的幸福感都是一剂强心针。

心灵专栏　—知彼篇

把脉福利措施的供需平衡，极大化福利效益

某家台湾本土的高科技公司深切体会到，规划完善的福利措施，不仅是对员工的关怀与回馈，也能提升企业在人才策略上的竞争力，协助企业建立良好的品牌形象，故每年提拨企业收入的一定比例当作福利金，2007年每名员工每年就有 10 万元新台币来自企业营收的福利金。

为了有效规划、运用与管理这些福利资源，提供员工最适切的照顾与多元的发展，个案公司的福委会每年会对全体员工进行各项福利措施的"重要性偏好"及"满意度"的调查，请员工以"1"表示"非常不重要"或"非常不满意"，以"5"表示"非常重要"或"非常满意"。

2007 年的调查共询问了 25 项福利措施，参与调查的员工多达 1800 人。

此项调查结果可将前述福利措施概分成四大类：

1. 供需平衡类。员工普遍认为这些福利很重要，也很满意，如员工福利自选方案、免费电影欣赏、健康检查等。

2. 供不应求类。员工普遍认为这些福利很重要，但满意度偏低，如现金补助、员工协助方案等。

3. 供过于求类。员工普遍认为这些福利并不那么重要，但满意度却颇高，如戏剧包场、厂内休闲中心等。

4. 资源浪费类。员工普遍认为这些福利并不重要，使用后的满意度也

偏低，如球类竞赛、艺文讲座等。

根据这些员工心声的反应，个案公司便可在策略上加以调整，维持供需平衡类，增加供不应求类，适度减少供过于求类，考虑大幅减少甚至停办资源浪费类的福利措施，真正有效益地运用企业资源，创造最佳的员工感受，期能滋养员工对工作的投入及对组织的认同感。

职家增益的发生关键在于资源，即来自工作与家庭的资源，可以在工作与家庭间流动，进而协助工作者在工作上或家庭生活中适应更好。在工作资源中，研究发现，非正式的组织支持（如主管支持）远比正式的组织家庭支持制度（如弹性工时制度）对员工更有帮助。反观台湾这类正式的组织家庭支持制度与措施并不多，近期研究发现，弹性工时的制度有时反倒不如主管给予员工非正式工作弹性有效，即允许部属临时请假几小时去处理家中的突发事故。主管是减缓员工职家冲突的关键人物，在权力距离大的台湾社会中，主管与员工的权力分配经常是不平等，故主管支持对员工的影响效果更为明显。所以若管理者能针对工作者的工作与家庭需求，提供适当的协助，例如情感性支持与弹性的工作调整等，将有助员工在工作与家庭间保持平衡，员工更能弹性运用工作场所或家庭系统的各项资源，创造工作与家庭间的正向循环。

近年来，各界均特别关注职场健康的议题，诸多企业投入大量的资源来协助员工解决工作与家庭的冲突，目的是协助工作者达到职家平衡。而政府更是通过政府机构提供企业与工作者更多的辅助性资源，以营造健康的职场，促进工作者的生理、心理健康。在管理学与心理学领域，学者更积极发展相关的理论与知识，结合企业管理实务，协助管理者有效配置组织资源，以创造更健康的劳动力，提升整体人力素质。因为我们相信，唯有健康的职场才能孕育出积极正向的员工，进而产出最大的工作绩效。

课堂活动

我的幸福清单

一、导言

幸福是什么？一支冰淇淋？一杯啤酒？一栋花园别墅？一辆敞篷跑

车？还是一场流星雨？或是一项诺贝尔奖？人各有志，为每一样人生注入活力的"幸福点滴"也会有不同的配方。就请你为自己调一剂"幸福点滴"吧！独门配方，其效无比，随时随地，为自己的人生加油打气！

二、做法

煮杯香咖啡，放曲莫扎特，找张花纸笺（注：请自行配置适合你的场景和道具），写个大标题："我的幸福清单"，然后写下至少10件会让你觉得很幸福、很美满的事情。发挥你的想象力，但也别太天马行空。下一次，当你觉得心情灰暗、人生无味的时候，把这张清单找出来，选其中的一两件事认真去做，靠你的"幸福点滴"，保证你能重新找回幸福的心情和继续的动力。

三、附注

如果无效，请修改你的配方，直到有效为止。

Trust me, you can do it!

基础题

1. 请简述心情的定义。

2. 请简述情绪的定义。

3. 请简述扩张－积聚理论。

4. 请简述幸福感的来源。

5. 请举例说明正向情绪与负向情绪。

进阶题

1. 请举例说明企业或主管可以如何在职场中增加员工的幸福感。

2. 请简述在管理工作中可以如何运用扩张－积聚理论。

心灵笔记

索　引

中文部分

Z

▶▶ 英文部分

D

E

F

S

T

U

V

W